(사)한국수필가연대 2012

한국수필가연대 대표수필선 제17집

사색 思索
예찬 禮讚

(사)한국수필가연대

회원 · 2012

박종철	박찬홍	박춘석	백부흠	백인영
서태수	소성자	손수여	송남석	송문호
신봉름	신택환	심양섭	심종은	안경자
엄원용	오수열	우성영	유상옥	유인종
이기돈	이기종	이난영	이당재	이무웅
이방수	이상옥	이순이	이승철	이외율

(사)한국수필가연대

이우재	 이재중	 이창규	 이태희	 임갑섭
 임종선	 장희자	 전용찬	 정병철	 정성채
 정영휘	 정원자	 정현주	 조병서	 조상현
 조옥순	 조은하	 차석규	 채수황	 최광호
 최무순	 최영종	 최현희	 하양희	 하창식

한명희

한판암

홍애자

황종찬

(사)한국수필가연대 2012

사색 思索
예찬 禮讚

발간사

제17집 『사색 예찬』 발간에 부쳐

창조주는 고독하다. 그래서 세상에 자신이 아닌 다른 무언가를 만들기 시작했다. 그 순간 그는 창조주라는 이름을 갖게 되었고, 나 이외의 다른 것을 존재하게 함으로 사회를 구성하게 되었다. 그러나 창조주가 처음으로 무언가를 만들었을 때 만드는 방법이 말 한마디에 의한 것이건, 혹은 흙으로 빚은 것이건 간에 엄청난 고민에 빠졌을 것이다. '무엇'을 만들 것인지….

그것이 최초의 일이기에, 그동안 존재하지 않았던 것이기에 '무엇'을 생각해 내기 위해서는 많은 시간과 노력이 필요한 것이다. 수필을 쓴다는 것도 마찬가지다. 짧은 시간이 걸리든, 긴 시간이 걸리든 최초의 주제, 최초의 문장을 쓰기 위해 많은 고민과 번뇌에 빠지곤 한다.

수필가 김진섭 선생은 "최초의 일구―이것을 얻기 위해 말하자면, 모든 문장가의 노심초사는 자고로 퍽이나 큰 듯 보이고, 그만큼 이 일구는 문장의 가치에 대해서도 결정적인 세력을 가지고 있다."고 하였다. 즉 단 한 구절을 얻기 위해 모든 문장가들은 자신들이 가지고 있는 모든 열정과 노력을 쏟아붓고 있으며, 많은 고민, 고뇌를 한다는 것인데, 이것이 완벽한 문장을 이루는 것이 아니라 처음 구절이니, 또 어떻게 퇴고가 될지 모르는 것이다.

　한국수필가연대 제17집에 실린 수필들은 아마도 이러한 과정을 거쳐 나온 것이리라. 각각 다른 주제와 다른 필체이지만 그 언어들을 얻기 위해 얼마나 많은 내용들을 섭렵하고 얼마나 많은 고민들을 했을까. 각기 다른 지역과 다른 연령대, 각종 직업들 등 각기 다른 분야에서 생활하고 있지만 여기에 실린 옥고들은 모두 수필이라는 하나의 장르로 묶여 듣고 보고 느낀 것들을 솔직하고 담백하게 담아내고 있다.

　그렇게 힘들게 얻어낸 결과물이 벌써 17번째 책으로 엮어져 나왔다. 그리고 올해보다 더 높은 문학열로 내년에도 좋은 결과물이 나오리라 믿어 의심치 않는다. 기존과 달리 앞으로는 양장으로 좀 더 소장가치를 높이고자 했다. 최초의 일구를 위해 노력한 것들이 좀 더 빛나리라.

　잊지 않고 원고를 내주시는 회원 여러분들께 감사드리며 앞으로도 더욱 출중한 문필로 회원들의 문운이 왕성하시길 빈다.

2012년 10월
한국수필가연대 회장 조병서

목차

발간사 조병서

강병원 비 오는 여름날 하루/ 13
강옥희 지도를 그리다/ 17
고재흠 돌말 세 마리/ 20
곽광택 어머니와의 약속/ 23
곽금언 행복이란 무엇인가/ 25
국중하 역사가 살아 숨 쉬는 중국 서안西安/ 28
김기준 봉하마을/ 36
김복임 말하시오, 어느 곳을 향하여 가는가/ 40
김복희 일과 속담/ 46
김성렬 도망자/ 48
김여화 섬진강 젓대 소리 그립다/ 53
김영택 소금 귀한 줄 알았어야 했다/ 56
김완묵 여수 엑스포/ 60
김진수 10분간/ 64
김창송 눈물의 장학금/ 68
김창운 내가 사랑할 수밖에 없는 그녀들/ 72
김창종 어머니의 기도문/ 79
김천기 봄이 오는 소리/ 83
김청천 미국 재향군인의 날/ 87
김형애 사기꾼과 백만장자/ 93
김형택 똥 오줌/ 97
나관주 알파 그리고 오메가/ 100

(사)한국수필가연대

105/ 자식이 무엇이기에 류영애
110/ 풍경風磬 문계성
118/ 시작이 있으면 끝도 있다 문상기
123/ 동구서숙東丘書塾 지우님 민화자
130/ 욕심은 끝이 없다 박근후
133/ 망자亡者가 되어 불리는 이름 박명식
136/ 그 남자의 마지막 노래 박양자
140/ 자귀나무 숲 박재윤
144/ 인자한 어머님 박정례
148/ 검은등뻐꾸기 둥지 박종철
152/ 119 구급대 박찬홍
156/ 행보고行補攷 박춘석
160/ 흡연실 풍경 백부흠
164/ 대동강 사연 백인영
169/ 노인 예찬 서태수
173/ 임금님 귀는 당나귀 귀 소성자
178/ 지도자와 참모의 역할 손수여
182/ 종호 형님 송남석
186/ 선생님 딸 송문호
189/ 해우소解憂所 신봉름
193/ 움직이는 표적 신택환
197/ 도서관에서 자라는 아이 심양섭
201/ 유월이의 하루 심종은
210/ 백년손님 안경자

목차

엄원용	춘향아 길동아 고맙다/ 216
오수열	산행山行의 즐거움/ 219
우성영	임진년(2012)에 쓰는 오기병법吳起兵法/ 222
유상옥	마루에서/ 227
유인종	사랑의 빚/ 231
이기돈	동선님 전상서/ 234
이기종	응급실과 중환자실/ 239
이난영	행복 공간/ 243
이당재	여운餘韻과 여백餘白의 아름다움/ 247
이무웅	흔들림/ 251
이방수	칭찬의 위력/ 253
이상옥	인연의 수레/ 256
이순이	귀여운 남편/ 260
이승철	망향가望鄕歌/ 263
이외율	그리운 금강산/ 266
이우재	60년 그린 아리랑 정선 가다/ 269
이재중	호놀룰루 국제공항에서 있었던 일/ 277
이창규	서부 영화의 고향/ 281
이태희	고통과 환희/ 286
임갑섭	기쁨과 즐거움을 주는 사람/ 290
임종선	버마재비/ 293
장희자	달항아리/ 296
전용찬	나의 치아 관리법/ 299
정병철	부석사의 현판들/ 303

(사)한국수필가연대

308/ 사부곡思父曲　　　정성채
313/ 마마보이와 후레자식　정영휘
316/ 택배로 보낸 음식　　정원자
319/ 축복　　　　　　　　정현주
323/ 어떤 선택　　　　　　조병서
326/ 봄날은 간다　　　　　조상현
330/ 빈 밤을 여는 소리　　조옥순
333/ 어느 한 권의 책　　　조은하
340/ 휴전선 철책을 붙들고　차석규
344/ 종로 느티나무 숲 거리　채수황
348/ 소통의 길　　　　　　최광호
351/ 재생再生 기념일　　　최무순
356/ 희한한 뉴스　　　　　최영종
360/ 빨래를 하며　　　　　최현희
365/ 우물　　　　　　　　하양희
368/ 호모 스마트포니엔스　하창식
372/ 시간으로부터 자유를 꿈꾸며　한명희
376/ 서당　　　　　　　　한판암
381/ 뒷모습의 대화들　　　홍애자
384/ 다듬이 소리　　　　　황종찬

(사)한국수필가연대 회칙
(사)한국수필가연대상 운영에 관한 세칙
(사)한국수필가연대 임원 명단

강병원

비 오는 여름날 하루

 후두둑후두둑 지붕을 때리는 빗소리가 아침잠을 깨운다. 이리저리 몸을 뒤척이며, 몸을 굴린다. 일어나야겠다는 생각은 간절한데 몸이 말을 듣지 않는다. 몸을 굴리는 시간이 길어지자 피곤한 몸도 조금씩 회복이 된다. 마침내 몸을 일으켜 창문을 여니 푸르름이 눈앞으로 다가온다.
 주섬주섬 옷을 입고 현관문을 여니, 비를 맞으며 서 있던 우산이 나를 반긴다. 우산살이 휘도록 내리는 빗줄기, 그래도 오늘의 비는 정겹다. 위 마당 아래 마당 모두 물이 잘 빠지고 있다. 그제 벽돌로 물길을 낸 덕을 톡톡히 보고 있다.
 아래 마당에 노랗게 익은 살구가 파란 잔디 위에 떨어져 있다. 수돗가에서 곱게 씻어 주먹에 움켜쥐니 살구 살이 금방이라도 터져 나올 것만 같다. 한 걸음 두 걸음 잔디 위로 발을 옮긴다. 포근한 잔디의 느낌이 고무신을 통해 온몸에 전해져 온다.

어제 비를 맞으며 보수한 화단에는 일곱 송이의 장미가 미소를 지으며 비를 맞이하고 있다. 채송화는 주먹을 꼭 쥔 채 나팔꽃 잎 뒤에 숨어 비를 피하고 있고, 백합은 이런 빗속에서도 밤새 노란 꽃을 한 송이 더 피웠다. 꺼어꺽 까치는 빗속에서도 여전히 시끄럽게 울어대고 있다.

찻잔을 꺼내 녹차를 끓이고 있다. 번거로움이 싫어 커피로 대신해 왔는데 오늘은 차 생각이 간절하다. 비가 차의 오묘한 맛과 향기를 기억해 내도록 했나 보다. 금년 들어 처음으로 끓이는 차지만 맛과 향기는 예전과 다름이 없다.

향을 피우는 향로를 꺼내 깨끗한 쌀알로 향로를 채우고 향을 태운다. 연기가 허공에 곡선을 그리며 날아 구수한 향 내음을 집안 곳곳에 실어 나른다. 찻잔에서 나온 향기는 몸을 정갈하게 하고, 향에서 나온 향기는 마음을 맑게 해주고 있다.

만나는 이마다 묻는다. "그렇게 홀로 사는 것이 외롭지 않으냐."고. 빙그레 웃으며 나를 돌아본다. 외롭다는 생각도 자세히 들여다보면, 그 속에 새로움이 있음을 본다. 지금 내 앞에 있는 차 맛도 새롭고, 향이 뿜어내는 향기도 새롭다. 이런 새로움을 느끼는 마음은 여유로움에서 온다. 여유로움이 있으면 매사가 만족스럽고 즐겁다. 그래서 매일매일 아니 매 순간순간이 행복한 것인지도 모른다.

점심 식사 후 화단을 정리하면서 두꺼비를 보고 깜짝 놀랐다. 기왓장을 집어 들자 어른 주먹보다 큰 두꺼비가 잔뜩 웅크리고 앉아 있는 것을 본 것이다. 두꺼비 또한 나를 보고 놀랐는지 갑자기 오줌을 싸 주위를 흥건하게 적신다.

오후가 되니 바람이 심하게 분다. 바람 때문인지 아니면 앞으로 다가올 기상을 예고하기 위해선지 소쩍새가 급하게 울어 댄다. 참새는 벌써 제집으로 들었는지 고요하다. 창문을 타고 넘어들어오는 시원한 바람의 유혹을 이기지 못해 읽던 책을 덮어 두고 마당으로 내려선다. 하늘이 갑자기 어둑어둑해지면서 논에서 울어 대는 개구리의 울음소리는 급하고 빨라진다.

등 뒤에서 천둥소리가 들려온다. 서쪽 하늘에서 시작된 천둥은 하늘을 한 바퀴 돌고 북쪽 하늘을 향해 달려간다. 처음에는 간간이 띄엄띄엄 들리던 천둥소리가 점차 빨라지고, 사이사이로 번갯불도 내리고 있다.

드디어 빗방울이 떨어진다. 주위는 이미 새까만 어둠으로 둘러싸여 있다. 간간이 불어오는 바람이 좋긴 하나 급하게 떨어져 옷을 적시는 것은 싫다. 옮기기 싫은 발걸음을 방 안으로 옮긴다.

창문을 열어 놓고 어둠 속에서 요란한 소리를 내며 떨어지는 빗방울 소리를 듣고 있다. 비는 눈으로 보고 귀로 듣는 것이 좋지만, 때로는 오늘 밤처럼 귀로만 듣는 것도 즐겁다. 먹을 양식도 충분하고, 비설거지도 마쳤으니 한밤중에 비가 와도 즐겁다. '비야 올 테면 오너라.' 하고 비를 즐기시던 부처님의 마음이 이 마음이 아니었을까 하는 생각을 해본다.

천둥 번개를 동반한 소나기가 가시기 무섭게 석양빛이 마루 깊숙이 들어온다. 소나기가 어질러 놓은 마당을 돌아보기 위해 나갔더니 잔디가 발이 빠지도록 자라 있다. 더위에 바짝 엎드려 있던 잔디가 소나기를 맞고는 갑자기 키를 세운 때문이다. 급한 마음에 계단만이라도 잔디를 깎아야지 하고 나선 것이 어둠이 내릴 때까지 계속하고 말았다.

  저녁 식사를 하라는 아내의 말을 듣고서야 일을 마치니 온몸이 땀으로 범벅이다. 샤워로 땀을 씻어 내고 수건으로 물기를 대충 닦아 낸다. 오늘만 세 번째로 하는 샤워다. 더위에 지쳐 밥 생각이 없었는데, 막상 수저를 입에 가져다 대니 한 그릇 가지고는 부족하다.

  아내는 밥숟가락을 든 채 '엄마는 뿔났다'라는 연속극에 몰입하고 있고, 나는 더위도 식힐 겸 대문을 닫는다는 핑계로 다시 마당에 나선다. 어둠이 내리긴 했으나 아직 주위는 구분은 할 수 있는 시간이다.

  감나무 밑에 놓인 탁자에 앉는다. 구름에 휩싸여 있는 앞산이 눈에 들어온다. 구릉과도 같은 낮은 산인데도 구름이 둘러싸고 있다. 구름이라기보다는 소나기가 뿌려 놓은 작은 빗방울이 산 주위에 모여 있는 것 같다.

  바람이 불어온다. 산에서 불어오는 바람이 이마에 묻은 땀방울을 씻어 내고 있다. 이마가 시원하고, 몸이 시원하고, 그리고 마음이 시원하다. 세상의 그 무엇이 지금의 이 순간보다 더 시원하랴!

강옥희

지도를 그리다

　벽에 걸린 세계 지도를 본다.
　각 나라의 땅 모양들이 그들의 이름만큼 흥미롭다. 아주 친숙하게 기억되는 것도 있지만, 아직 생소한 나라들을 눈으로 보면서 세계 일주를 한다.
　세계사를 배웠던 학창 시절에는 지금만큼 그곳으로 여행을 간다는 것은 너무나 먼 곳의 그리움이었다. 시험지에 각 나라의 특산물과 수도의 이름을 쓰는 것이 최선의 방법이었다. 지금은 웬만한 곳이면 갈 수 있는 여행 상품이 기다리고 있으니, 얼마나 많은 변화인지 모른다.
　우리는 처음부터 지도를 가지고 이 세상에 태어나지는 않았다. 차츰 자라면서 자신의 주위가 어떤 환경 속에 있는지 알기까지 그렇게 많은 시간이 걸리지는 않았다.
　나는 대문이 있는 친구 집을 부러워하면서 그들처럼 살기를 원했다.

그럴 때 막연하게 나의 지도를 만드는 것이 무엇인지 노력이 필요함을 생각했다. 그것은 생각뿐 그렇게 현실을 감수하고 파악하려고 노력하면 할수록, 그렇게 정확하게 만들 수 없다는 것도 조금씩 느끼곤 했다.

제일 마음이 혼란할 때가 대학 진학을 앞두고, 어떤 결정이 최선의 방법일까를 두고 집의 경제 사정과 주위의 의견 등을 고려하면서, 나의 지도는 차츰 교육의 길을 걷게 되었다. 세상에 대한 견해란 협소하고 오해로 가득 차 죽을 때까지 현실의 미궁을 탐색하며, 세계에 대한 이해와 진실이 무엇인가를 넓혀 가야 하기 때문이다.

지도 제작에 있어서 제일 큰 문제는 아무것도 없는 데서부터 시작해야 하는 데 있는 것이 아니라, 지도가 정착될 때까지 우리가 계속 지도를 고쳐 그려야 한다는 데 있는 것이다. 현실은 계속 변하고 있기 때문이다. 그런데 너무나 완고한 생각이 세상의 변화에 타협하지 못하고, 고집 속에서 자신을 너무 묶어 두어 낭패를 보는 주위를 만나게 된다. 물질만으로 노후에 잘살 것이라고 미리 계산해 둔 것이, 그때의 계산 방법이 영 다르게 되어 버려 자신의 노후가 불편함 속에 살아야 하는 잘못된 지도를 가지고 더 이상 고치려 하지 않기 때문이다.

우리가 그리는 세계는 너무 빠르게 변하고 있다는 사실이다. 가난할 때는 부유하게 살 때와 세상이 다르게 보이기 때문이다. 새 정보 속에 우리가 가지고 있는 지도는 수정을 거듭하고 본격적인 개정을 해야만 한다. 그런데 그 과정이 괴로운 일이고 많은 정신의 실천이 주요한 근원으로 놓여 있기에, 우리는 세상과 주위를 조작해서라도 자신의 현실에 대한 견해에 맞춰 가려고만 한다.

자기가 가지고 있는 구태의연한 세계관을 먼저 개편하고 교정하기보다, 그 낡은 견해를 끝까지 지키는 데 막대한 힘을 쏟아붓고 있는 것이다.

어린 시절의 추억을 그대로 옮겨 그곳으로 달려가고 싶어 한다. 현재의 위치에서 더 나아가면 무언가는 잃게 될지도 모른다는 생각과, 케케묵은 지도를 수정하는 일의 어려움 때문이다.

사람들은 새로운 정보를 수용하기보다는 그것에 대항하여 싸우려는 경향이 많다. 이 저항은 두려움 때문에 일어나지만 그 밑바닥에 분명 게으름이 숨어 있음이다. 우리는 지금껏 이루지 못한 막연한 일들을 누구 탓으로 여기면서 자신을 위로하면서 살아왔기에, 너무나 어리석은 낡은 지도를 가지고 한 번도 바꾸어 보려 하지 못한 생각 때문이다.

반드시 혼자 가야 하는 자신의 지도를 그려야 한다. 그동안 방치된 나의 생각들을 수정을 거듭할 때, 새로운 지도는 만들어질 것이다.

누구 탓으로 위안받기보다 그 누구도 나의 지도를 그려 줄 사람이 없다는 것이다. 그렇다고 확고한 공식도 없다. 그 길을 가는 데 도움은 되지만 가는 방법 자체는 다르기 때문이다.

나만의 색깔을 지닌 지도를 그리기는 너무 늦은 느낌도 들지만, 그래도 지금의 변화에 마주하면서 누군가에게 따스한 손길의 봉사 지도를 그려 보려 한다.

언제쯤 멋진 나의 지도 한 장 그릴 수 있을까.

고재흠

돌말 세 마리

돌말을 찾아 나섰다. 돌말은 희귀한 말이다. 우리문화유산사랑회의 일원으로 떠나 돌말 세 마리를 만나게 되었다. 돌말 세 마리 가운데 양쪽 가장자리에 있는 두 마리만 경상남도 지방 민속자료 제1호로 지정돼 있다. 당초 가운데 있는 작은 말 한 마리는 한때 도둑맞았다가 진주에서 되찾았다고 한다.

경남 고성군 마암면 석마리에는 옛날 호랑이가 자주 나타나 피해를 입혔다. 마을 사람들은 호랑이의 피해를 예방하고자 돌로 말 세 마리를 만들어 마을 어귀에 세우고 철책으로 보호하고 있다. 석마石馬는 좌측에는 암컷, 우측엔 수컷, 가운데에는 망아지다. 석마리라는 지명도 이 돌말에서 유래되었다. 약 30년 전까지만 해도 해마다 정월 대보름이면 말이 좋아하는 콩 한 말을 따로 공양하고 마을의 태평을 비는 동제를 지냈다고 한다.

큰 서나무 아래 나란히 서 있는 돌말 세 마리가 마치 나들이하는 화목한 가족같이 정겹다. 마을 신앙에서는 호랑이를 산신으로, 말은 서낭신으로 여겼다. 침입자와 방어자의 대립 관계로 파악하기도 했다. 인력으로 호랑이를 막을 수 없으니 주술적인 차원에서 말의 힘을 빌렸던 것 같다. 돌말 세 마리를 만들어 세운 뒤로는 그 말이 마을의 안전과 평화를 지키는 수호신이 되어 무사태평한 마을로 알려졌다.

나는 말과 잊지 못할 추억을 갖고 있다. 장가갈 때 말을 타고 처가댁 마당까지 들어갔었다. 그날은 초가을로서 날씨가 아주 쾌청했었다. 마당에서 전통혼례를 치렀기 때문에 당일 날씨에 따라 결혼식 분위기가 좌우된다. 하느님도 축복해 주었다며 모두들 축하해 주어서 분위기는 고조되었다. 그때만 해도 말을 타고 결혼을 한 사람은 흔치 않았다. 말을 타는 것은 부유층의 전유물로 여겼으며, 선망의 대상이었다. 우리 집은 유교를 숭상하는 가문이요, 남아 선호 사상이 깊은 집안이다. 집안의 형제나 4촌, 6촌이 모두 여성만 태어났다. 그런 때 나는 소 문중의 종손으로 태어나 많은 귀여움을 받았다.

아버님께서 말까지 동원하여 혼례를 치러 주셔서 지금이나마 감사드린다. 결혼식 사진과 말 타고 찍은 흑백사진이 지금도 앨범에 보관되어 있다. 우리 부부는 가끔 그때를 회상하고 즐거운 시간을 간직하고 있다. 신랑은 제주 고씨, 2남 2녀 중 장남이며, 신부는 고흥 유씨, 4남 4녀 중 장녀로 백년가약의 연을 맺었다. 슬하에 4남 1녀와 며느리, 사위, 손자 손녀 10명을 두었다. 우리 부부를 포함하여 22명의 대가족이 되었다. 요즘 당국에서는 다산 정책을 실시하는 바 그 시책에 잘 따른 것으로 생각된다.

또 제주도 여행을 할 때도 말을 탄 적이 있다. 결혼식 때 며칠간 연습을 하였으므로 좀 익숙해졌다. 말을 타면 자신의 기상에 우월감이 생기고, 호연지기도 기르며, 탄력을 받아 경쾌하기도 하다. 말 등에 오르면 괜히 지위가 상승한 것처럼 착각에 빠지기도 한다. 말은 박력이 있고 힘찬 기상을 상징하며 생동감이 넘친다. 말은 근육과 탄탄한 체형, 우렁찬 말발굽 소리, 복스럽고 길한 동물로서 충성을 다해 주인을 섬기는 동물이다.

말은 옛날부터 우리 민족과 가까이 지낸 동물이다. 자동차가 없던 시절에는 훌륭한 운송 수단이 되어 사람을 태우기도 하고 짐을 날라 주기도 하였다. 전쟁 때나 사냥 때에도 이용되었다. 요즘은 경주를 하거나 여가를 즐기는 데 널리 이용되고 있다. 예나 지금이나 사람들이 생활하는 데 많은 도움을 주는 게 말이다. 만약 그 시절 말이 없었다면 어떻게 사람과 짐을 운송하며, 어떤 수단으로 전쟁과 사냥을 하였을까!

말은 여러 가지 특징을 지닌 동물이다. 동서양을 포괄하여 5천만 년 전부터 있었다는데 품종이 200종이 훨씬 넘는다고 한다. 평균 수명이 30세로 수컷 1마리가 암컷 20~25마리를 거느린다니 그 힘과 정력을 짐작할 만하다.

세계적으로는 호주의 야생마는 40여만 마리가 있는가 하면, 아라비아와 헝가리에도 숫자를 헤아릴 수 없는 야생마가 그 종족을 번식하고 있다고 한다. 우리나라에는 제주도와 경기도에 많은 말이 분포되어 있다. 우리 고장 남원에서는 공립 한국경마축산고교를 설립하여 말 전문가를 양성하고 있어 앞으로 말 산업에 기대하는 바 크다.

말의 특징은 군집성, 귀소歸巢성, 방어성, 도주성, 입면성, 신속성, 두뇌성, 어미 말의 자식 사랑 등이 대표적이다.

경남 고성 석마리의 돌말 세 마리가 그 마을을 지켜 주지 않았더라면 그 마을의 재앙은 어떻게 막았을까! 돌말 세 마리는 앞으로도 영원무궁토록 석마리의 무사안녕을 지켜 주시리라 믿는다.

곽광택

어머니와의 약속

 링컨 대통령이 아홉 살 때 어머님이 병원에 입원을 하시었을 때 아들에게 한 말씀을 하시겠다면서 "의사 선생님이 엄마의 병은 이제 더 이상 좋아질 수 없다고 하니 나는 네가 이다음 어른이 될 때 아주 훌륭한 사람이 되길 바란다. 그러니 엄마가 부탁할 말이 있으니 꼭 지켜 주겠다는 약속을 하면 좋겠다." 하니 링컨은 약속을 지키겠다고 했다. 그것은 살아가는 동안 위스키를 마시지 않고 담배도 피우지 않기를 바란다는 것이었다.
 그 후 성장하면서 어머니와의 약속을 지키려고 했다면서 수행원이 위스키를 권할 때 마시지 않고 또 담배를 피우라고 했을 때도 거절하면서 수행원에게 "부탁을 들어주지 않은 것은 어머니와의 약속을 지키려고 한 것이지 부하인 너를 미워서 한 것은 아니다."라고 하니 "각하, 어떻게 제가 그 약속을 깨시라고 합니까? 참으로 훌륭한 어머님이십니다." 부하는 감탄하면서 나도 어머님이 어릴 때 좋은 것을 부탁을 했으면 지금보다 더 좋은 사람이 되었을 것이라고 했다.

  우리 속담에 "세 살 버릇 여든까지 간다."고 했다. 어릴 때 부모님의 가정 교육이 일생을 좌우하는 일이 많다. 칭찬과 격려, 사랑으로 부모님의 교육이 꼭 필요하다. 그리고 부모님의 말씀을 잘 듣는 자녀가 되어야 한다.

곽금언

행복이란 무엇인가

　행복이라는 것은 가치관의 상이에 따라 정의될 수 있는 것으로 생각된다. 가치관이란 사회의 모든 분야에 따라 차이가 생기는 것이다. '돈'이 행복의 기준이라고 생각하는 사람이 있는가 하면 반대로 인간이 삶을 살아갈 때 필요한 정도만큼의 돈이 생활의 필수요건이라고 생각하는 사람도 많다.

　영국의 《뉴이코노믹스 파운데이션》에서 143개국을 대상으로 설문조사를 통하여 행복지수 조사를 실시해 본 결과 소득 수준이 상위인 국가들이 대부분 하위 그룹이었고 오히려 반대로 소득이 낮은 국가들이 상위 그룹에 속하였다는 것이다. 1위 코스타리카, 2위 도미니코 등이었으며 놀랍게도 미국이 최하위에 머물렀다는 것이다.

　돈이 많다고 행복하다고 할 수 없으며 행복의 척도가 될 수 없다는 것을 알 수가 있다.

우리가 살고 있는 사회를 3개 시대로 구별해 본다.

해방(1945년)부터 1961년까지를 농경 사회로, 1961년부터 1987년까지는 경제 개발로 국민 소득 증대 시기였으며, 1987년 이후 20여 년간 현재까지는 독재와 권위주의 시대가 지배하였던 시기로 분류할 수 있다.

농경 사회에는 식생활이 힘들어 심지어 굶주린 사람도 있었으며 논마지기나 제법 많이 짓는 사람 중에서 고기도 많이 먹고, 막걸리 등 음식을 많이 먹어 살도 많이 찌고 배가 불룩 튀어나온 사람도 있었다. 소위 '배 사장'이란 단어가 생긴 것이다. 가난한 사람들의 선망의 대상이 되었으며 동네를 활보하였던 당시가 생각난다. 또한 농경 사회는 낭만도 많은 시절이었다. 석양이 되면 멀리 떨어진 산 밑 초가집 마을에서 저녁밥을 준비하면서 나온 하얀 연기가 마을 뒷산 너머로 넘어가 연기와 석양의 조화는 그 시절에서만 볼 수 있었던 낭만이었으며 이웃 간에 어려운 일이 있으면 상호 돕고 힘을 합하여 서로 돕는 미풍양속도 또한 농경 사회에서 볼 수 있는 것이었다.

60년대 경제 개발로 보릿고개가 없어졌으며 국민 소득이 증대하였던 물질적인 풍요 시대가 되었다. 그러나 산업화 사회로 농촌이 폐허가 되었고 인구가 도시로 대이동하는 도시 집중화 현상으로 변천되었다. 농촌의 젊은이들이 도시로 대이동한 결과 범죄, 비리가 속출되기 시작한 시절이었다.

1987년 이후부터 사회는 권위주의, 비리, 부정부패가 점증하는 시기로 변천된 사회가 되었다. 권력이 인권을 짓밟는 시기였다.

어느 월간지에서 표지에 '정치판'이라는 문구가 대문자로 쓰여 있는 것을 보고 필자는 여러 가지 생각을 했다. '정치계'라는 표현과 '정치판'이라는 표현이 독자들에게는 극히 상반된 느낌을 갖게 한다. 소위 '정치판'이라는 표현은 정치 현상이 국민들로부터 신임을 받지 못하고 부정부패가 난무함을 느끼게 한다.

    정치, 경제, 문화, 사회, 교육 등 모든 분야 중에서 정치가 제일 중요하다. 정치가 잘될 때 그 사회는 밝은 사회, 행복한 사회가 되는 것이다.

    금년은 국가적 중대사가 있는 때이다. 요즈음 부정 축재의 양상이 본인 자신만을 위한 축제를 넘어서 후손까지 염두에 두고 확대되는 양상인 것 같다. 차라리 비구 승려, 신부 등 독신자는 부정이 없을 것이라는 가정도 해본다. 정치인은 정치 경력, 전문성이 필요하므로 독신자 정치인이 사회 정화의 기초가 될 수 있음이 강하게 느껴진다.

    인간은 하늘에 별빛처럼 잠시 반짝이다가 사라지는 것이다. 극히 짧은 인생을 살아가면서 사리사욕을 버리고 건강하고 평화스러운 삶이 행복이 아닌가 생각해 본다.

국중하

역사가 살아 숨 쉬는 중국 서안西安

　IBK 기업은행 최고경영자클럽은, 4월 17일 2012 상반기 경영전략 세미나에 맞춘 서안에서의 4박 5일 일정을 위해, 280명이 아시아나와 대한항공편으로 나뉘어 인천공항을 떠났다.
　탑승 수속 앞 부스에서 목걸이용 명패와 안내책자를 받았다. 매일 아침 베개 위에 10원元씩 놓으라고, IBK 기업은행에서 40원元이 담긴 봉투도 나눠 줬다. 은행 직원이 기내 좌석 배치까지 도와주어 수월했다.
　투숙하게 된 쉐라톤 호텔(Sheraton Hotel) 1215호에는 정성 들여 포장한 과일바구니와 행장의 편지가 놓여 있었다. 실크로드가 시작된 서안에서 5,000년 중국 역사의 숨결을 느끼고 소중한 추억을 담아 가라며 감사를 표한 편지다.
　'중소기업과 IBK 기업은행의 행복한 동행' 이라는 주제로 조준희 행장의 특강이 시작되었다. 호텔 그랜드볼룸 대강당 전면과 양 측면에 송해 선생이 어린아이를 업고 나와 활짝 웃으며 "IBK 기업은행은 대한민국 국민 모두가 거래할 수 있는 은행이고 기업은행에 예금하면 기업을 살릴 수 있다. 기업이 살아야 일자리가 늘어난다." 며 87세 고령임에도 지침을 모르고 열심히 외치고 있었다.

행장은 먼저 우리들 자신을 알고 가자고 말문을 열었다. IBK 기업은행은 총자산 190조 원, 직원 11,312명, 645개 점포에서 총대출액은 135조 원인데 그중의 100조 원을 중소기업에 대출한다. 글로벌 금융위기 때 중소기업 지원 대출 현황을 보면 '비 올 때 우산을 씌워 주는 은행' 이 어느 은행인지 알 수 있다면서 전체 은행 대출 19.3조 원의 91% 17.6조원을 IBK 기업은행에서 대출해 주었다. 타 은행들이 우산을 빼앗았을 때 IBK 기업은행은 역으로 우산을 씌워 준 것이다.

대한민국의 총사업체 3,069,000개사 중 99%(3,066,000개사)가 중소기업이고 전체 근로자의 88%가 중소기업에서 일하고 있기 때문에 대한민국 경제 발전의 원동력은 중소기업이고 99-88의 힘으로 G20 중심국가로 우뚝 선 것이다.

통계에 따르면 한국 기업 생존율이 창업 1년 후 60%, 3년 후 40%, 5년 후 15%, 10년 후 5%, 30년 후 2%, 50년 후 0.7%, 100년 후 0.03%로 나타났다. 경제가 불안할 때 기업을 살리기 위해, IBK 기업은행이 동반자가 되어 연체이자를 한 자리 숫자로 내리겠다고 천명한 기사를 경제신문에서 읽었다. 출자 지분을 보면 정부 65.1%, 외국인 13.8%, 내국인 지분 9.9% 순인데 이익금 4,000억 원을 어려운 기업에게 무상으로 지원하겠다는 결심은 필시 중소기업의 설립 목적에 부응하고자 하는 극적 결단이었음이다.

최근 경제의 흐름이 예사롭지 않다며 자금 흐름에 주시하라는 당부를 흘려들을 수가 없다. 경제 위기의 주체가 정부임에도 정책이 없고, 과도한 국가 부채로 재정 정책 시행에 한계가 드러났으며 금리 인하와 양적 완화 정책도 쓸 수 없는데다가 국제 공조마저 어렵기 때문에 문제가 생기면 해결할 주체가 없는 것이 특징이라지 않은가.

　IBK 기업은행 50년 역사상 30년을 같이한 최초 공채 출신 행장으로 잘못된 관행과 형식주의 폐습을 타파하고, 내실을 지향하는 정도경영正道經營으로 모든 문제를 현장에서 찾아내서 약한 것은 보완하고 강한 것은 더 강하게 하여 IBK 100년 발전의 초석을 다지는 CEO가 되겠다는 다짐을, 세계 경제 주도국인 중국의 서안에서 중천금인 남아일언으로 토해 냈다.

　옛 장안長安, 지금의 서안은 북경, 남경, 낙양, 항두, 계봉 등 중국 6대 고도 중 한 곳으로 1,300만 인구가 살고 진시황을 비롯한 황릉이 72개가 있는 1,000년의 고도다. 강태공이 빈 낚싯대를 담그고 시대를 기다렸다는 위수강이 흐르고, 기후는 여름 최고 45도까지 올라가는 중국에서 가장 더운 곳이다. 작년에 6갈래의 지하철이 개통되었고 주요 산업은 항공, 방직, 관광, 전자 산업이다.

　동서로 400km나 이어진 관중평야에 중국 제일의 밀밭이 펼쳐졌다. 서안에서 북으로 300km쯤 섬북연안陝北延安(모택동 혁명 근거지)에는 황사가 10~30m 넘게 쌓여 있어 서안을 괴롭히고 있는 황사 바람의 주범이 되고 있다.

　13황제가 누렸던 장안성長安城의 황제 전용 남문南門으로 들어갔다. 600년 전 명나라 때 만들었다는 중국 제일의 종각을 지나 북문北門까지는 3km로 짧지만 동서가 길어서 성 둘레가 13.74km에 이른다. 성벽은 폭 15m, 높이 12m, 성 밖이 해저로 둘려 있다. 북문은 사신, 서문은 상인, 동문은 화물차만 출입할 수 있도록 제한되었다던가. 아침을 알리는 종루에는 5,000kg의 종이 매달려 있고 저녁을 알리는 고루에는 대북이 문을 닫게 한다. 1992년에 경주와 자매결연 맺었고 매년 12월에는 국제마라톤대회가 열린다.

산시성과 서안 지역 역사 자료를 보존한 산시역사박물관陝西歷史博物館에 선사 시대와 근대의 역사 자료 37만여 점이 전시되었다. 북위 유물관을 참관하자니 불현듯 고구려적 옛 조상님들의 위대함이 느껴진다. 역사 드라마 '광개토대왕'에서 북위가 후연과 동맹을 맺고 고구려와 싸웠을 때 우리의 광개토대왕은 험준한 산을 넘고 드넓은 강을 건너 어떻게 광활한 이곳까지를 지배했었는지 어깨가 절로 으쓱해졌다.

중국의 태산, 화산, 형산, 항산, 숭산 등 오악五岳 중 서악西岳으로 불리는 화산의 운대봉雲帶峰(1,614.9m)에 올랐다. 김종원 사장 내외분과 정상 주를 나누고 산천을 둘러보았다. 화산에 오르는 데는 오직 한 길뿐이라는 뜻으로 '화산자고일조로華山自古一條路'라 했는데 과연 오르는 길이 좁고 깎아지른 화강암 절벽으로 험악하다. 연화봉蓮花峰(2,096.2m), 조양봉朝陽峰(2,096.2m), 옥녀봉玉女峰(2,037.8m), 가장 높은 낙안봉落雁峰(2,154.9m)이 조화를 이루며 웅장한 자태를 뽐내고 있다.

프로그램을 개편하여 개봉했다는 장한 가무 쇼는 여산을 배경으로 연못 수중 무대가 솟아올라 수상 무대가 되고 물줄기가 솟아올라 무지개다리를 놓은 자연과 어우러진 공간 무대가 화려하다. 천지수륙天地水陸 공간을 최대한으로 활용한, 양귀비의 일대기를 춤과 음악, 노래로 엮어낸 쇼가 환상적이다. 38세 선녀가 연꽃을 타고 하늘에서 내려와 양귀비 궁에서 놀던 장면과 27세의 양귀비를 맞아 나라가 망하기 직전까지 재미를 누리고 살다가 안녹산의 난에 의해 당 현종과 양귀비가 도망치다가, 다시 양귀비와 일가를 죽이고 나라를 살리라는 신하들의 요구에 당 현종이 나라를 택했다. 양귀비는 38세 꽃다운 나이에 대나무에 목을 매어 자결했고 당 현종은 나라를 되찾았다. 그런 후 당 현종은 양귀비를 꿈에서 만난다. 양귀비의 별궁이었던 화청애금華淸愛琴 국제온천호텔에서 반주로 마신 양주 몇 잔이 따끈따끈한데다가 화청지에서 양귀비를 만나니 더욱 황홀했다.

당나라 전성기의 문화와 생활을 재현해 놓은 대당부용원大唐芙蓉園은 우리나라 민속촌과 비슷했다. 연분홍빛을 띤 꽃을 부용이라 하여 당나라 때 양귀비가 거처했던 곳이다. 197,000평 부지에 12개의 경관 문화 표현 장소가 마련되어 있다. 당나라 시인 두보, 이태백, 이상은 등 유명한 시인들의 시가 새겨진 시랑과 곡강에서 나뭇잎 타고 흘러온 술잔을 들고 시를 읊었던 자리를 재현해 놓았다.

당 현종과 양귀비가 사랑을 나누었던 화청지華淸池는 추운 겨울에도 43도를 유지하는 온천수가 샘솟는 곳으로 서주 유왕 때부터 황제들의 온천욕 장소였다. 양귀비가 목욕했던 누각 귀비지貴妃池에는 꽃 모양의 작은 목욕탕에 동전을 던지면 복이 온다는 전설 때문인지 동전이 수북하게 쌓였다. 양귀비가 전용으로 머리를 말리던 장소 비하각飛霞閣과 양귀비 옥동상이 서 있다.

1974년 감나무 숲에 곡괭이로 우물을 파다 발견했다는 진시황 병마용박물관秦始皇兵馬俑博物館은 진시황제 지하 대군단이다. 인류의 오랜 역사가 남긴 하나의 신화다. 지하 깊숙이 묻혀 있던 갑옷 차림의 고대 제국 정예 부대가 그의 정체를 드러낸 것이다. 2,200여 년 동안의 어둠과 적막에서 뛰쳐나와 눈부신 광채를 뿜내며 무장을 하고 출발을 기다리는 3군 서열, 입체적 형상의 고대 병서 등 방대한 능묘는 생동감 넘치는 조각예술이요, 휘황찬란한 예술의 보고다. 진시황릉에서 7.5km 지점 서안을 국제적인 관광 도시로 바꿔 놓았으니 얼마나 거대한 영생의 꿈이었을까?

진시황은 B.C. 259년에 태어나 B.C. 210년에 별세했다. 진시황은 10여 년간 전쟁하여 한, 조, 연, 위, 초, 제 6개 제후국을 통일하여 중국사상 처음으로 다민족 중앙집권의 봉건제국을 창건했다. 이때부터 국가 최고 통치자를 '황제'라 부르기로 하고 '시황제始皇帝'라 자칭했고, 그로부터 황제 칭호는 2,000년 동안 사용되었다. 진시황은 B.C. 210년 순행 도중 병고로, 49세 나이로 별세했다. 아들 호해교소 胡亥矯紹가 형 부소扶蘇를 모살하고 왕위를 차지, 2세가 되었으나 폭민, 극형, 착취 등으로 15년 만에 중국사상 최단명 왕조가 되었다. 불과 반세기도 안 되는 진시황의 생애가 후세 사람들에게 천 년 불후의 논쟁을 남기게 된 소이다.

진시황릉은 여산과 위하를 낀 명소에 생존 나이 50m 높이의 작은 산이다. 금과 옥이 많은 여산에 본인이 택했던 자리에 잠들었다. 전국 중요 문화재 보호 대상이며 유네스코에 수록된 중국 유일의 고대 제왕 능묘다. 발굴하지 않은 원형 그대로여서 멀리서 차창으로 스쳐 봤다.

서원문 거리에서 낙관을 만났고 비림에서 〈관제시죽關帝詩竹〉을 만났다.

관제시죽關帝詩竹

不謝東君意 조조(東君)의 호의를 거절하지는 않았으나
丹青獨立名 그대 일편단심(丹青)은 역사에 남아 있네

幕嫌孤葉淡　외로운 댓잎처럼 군막 생활 담담히 받아들이니
終久不凋零　그대의 뜻 오랫동안 시들지 않으리

(해석: 조미애 시인)

청나라 강희 55년에 제작된 비석으로 대나무 그림처럼 보이지만 댓잎 하나하나가 바로 시어인데, 관우가 조조에게 주군의 부인들과 함께 잡혀 있을 때의 이야기다. 조조는 여포에게서 얻은 적토마를 비롯하여 많은 선물로 관우를 회유하였지만, 유비의 소식을 듣자 오관五關의 장수를 참하고 황숙을 찾아 도원결의를 지켰다는 의기를 후대 청나라 문인들이 서각한 작품이다.

서안에 가면 3가지를 유의하고 오라는 말이 있다. 그중에 '진시황 양귀비 서안 특식'을 맛보고 오라는 것이 있다. 서안의 주식은 밀이다. 빵과 면, 허리띠보다 넓은 '방방면'이 있는가 하면 머리카락보다 가늘어 바늘귀에 꿴다는 '세발면'이 있다. 점심 식단엔 덕발장 교자연의 전통만두요리, 생선튀김 무침, 꼴뚜기 무침, 쓴 오리 무침, 소고기 무침, 땅콩 무침, 완두 무침, 호두 무침 등의 밑반찬을 깔아 놓고 닭고기 가슴살 수프에 진주를 넣은 작은 만두를 시작으로 소시지만두, 닭고기만두, 닭고기호박만두, 매운 돼지고기야채만두, 가지·죽순만두, 호두만두, 새우만두, 옥수수·고기만두, 매운 닭고기만두, 해물만두, 태후진주탕, 과일 접시로 끝이 났다. 점심으로 이런 것들을 다 먹게 하다니 과연 서안 특식을 자랑할 만하다 싶었다.

환영 만찬장의 차력술과 여산을 배경으로 한 양귀비와 당 현종의 애틋한 사랑 이야기를 다룬 화청지 역사 뮤지컬, 객실에 준비한 당신만을 사랑해!, IBK 포차, 장안 야연 폐회식에서의 중국 전통무용 쇼

등 특별한 저녁 시간을 준비해 준 스태프진이 너무도 고마웠다. 특히 스태프진의 막내 조영란 계장이 "9호 차라 뒤만 따라다녀 죄송한 마음에서 회의 때 앞으로 회장님들을 제일 많이 모셔야 하는데 9호 차를 앞에 세워 달라 요청하여 9호 차를 맨 앞에 세웠다. 9자가 행운의 숫자라고 폐막식 행운권 추첨에서 좋은 결과를 빌겠다."라던 막내 덕분인지 우리 9호 차에서 세 사람이나 뽑혔다. 아예 참석도 못한 강청자 씨까지 뽑아 준 행장님의 흉중을 헤아려 보았다. 당신만을 사랑하라는 포도주를 안고 집에 돌아와 촛불 켜고 '생각만 해도 참 좋은 강청자'와 함께 서안의 추억 나누게 되리니….

　중국은 한국의 96배, 한반도의 48배로 광활하다. 현대를 알려면 상해를 가고 100년을 알려거든 북경을 가라는 말이 있다. 우리는 5,000년을 알기 위해 서안에 왔다. 서안에서 1m 밑에 명나라, 2m 파서 진나라를 알고 돌아오는 길이다. 특별한 인재를 양성, 무궁한 기업으로 발전시키자 다짐하며 속마음 깊은 울림에 귀를 기울였다.

"폐회식장에서의 '스티브 잡스 일대기 영상과 화려한 전통무용 쇼'가 정말 좋았습니다. 처음부터 끝까지 함께하면서 문제아가 아닌 특별한 행장으로 영원히 남기 위해 간절함을 담아 몰입하고 실천하는 일거수일투족이 감동이었습니다. 위기에 처한 기업에게 4,000억 원을 내어 놓으니 어쩌면 정부며 회원사에서 그의 몇 배를 더한 보상이 있어지겠거니 싶어요! 감사합니다."

김기준

봉하마을

　아마도 우리나라 사람이면 봉하마을을 모르는 사람이 아무도 없으리라 여겨진다. 고 노무현 대통령께서 여기서 태어나시고 여기서 돌아가시고 여기서 고이 잠들어 계시기 때문이리라. 그러니까 우리나라 역사의 한 페이지가 봉하마을에 묻혀 있는 셈이다.
　각 지방에서 관광버스가 많이 들락거리고 또 사람들이 많이 찾는다. 이러다 보니 자연히 관광 명소가 된 것이다.
　봉하마을을 구경하고 온 사람들은 봉하마을 구경하고 왔다고 자랑까지도 한다. 이러다 보니 친구들끼리 간다든가 또는 직장 동료들이 모여 간다든가 각종 모임에서 가는 경우가 많다.
　나도 한번은 구경하러 가기는 가야겠는데 하면서도 게으름 피우다 보니 가 보지를 못했다.
　오늘은 신경 안 쓰고 덤으로 구경할 수 있게 돼 잘되었다 싶었다. '전남문화관광해설사협회, 2011년 제1차 현장체험교육'이 오전에는 가야문화권에서 있었고, 오후에는 봉하마을에서 있기 때문에 나도 같이 묻혀 온 것이다.

　봉하마을에 도착하자마자 노 대통령 묘에 참배를 드렸다. 그러고 나서 이곳저곳 주위도 살펴보았다. 묘는 봉분을 하지 않고 그 대신 너럭바위를 봉분 대신 올려놓았다. 하얀 너럭바위 위에 한글로 '대통령 노무현' 이라고 새겨져 있었다. 너럭바위가 하얀 너럭바위가 아니고 검은색 너럭바위였다면 우리나라에 산재해 있는 남방식 고인돌과 무엇이 다르랴. 왜 이런 말을 하는가 하면 강화도나 전북 고창이나 전남 화순이나 기타 등등의 고인돌 공원에 가 보면 고인돌의 석질이 다 까맣게 보였기 때문에 그런 것이다. 아마도 오래되었기 때문에 그런 걸까? 하여간 검소한 묘역이었다. "아주 작은 비석"만 남기라는 대통령의 유언에 따라 만든 것이기 때문에 그런 것이 아닌가 하는 짐작이 갔다.

　이번에는 김해 해설가의 안내를 받으며 봉화산과 사자바위 그리고 부엉이바위를 구경하기로 했다. 봉화산이나 사자바위나 부엉이바위들은 바로 봉하마을 뒷산이기도 했고 고 노무현 대통령 묘역 뒷산이기도 했다. 차가 중간 지점인 정토원 밑 주차장까지 실어다 주었기에 힘 안 들이고 올라갈 수 있었다. 차가 아니고 걸어서 올라가도 약 30분이면 오를 수 있는 가까운 거리였다.

　그러나 산을 올라 사자바위 위에 서 보니 그것이 아니었다. 높은 벼랑이었다. 아찔하고 오금이 저렸다. 다리가 후들후들 떨렸다. 해발 140미터의 낮은 산이지만 사자바위 바로 밑이 산이나 언덕이 아니고 널따란 평야이기 때문에 바로 벼랑을 이루고 있는 것이다. 사자바위가 있는 산이 봉화산이다. 옛날에는 정상 봉수대에서 통신 수단으로 밤에는 불을 피워서 낮에는 연기를 이용했다 한다.

사자바위에서 내려다보이는 봉하 들판은 넓게 펼쳐져 있었고 시원스럽기도 했다. 들판에는 한참 약이 오른 벼가 검푸르기만 했다. 사자바위에서 북쪽으로 약 5분 정도만 내려가면 부엉이바위가 있다. 부엉이바위도 벼랑이다. 접근 금지를 알리는 '접근 금지' 인식선이 쳐져 있어서 이리저리 살펴보기만 했다. 방문객들의 마음을 아프게 하는 부엉이바위에서는 다들 숙연한 자세로 이곳저곳을 살펴보고 무거운 발걸음을 돌렸다.

　사자바위와 부엉이바위 중간에는 정토원이라는 조그마한 암자가 있었고 여기서 대통령의 49재를 지냈다.

　부엉이바위에서 약 30미터쯤 내려가다가 오른쪽 큰 바위들을 뒤집고 들여다보면 '누워 있는 마애불'이 있다. 통일신라 시대 또는 고려 시대 것으로 추정된다는데 바위틈에 반듯이 누워 있었다. 원래는 바로 서 있었는데 이웃 바위들이 무너지면서 저렇게 누워 있게 됐다 했다. 조금 세워 놨으면 좋으련만 왜 저렇게 방치해 두었을까? 정토원 앞에서 시작해서 사자바위, 부엉이바위로 이어지는 길을 대통령의 길이라 했다. 대통령이 평소에 자주 거닐었던 길이라 해서 붙여진 이름인 것 같았다.

　언젠가 어디에서 읽은 기억이 있는데 내용은 다음과 같다.

　　대통령은 1975년에 사법시험에 합격했다. 동네 변두리에다 토담집을 짓고, 그 토담집에서 열심히 공부를 했다. 영부인 권양숙 여사와 알게 된 때도 이때부터다.

　과연 토담집을 어디쯤에다 지었었을까? 30여 년이 지났는데 그것을 누구에게도 물어볼 수도 없고 나 혼자만 머릿속으로 찾다가 왔다. 낙방생이긴 하지만 나도 예전에 사법시험 공부를 한답시고 집 뒤 산에다 움막을 치고 공부를 한 적이 있기 때문에 관심이 갔던 것이다.

　봉화산 봉수대 아래 있다고 해서 봉하마을이라고 불리고 있는 이 봉하마을은 이제는 노무현 대통령의 영혼이 숨 쉬고 있는 마을로 더 유명하게 된 것 같다.

김복임

말하시오, 어느 곳을 향하여 가는가

　　몹시 추운 어느 겨울 봉선 아버지는 홀연히 고향을 떠났다. 봉선 엄니는 이미 예상한 듯 말이 없었고 다만 머리에 쓰고 있던 흰 명주 수건을 벗어 봉선 아버지의 목에 두르며 몸 살피는 일에 명심하라는 당부만 했다고 한다. 바람은 차서 살을 에는 듯했고 달빛은 어두웠지만 고개 너머로 총총 사라지는 아버지의 뒷모습만 보았다고 했다. 고갯마루에 이르자 세찬 바람에 흰 명주 수건의 끝자락이 깃발처럼 펄럭이었다고 했다. 그 후 봉선은 아버지를 본 기억이 없다고 했다. 독립운동을 하러 갔는지 종교 박해를 피해 갔는지조차 짐작되지 않으나 '아리랑'을 아주 잘 부르셨다고 했다. 아리랑. 아리랑.

　　그리고 얼마 안 되어 고향 집 너른 마당에서 연지 찍고 곤지 찍고 눈썹 그리고 혼례를 올린 봉선은 신랑을 따라 고향 개성을 떠나 서울 살이를 하게 되었다고 했다. 서울살이가 익숙해질 때까지 한번 떠나온 고향은 갈 수 없었고 소식도 전할 수가 없었다고 했다. 신촌 기차역을 통하여 서울 온 열아홉 새댁 봉선은 고향 소식이나 들을까 하여 맨 걸음으로 신촌 기차역 주변 두리번거리기를 여러 번 했다고 했다. 신촌 기차역에서 기차를 타면 고향에 갈 수 있었을 텐데 왜 그렇게 하지 못했는지 모르겠다고 한탄했다. 그런 날은 울면서 속으로 웅얼웅얼 아리랑을 불렀다고 한다. 아리랑. 아리랑.

세상이 어수선하고 어지럽다고 술렁일 때도 떠나온 고향 사람 만날까 신촌 기차역 앞에서 맴돌고 맴돌아도 소용없었고 기차는 예전처럼 오가지도 않았다. 기차역을 갔다 오는 날에는 어김없이 시어머니의 꾸중을 들어야 했음은 물론이다. 이렇게 안타까운 시절을 동동거리고 있을 때 6·25 전쟁이 일어나서 그 후에는 아예 고향과 일가친척다 잊고 부모님 모습조차 아련하다고 했다. 전쟁은 시어머니도 세상을 뜨게 했고 군대 간 남편은 소식 없어 만날 날만 기다리는 세월이었다고 했다. 피난지에서 무명옷 걸치고 어린 두 딸과 살아야 하는 고된 생활은 오로지 하느님만이 힘이었다. 찬송가 가락은 모두 아리랑, 모두 아리랑이었다. 아리랑 곡에 찬송가 가사만 얹어 열심히 열심히 부르는 것이다. 고향과 아버지와 남편에 대한 그리움의 아리랑을 누가 막겠는가. 그건 찬송가가 아니라고, 아무도 말할 수 없는 일이었다. 삼 년여의 난리 통 속에 살아 있어 감사하는 마음이 기적이 되어 목사님의 노력으로 군대 갔던 남편을 만나니 세상은 행복에 넘쳤다고 했다. 아리랑. 아리랑.

가을 하늘이 유난히 파랬다. 부서지는 햇살을 받은 나뭇잎들은 각기 색상을 돋보이려는 듯 찬란히 빛났다. 거기에 맞추듯 내 얼굴에 화장도 한층 화사하다. 어둠이 물드는 거리를 뒤로 집으로 돌아오니 가장께서 숨 가쁘게 설명한다. 친정 손아래 올케에게서 다급한 전화가 여러 번 왔노라고, 핸드폰을 안 가지고 나갔던 것이다.

 발등에 떨어진 불 끄느라 급급하여 아래만 아래만 내려다보느라 조금만 고개를 옆으로 돌려도 눈동자 맞추며 웃음 나눌 얼굴을 잊고 있었다. 이제 한숨 돌리고 두 손으로 얼굴 감싸 안고 마주 보며 웃어야 할 얼굴이 느닷없이 이 세상에서 마지막 고된 그림자를 거두고 떠났다. 1920년 4월 17일생, 나이 90세 '서봉선'이 세상을 버린 것이다. 언제까지나 '나' 이 세상 떠나는 날까지 함께하리라는 그래서 영원할 줄 알았던 생각지도 않았던 일이라면 어리석은 욕심이었을까. 까치 뒤집혀 날아가는 것 같은 어이없는 일이라는 생각에 몸부림이 날 지경인데 상주가 화장 곱게 하고 있다고 까칠하게 찌른다. 급히 달려오느라 한숨 돌리기도 전이니 낮에 화사했던 화장을 지울 틈이 없었다.

 영안실의 밤은 속절없이 깊어 가고 꿈꾸는 듯 감각이 흐릿한데 부의금 함이 안 보였다. 가족 중 누군가 부의금 사절이라도 했는가 보다. 와중에 참 잘한 일이구나 하고 감동했더니, 상주들 졸거나 정신없어 관리 소홀하여 문제 생길까 염려되어 보호하려고 제 머리맡에 옮겨 두었다는 친척 때문에 심기가 매우 불편하였다. 아리랑. 아리랑.

 염하시는 분들의 손길이 바쁘다. 어머니 서봉선의 시신을 닦고 베옷 입히는 모습이 생생하다. "물 마를 사이 없이 움직이던 손에 베 장갑이 끼워지니 이제 일에서 손 놓으시게 되었습니다. 어머니, 웬만하면 일어나시지요. 일어나세요. 옛말에 개똥밭에 굴러도 저승보다 이승이 낫다고 하더이다. 숨 안 쉬고 이틀 지나 보니 이곳이 더 낫지 않더이까. 그곳에는 애지중지할 애물단지들이 없지 않습니까. 우리 모두가 여기에 이렇게 있으니 말입니다. 어서 일어나세요, 어머니." 염사들의 땀 흘리는 작업이 끝나도 어머니는 일어날 줄 몰랐다. 끝내 일어나기를 거부하신 어머니의 이마에 손을 얹었다. 얼음같이 차가웠다. "우리는 모두 굳어 슬픔이랑 아픔에 붙들려 꼼짝 못하니 일어나시어 그것들의 굳은 열쇠를 풀어 주지 않으시려오." 부탁했으나 묵묵히 굳고 굳은 표정으로 베옷 입은 채 냉정하게 누워 계셨다. "어머니, 좋은 곳으로 편히 가세요. 안녕히 가십시오, 어머니." 아리랑. 아리랑.

 어머니가 숨을 거두고 떠난다는데 때 되면 먹고 속에 있는 것 비울 때 되면 바쁘고 할 짓들은 일상과 같이 다한다. 모래알을 한술 떠넘기는 게 쉬울 일이지 밥 한술 넘기기 어려운 이 혹독한 일, 누구나 다 겪는 일이라는데 왜 이리 새삼스러운가. 어머니의 죽음을 허락한 하느님 때문에 생각이 많이 아주 많이 아프다. 질이 좋다는 베옷, 나뭇결이 곱고 향내가 난다는 오동나무 관에 수의 입혀 관 속에 담고 뚜껑 덮어 그 위에 흰 공단에 붉은 십자가 수놓은 관보 씌워 관대로 묶어 승화원으로 간다.

 "오실 때는 어디서 오시었으며 가실 때는 어디로 가시나이까. 오시는 것 한 조각 뜬구름이 일어남이요, 가시는 것 한 조각 뜬구름 스러짐일세."

 하늘나라는 들어가는 문이 좁고 매우 낮아 무릎을 꿇고 몸을 최대한으로 오므리지 않으면 들어갈 수가 없다고 한다. 하늘길도 병목 현상이 있어 체증이 심한지, 아니면 들어갈 사람이 너무 많아 순서를 기다리고 있는지 천지 사방 널려 있는 헤아릴 수 없이 빼곡한, 수많은 묘소들에 충격을 받았다. 안타까운 사연을 간직한 말 없는 무덤,

하소연 같은 둥근 봉분을 이고 "너도 곧 그때를 맞이할 것이니 잘 준비하라."는 듯 봉분 앞에 박혀 서 있는 비석들이 천근만근 무겁다.

평소 하늘나라 갔다고 해서 하늘 위로 높이높이 올라갔는가 했더니 모두 땅을 떠나지 못한 채 땅속에 누워 있었다. 살아 숨 쉬고 있는 사람들이 차지하고 있는 땅 넓이보다 죽어 누워 있는 시신들이 차지하고 있는 땅 면적이 더 넓은 건 아닌지, 무한히 널려 있는 봉분에 놀라지 않을 수 없다. 연기로 사라진 시신들까지 모두 땅속에 묻혔다면 온 천지가 묘소로 뒤덮일 것 같다. 아리랑. 아리랑.

"고인故人의 명복을 빕니다."

고인을 위한 최대의 환경과 시설, 신중하고 신속한 처리 과정은 고인이 고인高人임을 실감하게 했다. 잠시 대기실에 있던 고인은 시간이 되자 승화실로 향했다. 여기저기에서 들리는 소리가 처절하다.

"불쌍한 우리 어머니." "가엾은 우리 아버지, 안녕히 가세요."라고 울부짖으며 큰 소리로 통곡을 했다. 관은 머리 쪽이 먼저 들어가고 흰 공단 관보가 깃발처럼 휙 걷어지는 모습은 고인이 남은 가족들에게 마지막으로 흔드는 손짓이다.

"얘들아, 잘 있거라."

승화실 입구에서의 절차가 끝나자 승화원 직원의 정중한 거수경례는 이승과의 최후의 마지막 인사임을 아시는가. 경례를 마친 승화원 직원은 마침내, 마침내 승화실 문을 걸어 잠갔다. 또 여기저기서 "아이고, 아이고." 소리가 났다. 사랑하는 가족이나 가장 가까운 사람들이 서로 헤어지는 괴로움은 인생 팔고 중에 애별이라고 한다.

죽음에 응하여 영원히 이별하는 슬픔은 하늘이 무너지고 땅이 꺼지는 절망이라고 한다. 누군지도 모르는 시신을 향하여 수없는 거수경례를 올리는 승화원 직원의 직업이 눈물겹다.

이제 한 시간 사십 분 후 우리는 뼛가루가 된 고인과 한 번 더 만날 것이다.
　누가 사람은 다 같다고 했는가. 목욕탕에서 벗은 알몸이 잘나고 못남이 없어서인가. 들이쉰 숨 거두고 베옷 입고 관 속에 들어가고 뚜껑 덮이어 승화원에서 가루가 되는 뼈아픈 슬픔이 모두 같아서일까. 육신은 살아 있을 때나 가치가 있는 것이지 들어갔던 숨이 나오지 않으면 곧 내생이다. 죽으면 땅속에 묻혀 한 줌 흙이 되고 화장하면 한 줌 재가 되고 마니 인생이 무상하다고들 한다. 즐거움과 괴로움이 늘 섞여 있는 곳이 이 세상이니 잘 견디어 마지막 순간 후회하지 않도록 참는 수양이 필요한 건 아닌지. 돌아가신 어머니를 삼 일 만에 불에 태워 가루 만들어 내다 버리고 온 아픈 생각을 언제쯤 안 하게 될 것인지. 문밖 거리에 나서면 나이 드신 어르신들의 모든 얼굴이 어머니의 모습으로 다가와 가슴속을 파고들어 마음을 헤집는다.
　쇠 절굿공이를 갈고 갈아 바늘을 만든다 한들….

김복희

일과 속담

　제 팔자가 하도 나쁘니 차라리 빈둥빈둥 놀고먹는 개 팔자가 더 좋겠다는 넋두리로 "개 팔자가 상팔자다."라는 속담이 있는가 하면 "일 잘하는 아들 낳지 말고 말 잘하는 아들 낳아라."는 속담도 있다.
　오죽이나 사는 게 고달프고 힘들고 고생스러웠으면 이런 속담들이 나왔을까. 상상이 어렵지 않다. 아니 이는 속담이라기보다 자탄이며, "일이 되면 입도 된다."는 속담과도 정면으로 상충되는 말일 뿐만 아니라 '신성한 노동'을 얕잡아 보는 말이기도 하다.
　지난 시절 농경 사회에서 일에 푸욱 파묻혀 일이라면 신물이 날 때, 줄곧 놀고먹으면서 시도 때도 없이 한숨 푸욱 자고 더구나 눈길 아프게 사지를 있는 대로 주욱 펴고 기지개를 켜는 개를 보고 부러워한 나머지 누군가가 불쑥 뱉어낸 말이 "개 팔자가 상팔자."일 것이다. 그런 상팔자의 개념이 오늘날 많이 달라졌다. 과학의 발달에 따라 문화가 향상되면서 인간이 '일'에 대해 가치를 부여하는 것은 전통 사회와 판이하게 다른 양상을 보이고 있다. 일을 존중하고 일을 사랑하며 일을 함으로써 맛보는 노동의 기쁨을 귀하게 생각하게 되었다. 일은 바로 생명과 상관관계로 보호자와 동반자 구실을 하고 있음을 인정할 줄 알게 되었다. 일을 함은 먹고사는 생명의 유지 때문이 아니라 삶의 목적, 삶의 가치를 건실한 노동에서 출발하고자 하는 인간의 소망 때문이다. 그래서 나는 사람으로서 가장 두려워해야 할 일은 무위도식이라고 생각한다. 휴식은 '쉰다', '논다'의 뜻이 있겠지만 노동 없는 휴식이란 있을 수 없는 일이다. 조금 지나친 표현인지 모르나 노동 없는 휴식을 죄악이란 말로 서슴없이 할 수 있는 것도 이 때문이다. 이와 반대로 열심히 노동한 뒤의 휴식처럼 인간을 풍부하게 하고 기쁨에 충만하게 하는 것도 없다. 우리는 일을 통해서 자신을 새로운 사람으로 탄생시켜야 한다. 어쩌면 그것은 창조주로부터 생명을 부여받은 인간의 의무이기도 하다. 그러므로 현대인에게 '상팔자'란 자신에게 알맞은 일에 자신의 능력이 허용되는 한계에까지 노력하는 일이며, 그 일이 자신을 뛰어넘는 창조의 단계까지 오를 수 있는 초월성을 갖는다면 더 바랄 게 없을 것이다.

  자신을 소중히 여기는 사람이 일을 소중히 여기듯, 자신을 사랑하는 사람은 일도 사랑한다. 일에 전심전력을 쏟고 있는 사람은 아름답다. 그러나 "개같이 벌어서 정승같이 쓰는 사람"은 더 멋있고 아름답다. 일은 이와 같이 삶에 의미를 부여하고 탄력을 실어 주며 생활에 리듬을 갖게 하며, "개도 손 들 날이 있다(?)"는 속담처럼 삶에 새로운 뜻과 기쁨도 만들어 준다. 그래서 삶의 궁극적인 목적은 신성한 노동에서부터 출발하는 것이 지극히 당연한 이치이다.

김성렬

도망자

도저히 잠을 이룰 수가 없었다. 달빛을 뿌려 놓은 듯 배꽃이 하얗게 피어 대는 밤이어서도 아니요, 추녀 끝에서 쏟아지는 낙수 소리 때문도 아니다. 한동안 소식이 끊겼던 사촌 여동생 소식 때문이었다. 그 동생은 마음도 비단결같이 곱고 얼굴도 인형처럼 예뻤다. 여고 시절, 흙냄새 풍기는 시골이 좋다며 여름방학이면 내려와 부엉이와 소쩍새 울음소리 들리는 원두막에서 '앨런 포'의 〈애너벨 리〉란 시를 읽으며 함께 밤을 하얗게 지새운 적도 있었다. 큰집 오빠라며 유난히도 나를 따르던 사촌 여동생이 박복하게도 가난에서 헤어나질 못하고 있다.

얼굴이 예뻐 그런지 스무 살도 안 되어 결혼을 서두르더니 술과 도박에서 헤어나지 못한 신랑은 사십도 안 되어 세상을 떴다. 아이들은 커 가고 그대로 주저앉을 수가 없어, 여자의 몸으로 건설 현장에서 벽돌 쌓는 일을 한다고 했다. 그런 그가 공기도 좋고 생활비가 저

렴할 것 같아 시골로 전셋집을 얻어 내려갔다고 말은 하지만 그만큼 살기가 힘든 모양이다.

자식으로는 아들, 딸, 달랑 둘인데 나이 사십이 넘었어도 하나같이 시집, 장가갈 생각을 않는단다. 그나마도 지금은 경기 불황으로 일감이 없어, 소형 트럭을 끌고 음식점을 찾아다니며 폐유廢油를 수거해다 판다고도 했다. 그러는 동안, 그 동생도 세월은 피할 수 없이 어느새 석양을 마주하고 있다.

피난길에 고생을 함께해서 그런지 다른 사촌보다도 유독 정이 가는 여동생이었다. 언제고 시간을 내어 그 여름날 밤 원두막 이야기를 나누며 밥이라도 한 끼 먹어야 하겠다고 벼르기만 했지, 바쁘다는 핑계로 그러지 못한 것이 큰 죄를 진 것만 같아 마음이 아파 온다.

위암 말기라 병원에서는 아예 손을 대지 못하고 집으로 되돌려 보냈다는 전화에 밤을 지새우며 어서 날이 밝기를 기다린 것이다. 상태가 위급하다고 했다. 당사자의 집 전화번호를 돌렸으나 그런 전화번호는 없다는 자동 응답이고, 핸드폰 번호를 몇 번이고 눌러도 전원이 꺼져 있었다. 그곳으로 이사를 했다는 것만 알지 모두가 어딘지는 가 보지는 못했다고들 했다. 개구멍바지를 입고 동네 어귀 개울에서 멱을 함께 감던 또래 조카가 머리도 같이 희끗희끗해 간다.

"당숙님! 거기요, 찾기 쉽죠. 가양대교를 건너 파주 문산 못 미쳐 용주골로 가다 보면 다리가 하나 있는데 그 다리 건너자마자 바로 오른쪽으로 꺾으면 돼요. 거기서 조금만 가다가 다시 왼쪽으로 가다 보면, 담배 가게가 하나 있고 아마 거기가 옛날 미군 포부대가 있었던 자리인데, 지금은 무슨 공장인지 들어서 있어 조금은 헷갈리실 거예요."

그 조카의 전화는 이동 중인지 직직거리더니 거기서 끊어졌다. 순간 나는 삼십여 년 전 중동으로 가기 전에 그곳에서 여러 해 동안 경지 정리 공사를 한 적이 있다.

　아, 그렇지! 그 집은 앵두나무집이고 그래, 그 우물터에는 댕기를 늘어뜨리고 물 긷던 처녀도 있었지. 나는 자신만만하게 아무런 대책 없이 길을 떠났다. 오늘따라 비는 청승스럽게도 내리고 옅은 안개가 길을 더디게만 한다. 옛날 기지촌의 허물은 벗었지만 도로변으로는 아직도 군데군데 그때의 흔적들이 남아 있다. 무장한 헬기가 뜨고 내리던 비행장이며, 지축을 흔들어 대던 탱크 부대 훈련장도 잡초만 키를 넘게 우거져 있다. 이 길은 임진왜란 때, 평양성을 향해 왜군들의 말발굽들이, 그리고 명나라 이여송이 이끄는 원군들이 한양을 향해 지나던 길이었지만, 1·4 후퇴 당시 북한군과 중공군들이 그 길을 통해 쳐내려 왔고, 곧바로 국방군과 유엔군들이 피를 흘리며 북진을 하던 바로 그 길이기에 역사의 흔적들이 배여 있는 듯하여, 노구의 심장에 뜨거운 피가 전율을 한다. 전쟁의 포화 속에서도 아무런 여과 없이 서양 문화는 홍수처럼 밀려와 우리의 문화를 뒤덮었다. 한때 서양의 거리를 방불케 했던 영화榮華도 사라진 거리에 역사의 흔적만이 세월의 무상함을 말해 주고 있어 언뜻 암과 투병을 벌이고 있을 사촌 여동생의 얼굴이 떠오른다. 그렇게 예쁘고 귀엽던 그를, 신神은 그가 뭐가 그리도 미워 그리도 그리도 서둘러 데려가려 하실까?

　논밭 경작지들은 흔적도 없이 사라지고 그 자리에는 공장이며 창고, 아파트들이 꽉 들어차 있다. 소달구지가 짐바리를 가득 싣고 다니던 신작로는 자동차 도로로 변했다. 서울 사람이 시골에 오면 촌뜨기가 된다더니 내가 그 꼴이다. 사람들은 이를 가리켜 상전벽해桑田碧海라 하는가 보다. 종로통에서 김 서방 찾기다. 앞이 깜깜했다. 우물터가 어떻고 물레방앗간이 어떻고 그것은 인제 모두 다 전설 속에서나 들을 수 있는 이야기들이 되어 버렸다. 여기저기 기웃거리는 내 꼴이 수상했는지 동네 개들은 동맹이라도 맺은 듯 하나같이 문밖까지 쫓아 나와 짖어 댄다.

농번기인데도 들판에는 길을 물어볼 만한 사람들이 없다. 그 많던 사립문에 초가草家는 간데없고, 성문城門처럼 빗장이 쳐 있는 이 층 양옥집들뿐이다. 저 멀리 길옆에 서성이는 사람이 보였다. 얼마나 반가웠던지 단숨에 뛰어가 보니 그는 공장에서 일을 하는 검은 피부색의 외국인 노동자였다. 사랑하는 연인 사이였는지 한국인 여성은 당황해하며 시선을 피하고 있었다.

너무나 뜻밖이라 내가 머쓱해하자 오히려 그 청년이 나에게 말을 걸어온다.

"무. 슨. 일. 로. 그. 러. 세. 요, 뭐. 든. 지. 물. 어. 보. 세. 요?"

물에 빠진 사람 지푸라기라도 잡는다는 심정으로 혹시 알지도 모를 것 같아 누구를 찾는다고 말이 불쑥 튀어나왔다.

"미. 안. 합. 니. 다, 그. 건. 모. 르. 겠. 는. 데. 요, 몰. 라. 서. 더. 욱. 미. 안. 합. 니. 다."

그는 특유의 아래턱을 가볍게 흔들며 씩 웃는다. 너무나도 친절하게 답해 준 그에게 고맙다는 인사로 손을 흔들어 주었다. 한국전쟁 당시 연합군과 중공군 간에 육박전이 벌어졌던 바로 그 자리에는 외국인 노동자들이 땀을 흘리며 일을 하고 있다. 더 이상 한 발짝도 나갈 수가 없게 되자 그 조카에게 다시 전화를 걸었다. 마을 이장을 맡아 보고 있다는 그 조카는 농번기라 그런지 더 바쁜 것 같았다.

"아저씨! 골프장 길로 들어가다가 왼쪽 언덕이 있고 조금 오르면 오래된 무덤이 하나 있는데, 거기서 오른쪽으로 꼬부라져 목장을 찾으면 되는데요."

전화는 새벽의 통화 내용과 다를 것이 하나도 없다. 골프장 가는 길이 어디 하나둘인가. 옛날, 과수원 있던 자리에는 짐을 실은 트럭들이 분주하게 들락거리는 공장이 들어서 있어, 어디가 어딘지 분간을 할 수가 없다. 해는 벌써 오후로 한참 기울어져 있다.

군대 시절, 강원도 어느 산골 동네로 도망병을 찾으러 갔다가 길을 잃은 적이 있다. 날은 저물고 눈보라는 치는데 늑대들이 울어 대는 깊은 산속에서 밤을 새우며 죽을 고생을 했던 기억이 떠오른다.

나는 지금 도망자를 찾고 있다. 속세를 떠나려는 그 사촌 여동생을 어떻게든 떠나지 못하게 잡아 보려고 안개비를 맞아 가며 헤매고 있는 것이다.

김여화

섬진강 젓대 소리 그립다

  동지를 지나 강추위에 눈까지 쌓여 조심조심 산골길을 내려간다. 절기마다 한번쯤은 만나야만 일상생활을 할 수 있으니 어느 때부터인가 나는 그들에게 매료되었고 그들에게서 동기 같은 정을 느끼며 살아온 것 같다. 안 보면 보고 싶어지고 달려가고 싶은 곳이 섬진강이 끝나는 하동이다.

  저 옛날에는 하동포구가 어디쯤인지 라디오에서 흘러나오는 유행가 가락으로만 듣던 그저 동경하는 미지의 땅이었지만 근년에는 자주 아니 철 따라 찾아가고, 가면 반가운 사람들이 있어 좋은 곳, 섬진강을 둘레로 지리산과 더불어 만나는 사람들이다.

  사람과 사람은 자주 만나면 정이 두터워지고 서로의 안부를 묻고 전하다 보면 어디서부터 생겨나는지 꼭이 만나서 술을 마시지 않아도 좋고 마주 앉아 밥 한 그릇 먹지 않아도 보는 것만으로 마음이 채워지는 것이 사람의 인연인 듯하다.

"어느 적수가 부는 젓대 소리에 강은 밤새 앓아 쌓는다."고 노래했던 섬진강 가는 길이다. 시인이 젓대 소리가 들린다던 대숲 건너 강가에는 시퍼렇게 날 선 강물이 겨울밤을 건디며 남빛을 띠고 깊고 넓게 여인의 스란치마를 펼쳐 놓은 것 같은 곳이며 바닷가처럼 모래사장이 널따랗게 펼쳐지고 강가 상에는 민물 게를 잡는 노인이 가슴께까지 올라오는 비닐 옷을 입고 힘겹게 강 언덕을 오르는 곳이다.

섬진강, 구례서부터는 그 물 깊이와 넓이도 물빛으로 짐작될 만큼 섬진강은 품이 넓다. 우리 마을 골짜기에서부터 샘솟는 물은 고이고 흘러가며 운암강을 만들고 섬진댐에 가두었다가 하동까지 흐르게 되는데 겨울바람에 섬진강물은 파도를 만들며 반기는 오후다. 모래톱을 만든 뽀얀 백사장은 겨울바람이 매섭게 몰아치지만 풀어헤친 어머니의 젖가슴 같은 포근함을 느낄 수 있는 곳이다.

도로에서 보면 조각배처럼 보이는 그곳에는 줄 나루를 건너는 사람들이 이따금 영화의 한 장면처럼 다가오는 정겨움이 있다. 화개장터에서부터 구불구불 한 구비를 돌아들며 이제는 다 왔겠지 돌아보면 또다시 나타나는 구부를 돌아야만 젓대 소리가 들린다는 시인의 놀이터 망우장에 닿는다. 강 따라 구부를 돌 때마다 잘 가꾼 녹차 밭이 손짓하는 곳이다.

문득 지나가다가 둘러보는 그곳은 소소한 이야기들이 널린 곳이란다. 강과 산바람이 주고받는 이야기가 쌓여 있다고 한다. 거긴 총 맞아 죽은 사공도, 밥 짓다가 끌려간 아낙도 있고 농사 밑천 황소를 지키다가 황소와 함께 목숨을 내던진 농부도 있다고 했다.

시인은 기분 좋으면 내게 누야라고 부르는 남정네다. 정다운 목소리를 하시라도 들을 수 있는 곳이 하동이다. 말 없으면 없음으로 가슴을 채워 주는 사람들이다. 호들갑을 떨며 반기지 않아도 반가운 사람이 사는 곳이다.

 이른 봄에 거길 지날 때면 홈 타기마다 매화가 벙글어 자태를 뽐내는 곳이며 황매가 익어 갈 때쯤이면 곳곳마다 매실 따는 손들이 줄을 서고 고샅에는 농익은 매실 향이 그득한 곳이다. 장마가 되어 섬진강이 넘실거릴 때는 우리 집 앞 도랑물이 거기 송림공원 아름드리 소나무가 무성한 솔밭까지 휩쓸고 지나가는 무서운 큰물이 되기도 하는 곳이다. 상류에서 버려진 쓰레기들이 거기 하동 송림 앞에서는 산처럼 쌓이는 곳이며 더러는 손 전화를 쳐서 떠내려온 쓰레기 빨리 와서 가져가라고 외장 치는 성난 목소리가 들리는 곳이다.

 어느 해 하동 송림 앞에서 만난 붉덩물은 그 너른 하동포구를 가득 채웠다가 빠져나가고 보내는 손사래 침도 뒤돌아보지 않고 남해로 휩쓸려 빠져나가고 물 찼던 송림 마당에까지 번들거리는 흔적과 쌓인 쓰레기 더미가 보는 이를 민망스럽게 했던 기억이다.

 나는 한 번도 쓰레기를 버리지 않았건만 섬진강 상류에서부터 떠내려온 쓰레기들은 원산지 딱지를 붙이고 있는 것처럼 보였었다. 시장기 들었을 때 먹는 섬진강의 참게탕은 두꺼운 게 껍질을 남김없이 씹어서 삼켜도 좋은 정말로 참게탕이었다. 씹히지 않는 것은 섬진강의 참게가 아니라던 노인의 설명에 고개를 끄덕이며 뚝배기를 닥닥 긁던 추억도 새롭다.

 시인의 놀이터에서 올라가는 고소산성의 전망은 평사리 들판을 한눈에 내려다볼 수 있어 좋은 곳이다. 겨울 빈 들도 좋고 보리 누름에 모내기 때도 부부송이 지키는 무논의 들판은 한 폭의 그림으로 눈에 삼삼하다. 황금 들판의 풍경도 백사장을 거닐던 추억도 눈 감으면 영상으로 떠오른다. 항시 그리움에 쌓인 마음을 불현듯 고속도로를 달려가 구불구불 모퉁이를 돌아 풀어헤치고픈 곳이 그곳이다.

김영택

소금 귀한 줄 알았어야 했다

　일본의 원전 사고로 방사능 피해에 민감해진 사람들이 천일염 소금이 방사능 예방에 좋다는 말을 듣고 소금을 사 두려고 너도나도 사재기를 하는 통에 시장에 소금이 바닥이 났다는 웃지 못할 이야기를 들었다. 염전에서 생산된 소금은 주로 공장이나 식당에서 대량으로 소비되고 일반 가정에서는 장을 담그고 김장철 시에나 소금이 필요해 평소 소금 한두 포를 사 두는 것이 비축량이었고 대비책이었다. 누구나 생산된 물건이 잘 팔리기를 바라는 것은 상업의 발달과 유통시장의 원리지만 수요에 따라 공급이 이루어지고 충족되어야 함에도 사재기로 인해 시장 질서가 무너지고 가격 폭등만 부채질하여 가뜩이나 어려운 가정 경제를 더 힘들게 하니 서민들의 입장에서 볼 때 불평불만의 목소리는 당연한 듯싶었다. 원전 사고로 발생하는 방사능 예방에 소금이 좋다는 말이 돌자 시장엔 사재기로 소금값이 금값인 양 치솟았다. 여기에다 신문과 방송에서 소금의 수요가 절대 부족하다는 예측 보도를 내자 내색을 잘 안 하던 아내도 우리도 소금 좀 사 두어야 할 것 아니냐고 은근히 걱정을 했다.

아내의 걱정스러운 말에 귀를 기울여서 걱정거리를 해결해 주는 것이 가장의 본분임에도 기껏 한다는 말이 엉뚱하게도 주변에 널려 있는 것이 소금 성분인데 소금 사는 게 뭐가 그리 급하냐고 퉁명을 떨었다. 화답을 기다렸던 아내는 그 순간 열이 받치고 속이 뒤틀려졌는지 입을 다물고 저런 등신하고 사는 내가 바보다라는 표정이 얼굴에 역력했다.

식약청과 방송국의 통계 자료에 의하면 세계에서 소금 섭취량이 많은 나라가 한국이라고 한다. 식탁에 차려진 밥상의 메뉴 중 나트륨 성분이 많은 김치와 된장, 고추장이 우리들의 밥상이고 보니 통계 수치를 확인하지 않더라도 우리나라 사람들의 소금 섭취량이 많은 것만은 확실해 보인다.

소금은 인간생활에서 없어서는 안 될 귀한 존재다. 소금을 얻기 위해서 국가들 간에 피비린내 나는 전쟁도 있었고 티베트와 같은 고원지대에서는 소금과 식량을 물물교환하는 차마고도의 고된 생활이 지금도 이어지고 있다. 풍족하게 사용했던 소금이 귀하다고 하니까 소금 귀한 줄 모르고 아무렇게나 쓰고 생활하던 일이 생각나서 저절로 웃음이 나온다. 사라진 풍속이 되었지만 유년기에 어린아이가 이불에 오줌을 싸면 아이에게 체벌로 가해진 것이 키를 뒤집어씌우고 이웃에서 소금을 얻어 오게 하는 벌로 아이의 못된 버릇을 고치게 했었다. 어른들의 생활에도 소금은 샤머니즘처럼 붙어 다녔다. 외부에서 흉사 같은 못 볼 것을 보게 되면 집안에 들어오기 전 소독제처럼 몸에 뿌려지는 것이 소금이었다. 소금은 인간의 생활을 충족시켜 주는 요소일 뿐 아니라 액땜을 방지해 주는 주술이었고 예방책이었다.

사람을 떠나서 동물들에게도 소금은 몸 안의 독소를 제거해 주는 해독제 역할을 하고 생명을 유지해 주는 영양소로 알려져 왔다. 소금 섭취량에 있어서 소량의 소금은 사람의 몸을 건강하게 지켜 주지만 과다 섭취로 이어지면 고혈압과 위암에 걸릴 확률이 높다고 의학계에서 경고를 한다.

우리나라 사람들의 위암 발생률이 높은 이유가 소금 섭취량이 많은 것이 원인이라고 한다. 한식에 들어가는 재료가 대부분 소금과 연관되었으니 짠맛을 싫어하는 외국인에 비해 사용량이 많은 것만은 부정할 수 없는 사실이 되었다. 소금과 관련된 용어로 생활의 지렛대처럼 사용하는 말들이 있다. "부뚜막의 소금도 집어넣어야 짜다."는 속담도 있고 쓸데없이 허튼소리를 하는 사람들을 가리켜 "싱거운 사람"이라고 일축하기도 한다.

소금은 바닷물을 가둔 염전에서 일정 기간 동안 햇빛에 수분을 증발시켜 만들어진 부산물이다. 우리나라의 소금은 주로 갯벌이 많은 서해안 지역에서 생산된다. 한때는 서울과 가까운 인천시의 주안과 소래에서 생산된 천일염이 유명했으나 국토 개발로 인해 옛 모습은 찾아볼 수가 없고 최근에는 전남의 신안과 영광 지역에서 생산된 천일염이 더 유명해졌다. 70년대만 해도 서해안 지역에서 염전을 보는 것은 그리 어려운 일이 아니었다. 특히 서울과 경기도 지역에서 가까운 곳이 인천의 주안과 소래인지 몰라도 경인선 기차를 타고 가다 경유하는 곳이 넓은 갯벌과 염전 시설에 둘러싸인 주안역이었고 인천과 수원을 오가는 수인선 협궤열차를 타고 가다 보면 바다를 배경으로 풍경처럼 펼쳐진 곳이 소래의 염전이었다. 짭조로운 냄새와 따가운 햇빛 속에서 염부들이 수차를 이용해 바닷물을 염전에 끌어들이는 모습은 사진 속에 담고 싶고 화폭에 그리고 싶은 환상적 풍경이었으나 보는 사람의 생각과는 달리 염부들의 생활은 하얀 소금을 생산하는 기쁨보다 고된 삶의 애환이 구릿빛 얼굴에 감춰져 있었다. 바둑판처럼 조성된 염전에서 옛날 방식을 그대로 간직한 채 업으로 이어진 염전의 생활은 과거와 현재의 물타기 속에 도약의 시대로 넘어가는 개발의 시대였다.

 소금 생산은 날씨와도 깊은 관계가 있었다. 일조량이 많은 날씨와 가뭄 시에는 소금 생산량이 풍년이었으나 장마가 지거나 일조량이 부족 시는 반대로 소금 생산량이 줄어들었다. 날씨로 인해 한 해의 소금 생산량이 감소되었다 해도 국내 시장의 소금 수요는 그런대로 충족되었고 집집마다 소금은 떨어지지 않았다. 시장에서 거래되는 상품 중 제일 싼 것이 소금이었고 이웃집에서 빌리면 그냥 주던 것이 소금이었다. 그렇게 흔했던 소금이 확인되지 않은 유언비어로 인해 치료제로 둔갑해 사재기로 시중에 동이 날 정도의 품귀 상태가 되었으니 한때의 해프닝으로 받아들이기에는 너무나도 아이러니컬했다.

 일본의 원전 때문에 발생된 일이었지만 소금 사재기 파동을 겪고 난 후에야 "소금 귀한 줄 알라."는 조상님들의 말씀이 백번 옳았다는 생각이 들었다. 그리고 옛이야기라면 무조건 고리타분한 이야기라고 귀담아듣지 않고 등한시했던 내 행동이 후회가 되어 하늘을 우러러 보기가 심히 부끄러웠다. 얼굴이라도 감추고 싶은 마음에 궁여지책으로 생각한 것이 흰 눈이 펑펑 내리기라도 한다면 하얗게 쌓인 눈 속에 오만했던 마음을 남몰래 감추고 싶었다.

김완묵

여수 엑스포

 여행을 좋아하는 아내의 보채임이 아니라도 몇 달 전부터 여수 엑스포 개막을 손꼽아 기다려온 터라, 전날부터 짐을 꾸리고 새벽부터 달려가는 천 리 길이 멀기만 하다. 동순천 IC를 빠져나가며 시작되는 17번 국도는 엑스포를 계기로 여수 발전을 20년 앞당기는 역사적인 현장이다.
 고속도로보다도 시원스럽게 달려가는 차량들이 순식간에 환승 주차장에 도착한다. 수만 평 너른 공터에 주차장을 마련하여 셔틀버스로 행사장까지 연결한다는 것이 교통 대란을 막아 보자는 조직위의 복안이다. 버려졌던 부둣가에 화려한 모습으로 변신한 엑스포장. 십여만 평의 부지에 조성된 화려하고 아름다운 건물들이 이곳을 찾는 관람객들의 마음을 송두리째 빼앗는다.
 2007년 11월 27일을 우리는 잊지 못한다. 프랑스 파리에서 날아온 낭보에 국민 모두 하나 되어 얼싸안고 춤추며 환호하였다. 하계 올림픽, 월드컵과 함께 지구촌 3대 행사로 인정받는 엑스포를 성공적으로 개최하자는 목표를 세우고 4년 동안 2조 원을 투자하여 개막을 하였다.

  행사장에 들어서며 가장 인상 깊은 것은 밝은 미소로 친절하게 맞이하는 진행 요원들이다. 각 분야별로 질서정연하게 움직이는 자원봉사자들의 활동 모습은 월드컵을 개최하며 얻은 노하우가 아닌가 싶다. 엑스포역에서 한국관까지 가는 도중에 디지털 갤러리를 바라보며 탄성이 절로 난다. 국제관 중앙홀 27m 높이의 천장에 설치한 길이 218m, 폭 30m의 LED 전광판에서 사람들의 얼굴을 모자이크한 돌고래와 물고기가 산호초 사이를 유영하는 모습은 우리나라가 IT 강국임을 과시하는 전시장이다.

  "살아 있는 바다. 숨 쉬는 연안"을 주제로 시작되는 박람회장은 바다를 배경으로 드넓은 광장에 분야별로 주제관을 설정하여 어디서부터 찾아가야 할지 갈피를 잡기가 어렵다. 한국관을 비롯하여 76개 관이 있지만, 그중에서도 빅오를 중심으로 8개 특화 시설이 관중들의 시선을 사로잡는다. 아쿠아리움과 한국관은 일찌감치 인터넷으로 예약을 해놓은 터라 내일로 미루고 현장에서 예약한 주제관과 해양생물관을 중심으로 관람을 시작한다.

  평일에 10만 명, 휴일에 30만 명이 입장할 것이라는 예측과는 달리 절반에도 미치지 못하는 2~3만 명의 관중들이 입장한 탓에 한국관과 아쿠아리움을 제외하고는 줄 서는 일도 별로 없이 곧바로 입장하여 편안하게 관람을 한다. 치열한 유치 경쟁으로 얻어진 대회를 축제의 장으로 승화시키기 위해 심혈을 기울인 조직위의 보람이 있어 105개국에서 대거 참여한 것도 우리의 위상이 높아진 결과가 아닌가 싶다.

우리 연예인들이 코리아 열풍을 일으키며 세계 젊은이들에게 인기를 얻고 있는 것은 그들의 뛰어난 재능도 있지만, 숨은 역군들이 세계의 오지까지 찾아가 의료와 자원봉사로 코리아를 알리고, 올림픽과 월드컵을 개최하며 지구촌에 코리아의 명성을 드높인 결과이다.

　세계적인 관광지로 명성이 높은 필리핀의 보라카이를 십여 년 전에 다녀온 적이 있다. 마닐라에서 비행기로 한 시간을 날아간 뒤, 자동차로 2시간, 배로 30여 분을 가야 만날 수 있는 아주 작은 섬이다. 그곳에는 강릉에서 이민 온 박○○ 씨가 한국 관광객을 상대로 호텔을 운영하며 교민회장으로 활동하고 있었다. 인구 1,000여 명에 변변하게 내세울 자원이 있는 것도 아니고, 가난을 대물림하는 섬을 필리핀 제일의 휴양지로 탈바꿈하는 데는 그분의 숨은 노력이 한몫을 하였다고 한다.

　한국을 비롯하여 외국 관광객이 몰려들며 섬이 활기를 찾게 되고 주민들의 생활이 향상되며 박씨의 명성도 높아졌다. 코리아의 열풍 속에 한국어를 배우는 학원까지 생겨나고, 2002년 월드컵에서 한국이 4강에 오른 것을 자기들의 승리라도 되는 듯이 열광하며 선망의 대상으로 바라보는 그들에게서 무한한 자부심을 느꼈다.

　코리아의 열풍이 비단 보라카이에서만의 일이겠는가. 지구촌 구석까지 우리 교민의 발길이 닿지 않는 곳이 없다고 한다. 이름도 생소한 오지에서 선교와 사랑으로 헌신을 하고, 가전제품과 자동차가 그들의 필수품이 되었으니 자연적으로 코리아 열풍이 거세게 일고 있는 것이 아닌가. 한국을 배우고 자기들을 알리기 위해 지구 반대편에서 날아온 수많은 나라들, 재정 형편으로 독립관을 갖지 못하고 작은 공간의 공동관으로 참여하고 있지만 의욕만은 대단하다.

　이럴 때일수록 그들을 대하는 우리의 태도는 더욱 겸손하고 친절해야 한다. 4, 50년 전만 해도 그들보다 더욱 어려운 환경 속에서 가난의 질곡을 헤쳐 나오지 않았던가. 이제 우리나라도 다문화의 시대를 맞고 있다. 곳곳에서 들려오는 불협화음을 일소하고 다 함께 사랑하고 도와주는 풍토를 길러야 한다.

엑스포의 꽃이라 할 수 있는 빅오쇼는 어둠이 짙게 깔리는 바닷가를 배경으로 펼쳐진다. 올림픽과 월드컵에서 보여주던 불꽃놀이와는 차원이 다르다. O자 모양의 디오와 해상분수에서 물과 불, 빛과 레이저로 만들어 내는 바다 모험 이야기는 세계 어느 곳에서도 볼 수 없는 환상 속의 진풍경이다. 환호 속에 가슴이 먹먹하다. 위대한 우리 대한민국을 다시 보는 순간 허리띠를 졸라매고 달려온 세월이 자랑스럽고, 30-50 클럽으로 향하는 우리의 발걸음에 서광이 비칠 것이다.

김진수

10분간

덜커덩, 쿵―쾅.
화산이 폭발하는 줄 알았다.
나는 지금 죽음의 감옥에 갇힌 거다. 지옥계로 떨어지는 소리가 이러할까.
여기서 빠져나가지 못하면 나는 영영 죽는 거다. 늦은 귀가 시간 엘리베이터 안에 갇혔던 일은 지금 생각해도 오금이 졸아든다.
캄캄한 엘리베이터 속의 벽을 더듬어 비상벨을 눌러 보았으나 밖으로부터의 소식은 감감하고, 확성기에서 나오는 소리처럼 목청껏 외쳐 댔으나 어쩐지 입안에서만 맴돈다. 악몽에 시달릴 때와 같이 나는 옴짝달싹도 할 수가 없었다.
암흑의 좁은 공간의 공포에 떠는데, 난데없이 몇 해 전의 꿈이 흑백 스크린으로 스쳐 갔다. 신발을 신은 것 같기도 하고 맨발이었던 것 같기도 하다. 천애단애千崖斷崖 절벽 밑으로 난 오솔길을 타박타박한정 없이 걸었다. 그 길을 따라 끝이 보이지 않던 연못에는 연꽃이 눈부시게 물 위를 덮었다. 긴 행렬의 밀랍 같은 사람들은 외줄로 늘어서서 어디론가 가고 있었다. 그들은 하나같이 표정이 없다. 나도 그 줄을 따라가다 저만치 동굴 앞에 촛불을 밝히고 앉아 계시는 어머니를 만났다. 어머니, 하고 부르면서 달려가려 하니 오금이 자석처럼 땅에 붙어 걸음이 더 나가질 못하였다. 달려가 어머니 품에 안기고 싶은 마음은 간절한데…. 무표정한 얼굴의 어머니, 그리고 이리 오지 말고 어여 돌아가라는 손짓에 그만 철퍼덕 주저앉아 목 놓아 울었다. 엉엉 울고 있는데 누가 흔들어 깨웠다. 남편이었다.

　엘리베이터의 문이 열렸다. 연장 가방을 든 남자가 구세주로 보였다. 시계를 보았더니 10분 동안 갇혀 있었다. 10분 동안 죽음의 세계를 경험한 듯한 느낌이 들었다.

　내가 죽음이란 화두를 습관처럼 붙들게 된 까닭은 이 엘리베이터 사건이 있고 난 다음부터였다.

　인간은 모두가 죽음으로 생을 마감하지만 영원히 죽지 않을 것처럼 살고 있다. 영원히 살 것이라 여기기 때문에 끝없는 욕심과 무가치한 일에 집착하여 소중한 삶의 시간을 낭비한다. 버려야 얻는다는 사실을 수없이 들으면서도 버리지 못하고, 얻으려 하면 할수록 행복과는 멀어진다는 사실을 분명히 알고 있으면서도 끊임없이 얻으려고만 한다.

　엘리베이터에 갇힌 10분 동안에는 내가 평생 동안 쌓아놓은 모든 것은 내 곁에 있지 아니하였다. 내가 평생 동안 사귀었던 사람들도, 나와 가장 가까운 가족까지도 내 곁에 있지 아니하였다. 오직 캄캄한 어둠 속에 나 혼자뿐이었다. 죽는다는 것은 모든 것 다 버리고 혼자 가는 것인가 보다. 버린다기보다는 남겨 둔다는 말이 옳겠다. 모든 것 다 남겨 두고 혼자 가는 것이 죽음이다. 혼자 가는 그 길을 여유롭고 평화롭게 간다면 얼마나 좋을까. 그 순간 나는 분명히 공포에 떨고 있었다. 공포에 떨었다는 것은 살고자 하는 욕망 때문이었을 것이며, 죽음을 두려워하고 있었다는 뜻일 것이다. 죽음을 두려워한다는 것은 여지껏 잘못 살아왔다는 뜻일 것이다. 그때 나는 여기서 죽어도 여한이 없다는 생각을 가졌더라면 그렇게 공포에 떨지 않아도 됐을 것이다.

다리 없는 새가 있었다. 다리가 없어 앉을 수 없는 새. 바람결에 누워서 잠들다 깨어나서 어딘지도 모르는 곳을 날아다녔지. 이 새가 땅에 내려올 때는 단 한 번뿐. 바로 죽을 때뿐이지.

영화 '아비정전'에서 아비(장국영 분)의 독백에 나오는 한 구절이다. 둥둥 떠다니는 구름 같은 꿈을 꾸며 그것을 잡지 못해 불안해하는 삶을 상징하는 새이다. 헛된 꿈을 꾸고 있기에 다리를 상실하고 다리를 잃었기에 앉지 못한다. 죽을 때에 단 한 번 앉을 수 있다니. 그때는 이미 늦어 버렸다. 죽음을 앞두고 사랑을 알았지만 이미 늦어 버렸고, 죽음을 앞두고 삶의 참다운 길이 무엇인지를 알았지만 이미 늦어 버렸다.

순간은 짧을 줄 알았는데 영원일 수도 있다. 엘리베이터 속에 갇힌 10분간은 다리 없는 새처럼 살아온 나에게 그렇게 살지 말라는 일종의 경고일 터. 어느 순간에 죽음이 오더라도 평화롭게 맞이할 수 있는 삶을 살라는 메시지이다.

그렇구나. 잘 산다는 것은 죽음의 문제를 해결하는 것이로구나. 죽음의 순간이란 단지 심장이 멈추는 순간을 뜻하지 않고, 사랑을 잃는 순간을 뜻하는 것이 아닐까. 사랑을 잃을 때 앉아서 쉬지 못하는 새와 같이 바람에 휩쓸린다면 죽은 것이나 마찬가지가 아닐까.

  스치는 인연도 소중하고 함께하는 이와의 만남은 신의 축복임을 이제는 알 것 같다. 그런 줄도 모르고 나와 가장 가까운 사람과는 같은 극의 자석처럼 밀어내기만 하면서 살아온 날들이 부끄럽다. 다른 극의 자석처럼 서로를 당긴다는 사실을 왜 까맣게 잊고 있었을까.

김창송

눈물의 장학금

푸른 하늘에는 태극기가 펄럭인다. 아리랑 멜로디가 울려 퍼지는 한 마당에는 치마저고리를 입은 여인네들이 들뜬 기분으로 분주히 오간다. 마치 그 옛날 시골 소학교 운동회 날 같았다. '추석맞이 문화 한마당'을 알리는 하얀색 현수막이 고려인문화센터 건물 옥상에서 나부낀다. 요란하던 드럼 소리가 갑자기 멈추자 젊은 남녀 사회자가 단상에 오른다. 이어서 본 대회장인 김 니콜라이의 개회사가 있었다. 그는 작은 체구에 검게 탄 얼굴, 성공한 이곳 기업인이며 지역 발전에 크게 공로를 세운 분이었다. 이어서 우수리스크 부시장 세르비노 금발의 여시장과 우리나라 총영사의 축사가 이어졌다. 끝으로 어제 서울에서 이곳에 도착한 '최재형 장학회 회장'이라며 나의 소개가 있었다.

단상에 오른 내가 최재형 장학회 발족의 경위와 앞으로 더 많은 이곳 학생들을 돕겠다는 계획을 이야기하자, 이어서 이번에 장학생 대상자 한 사람 한 사람의 이름이 호명되었다. "강 띠지아나, 블라디보스토크 극동대학 국제관계학과 3학년, 송 나타샤, 우수리스크 사범대학 한국어과, 강 스타스, 우수리스크 사범대학 한국어과." 이렇게 이름이 불리니 남녀 학생이 무대 위로 올라온다. 나는 장학금이 든 흰 봉투를 하나씩 전달하며 "앞으로 열심히 공부 잘하고 훌륭한 사람이 되라."고 손을 잡고 격려했다.

나는 지난해 이곳 연해주 우수리스크 마을에 와서 새로운 역사 흔적을 찾아보게 되었다. 안중근 의사의 독립 투쟁의 재정적 후원자이며 고려인 집단 한인촌 마을의 대소사를 도맡아 돌봐 주었고 한민족의 대부였던 최재형 선생을 알게 되었다. 그는 어린 나이에 할아버지의 손에 이끌려 야밤에 두만강을 건너 낯선 땅 동토의 갈대밭 이곳에 와서 온갖 고생 끝에 자수성가한 유일한 한인 지도자였다. 때로는 의병들을 이끌고 총을 직접 들고 일본 주재소를 습격했는가 하면 한편 야학당도 세워서 고려인 마을 자녀들의 교육에도 크게 헌신했다. 가난한 아이들에게는 장학금까지 줘 가며 민족의 얼을 심어 주기도 했다.

그러던 어느 날 안중근 의사의 이등박문 저격 사건 후에 배후 인물로 지목되어 체포되고 1920년 드디어 재판도 없이 총살당하였다. 그 후 그의 시신도 찾을 길 없었다. 이 사실이 훗날 알려지면서 우리 정부에서도 뒤늦게나마 1962년 '대한민국 건국훈장 독립장'을 추서하였다. 동행했던 우리 기업인 몇 사람은 누가 먼저라 할 것 없이 저 불운한 고려인 젊은이들을 돕기로 뜻을 모으고 최재형의 혼백을 이어 장학회를 세우기로 했다.

올해 6월 30일 국회의사당 헌정회관에서 전 국회의장 김형오, 이인재, 이부영 의원들의 격려 속에 '최재형 장학회'라는 명칭 아래 정식으로 출범하게 되었다. 그리하여 지난 몇 달 동안 우리가 관여하고 있는 크고 작은 조직과 개인들에게 본 회 가입신청서와 최재형 선생에 관한 책들을 들고 돌아다녔다. 지구 상에는 700만이 넘는 우리 동포들이 이런저런 사연으로 고국을 떠나 낯선 땅에 살고 있지만, 그중에서도 러시아에 있는 고려인들이야말로 가장 열악한 환경에서 살아왔고 지금도 가난에 허덕이기는 여전하였다. 그네들이야말로 이 나라에 최초의 이민사를 남긴 불행한 분들이었다.

우수리스크의 가을 하늘은 중추절답게 맑고 상쾌했다. 어린이들의 부채춤은 참으로 귀엽고 흥겨웠다. 내 옆에 앉은 총영사는 부임한 지 얼마 되지 않는다며 무대 위에서 춤추는 어머니들을 바라보며 나에게 던지는 한마디, "저들의 지난날의 아픔을 어떻게 다 말로 표현하겠습니까? 아시다시피 그들은 무엇보다도 우리나라 말을 다 잊고 살아왔습니다. 그뿐입니까. 저들의 이름도, 고향도 모르고 사는 모습이 어찌 사람답게 산다고 할 수 있겠습니까." 그는 말을 잇지 못하고 있었다. 이번에 이렇게 장학금을 만들어 전달하니 얼마나 저들에게 큰 힘이 되는지 모르겠다며 나의 손을 잡아 주었다.
한 장학생의 아버지는 검게 탄 얼굴에 머리만 숙일 뿐 아무 말도 못 하고 울먹이고 있었다. 지금 어려운 살림 속에 몸마저 병들고 아내도 몸져누워 있다고 옆에서 누군가가 말했다.

우리는 동남아나 아프리카의 사람들만이 도움의 대상으로만 알고 있었는지도 모른다. 불과 2시간 거리에 있는 북녘 연해주에 거주하는 내 형제 고려인들의 아픔은 까맣게 잊고 있는 것은 아닐까. 러시아땅에 무려 50만이나 되는 우리 형제자매들이 오늘도 고향 하늘만을 그리며 살고 있다고 한다. 그들이야말로 우리의 한 피를 받은 한 형제들이 아니던가.

내년에는 에이펙(APEC) 아세아 정상회의가 바로 항구 도시 블라디보스토크에서 열린다. 따라서 한·러 관계도 급진적으로 점차 좋아질 것이라고 한다. 이어서 우리 통역의 젊은 일손들이 필요하게 될 것이다. 한 달에 단돈 1~2만 원은 우리에게는 큰돈도 아니다. 그러나 그들에게는 평생 잊을 수 없는 은혜와 축복의 돈이다. 나도 지난날 고학하던 시절 받았던 장학금을 지금도 잊을 수가 없다. 젊은 이들은 누군가의 도움의 손길 없이는 공부할 수가 없다. 우리 모두가 처한 형편대로 이웃을 돕는 마음으로 하나가 될 때 바로 이것이 따뜻한 사회, 나눔의 삶, 공생 발전의 사회로 가는 길이 아닐까 생각해 본다. 지난날 새마을 운동처럼 이 고려인 학생을 돕는 일을 하나의 동포애 운동으로 승화시켜 보고자 한다. 계속하여 온 국민에게 호소하며 다닐 것이다.

우수리스크 시내 최재형 선생 옛 고택에는 다음과 같은 내용의 동판이 양국 국기와 함께 부착되어 있었다(한·러 수교 20주년 기념).

최재형의 집, 이 집은 연해주의 대표적 항일 독립 운동가이며 전 러 한족중앙회 명예회장으로 활동하였던 최재형 선생이 1919년부터 4월 일본 헌병대에 의해 희생되기 전까지 거주하였던 곳이다.

김창운

내가 사랑할 수밖에 없는 그녀들

나는 교직에 오랫동안 있었으면서도 '가르쳤다' 든가 '제자' 라는 용어 쓰기를 쑥스러워한다. 만남의 인연에는 대견하고 자랑스럽지만 제자라는 용어를 사용하기엔 겸연쩍고 왠지 민망하고 부끄럽기 때문이다.

동구릉에 가을이 성큼 다가오고 있었다. 단풍나무가 붉은색으로 물들어 가고, 땅거미가 길게 늘어진 해 기우는 한적한 길에 소슬바람 소리로 가을의 문턱을 넘어서고 있었다. 하얀 백토 길로 깨끗하고 정갈하게 정비된 길가 양편에 아름드리 쭉 뻗어 하늘을 향한 늘 푸른 소나무는 주위 단풍의 현란한 색조에도 아랑곳하지 않고 그 장엄함과 고고함을 돋보이고 있었다.

고려를 멸하고 조선을 건국한 태조 이성계의 능을 비롯하여 아홉 분의 왕과 왕비가 모셔져 있는 역사의 현장이다. 그 역사의 현장에서 인기척마저 끊긴 한적한 길옆 잔디에 앉아 오백 년 전 아니면 삼

사백 년 전에 이 나라의 중심축에서 문무백관을 거느리고 국사를 이끌었던 임금들과 그 임금의 옆에서 호사스러움과 위엄으로 당당한 국모나 후궁의 자리를 지켰던 모습을 떠올려 보았다.

지금은 역사의 영욕을 뒤로하고 장엄한 큰 능을 차지하고 있으나 육신은 한 줌의 흙으로 변하지 않았는가. 같은 시대를 살았던 민초들이었던 백성들 또한 흔적 없는 어느 곳에서 한 줌의 흙으로 변하여 있을 것이다. 호화롭게 가꾼 능이라는 역사의 흔적으로 묻혀 있는 한 줌의 흙과, 흔적도 없이 사라진 산야에 묻힌 백성들의 한 줌의 흙은 어떤 의미가 있는 것일까? 지나온 세월에 대한 흔적들을 추심하며 이런저런 생각을 하고 있었다.

휴대폰이 울렸다. 그러고 보니 무료한 시간을 보내고 있으면서 어디서 전화나 오지 않을까 기다리고 있지 않았나 싶기도 했다. 이 시간의 전화는 친구나 지인들이 저녁을 같이 하자든가, 아니면 술이나 한잔하자는 연락이 대부분이므로 백수로 지내는 처지에 신 나지 않을 수 없는 것이다. 그런데 전화기에 거는 사람의 이름이 뜨지 않았다. 전화기에 저장이 안 된 사람의 전화라면 내가 생각하고 있는 기대와 멀어지고 있다는 것이다.

기대 반 실망 반으로 전화를 받았다. 여자의 목소린데 다짜고짜 내 이름을 확인하였다. 내 신분이 하나하나 밝혀지면서 여자의 목소리는 점점 흥분되어 가고 있었으며, 들떠 가고 있었다.

"선생님! 저 성자예요. 성자! 목소리 하나도 안 변하셨네요."

순간적으로 '어느 학교의 누구일까? 성자라. 성자….' 머리를 과거로 급하게 굴리면서 기억을 살려 내려 하였으나 쉽게 떠오르지 않았고 맞춰지지 않았다.

"그래, 성자라. 성자… 그래 어느 학교였지…?"

뒷말을 흐리며 조심스럽게 물었다. 호들갑스럽게 반가워하고 있는 그녀에게 기억이 멈춰 버린 사실이 조바심으로 미안스러웠다. 그녀는 그때서야 흥분되고 들뜬 기분을 가라앉히면서

"아, 벌써 40여 년이 넘었는데…."

하면서 그때서야 D초등학교 졸업생이라면서 격식을 찾아 인사를 하는 것이었다.

대구에 살고 있는데 친정집에 잔치가 있어 서울에 올라와 우연히 내 소식을 듣게 되었다는 것과, 친정 식구들과의 잔치 뒤풀이도 다 팽개치고 다짜고짜 전화를 했다면서 꼭 보고 싶으니 시간을 내 주라는 거의 강압적인 호소였다.

전화가 끝나고 과거로의 긴 여행이 시작되었다. 초임 발령을 받아 6학년을 계속 맡으면서 농번기에 보리를 베러 다녔던 일, 버스와 기차를 번갈아 타고 최초로 수학여행을 갔던 일, 봄, 가을이면 가정 방문이랍시고 마을을 찾아다니면서 소탈하고 인정스러운 농부인 학부모들과 스스럼없이 저녁밥과 막걸리를 마셨던 일, 수정처럼 맑고 깨끗했던 냇가 물에 동료들과 그물을 던져 피라미를 잡아 매운탕으로 저녁 새는 줄 모르게 정담을 나누었던 일, 동료 선생님과 양은 주전자와 양동이를 노래 장단에 맞춰 두들겨 패 찌그러지게 만들었던 일, 해 지는 줄 모르고 공이 안 보일 때까지 운동장에서 배구를 했던 일 등 젊은 날의 여러 갖가지 추억이 오버랩 되면서 실타래 풀리듯 한 편의 영화처럼 가슴 저리게 아련히 펼쳐졌다. '짧지 않은 세월의 흐름을 지금부터는 추억으로 하나하나 열어 가면서 살아야지.' 하는 회한으로 보내는 시간이 많은 나날들이다.

그때 그 아이가 50대의 초로에 나를 찾는 것이다. 40여 년 만에 그 아이가 나를 찾는 것이다. 희미한 기억 속에 만나자는 것이다.

교통이 좋지 않은 오지였고, 경제적인 여유도 없어 상급학교 진학을 못한 아이들도 꽤 많았던 70년대 초반이었다. 가난하고 배우지 못한 부모님들이었지만 땅의 진실 하나만 믿고 농사를 지었던 착하고 순박한 인정 많은 농부들이었다. 착하고 순박한 농부의 아들딸이었기에 그네들도 열심히 배우고 억척으로 살아서 도회지에서 기반을 잡고 결혼하여 효도하면서 아들딸 잘 기르며 살아가는 이들이 꽤 많아 대견스럽고 기특하게 여기고 있다.

시간이 어느 정도 여유가 있었다. 그녀의 희미한 기억을 더듬으며, 변했을 모습, 지나온 세월의 생활, 지금의 환경 등을 상상으로 집어내 보며, 이렇게 저렇게 그려 보았다.

한 시대를 풍미하고 나라를 다스리는 군왕은 군신 간 충성을 약속받아 당대의 영웅호걸들을 무릎 꿇게 하였던 그 위엄은 능의 장엄함으로 지금도 살아 있는 것일까? 아니면 한 줌의 흙으로 변한 원통한 여한으로, 억울하고 분한 마음이 같은 시대를 살았던 백성들보다 더하지는 않는 것일까? 매끈하게 단장된 능의 잔디 주위를 천천히 돌면서 이런저런 사념과 생각을 하며 약속 시간에 늦지 않게 자리를 떴다.

약속 시간에 맞추어 광장동 전철역으로 갔다. 전화가 몇 번 오고 그녀가 도착하였다. 그리고 그녀는 아무 거리낌도, 부끄러움도 없이 내 손을 꼭 잡아 흔들면서 안기는 것이 아닌가!

그녀의 눈에는 눈시울이 붉혀지고 이슬이 맺히고 있었다. 나는 그녀를 보면서 어렸을 적 얼굴을 찾아내느라고 온 기억을 더듬고 있었다.

'그래! 맞아.'

너는 A라는 동네에 살았고, 가난하였고, 공부는 그리 잘하지 못한 아이였다는 기억이 아련하지만 또렷하게 돌아왔다. 참 부지런하고 집안일을 잘 돌보았으며 키는 작은 아이였지만 아주 어른스러웠음을 찾아낼 수 있었다.

그녀는 기억을 찾아 더듬더듬 말할 때마다 더더욱 신이 나 기억을 하시는구나를 연신 말하며, 공부 못하여 선생님에게 많이 혼나고 속을 많이 태워 드렸다면서 수줍은 듯 얼굴을 붉히기도 하였다.

그녀는 대구에서 살았기 때문에 동창회도 참석한 일이 없다고 했다. 오늘은 정말로 멋진 데서 모시고 싶다면서 이곳 지리와 사정을 몰라 선생님이 잘 아는 동창인 명희와 순자를 불렀으니 조금만 기다려 달라고 했다. 얼마 후 그녀들이 도착하였고, 전철역에서 멀지 않은 일식집으로 갔다.

대구에 사는 동창 친구와 가끔 선생님 이야기를 하면서 지낸다는 이야기와, 선생님을 만났다는 전후 사정을 이야기하면 엄청 부러워할 것이라는 말도 하였다. 전라도에서 경상도로 시집을 가 처음에는 적응이 안 되어 고생했다는 이야기와 남편이 지금은 어느 정도 기반을 잡아 대구에서는 유지로 불릴 만큼 살아간다고 하였다. 그러면서 뵙게 되어 반갑고 행복하다는 말을 몇 번인가 하였다. 그러면서 남편에게 전화를 하여 바꾸어 주는 것이었다.

안사람이 가끔 내 이야기를 한다면서 직접 가서 대접을 해야 하는데 형편이 그렇지 못하니 이해해 달라면서 다음에 꼭 찾아뵙겠다면서 오늘은 아내와 마음껏 드시고 재미있는 시간 가지시라면서 유쾌하게 전화를 끊었다.

무섭고 엄한 교육이 약이 되었고, 사심 없는 선생님의 마음을 커 가면서 읽었다면서 남편에게도, 자녀에게도 자랑삼아 이야기했다는 말에는 민망하기도 하였다.

엄마로서 배우지 못했지만 자녀들을 서울에 있는 대학을 보냈다면서 자랑을 늘어지게 하기도 하였다. 딸은 명문대학 음대를 졸업하여 발표회도 가졌고 유학도 시켰으며, 아들도 명문대학을 졸업하여 대기업에 취직을 하였다면서 그 간의 삶의 굴곡을 잔잔하게 그리고 여유 있게 말하는 모습이 정말 보기 좋았다.

가방 끈이 짧아 아는 것은 없으나 부지런히 성실히 일했고, 친정 부모님이 주신 후덕함을 잊지 않고 시부모님 모시면서 우애로 형제들과 기쁨도 슬픔도 같이하였으며, 이웃에게 피해 주지 않고 다정하고 배려하는 마음으로 살았다면서 지금까지 살아온 삶이 대견스럽기도 하다면서 자신 있는 몸짓과 표정이 여유로워 보였다.

대화는 한참 무르익었고, 술기운이 거나하게 되면서 옛날 냇가를 건너 학교 다니던 시절의 추억과 가난한 아픈 기억을 웃으면서 이야기하는 이제 막 이마에 주름이 잡혀 가는 그녀들에게서 아름다운 인생의 진솔함을 보았고, 그녀들의 끝날 줄 모르는 옛이야기는 그 무엇과 바꿀 수 없는 값진 행복함이었다.

살다 보니 이렇게 뵙게 되는 날이 있다면서 감히 이제는 술을 같이 하고 스스럼없이 이야기를 한다는 게 꿈만 같다는 말도 하였다. 이제야 만나게 된 것이 큰 죄를 지은 양 죄송하다면서 계속 따라주는 술잔이 즐거웠다.

입에 침 바르지 않고 나오는 대로 재잘대는 가식이라 해도 좋았다. 그녀들 말마따나 시골에서 자라서 얼굴 가꾸는 일에도 옷매무새 만지는데도, 화장품을 세련되게 바르는 일에도 다른 여자들처럼 해보지 못했다는 그녀들이었다. 꾸며지지 않은 소박한 모습과 편안함으로 이야기가 끝없이 이어졌고 정겨움은 깊어만 갔다. 진솔하고 소박한 마음으로 나를 보고 싶었고 그리워했다는 50대 초로인 그녀들이 어찌 예쁘지 않을 수 있겠는가! 어찌 사랑스럽지 않을 수 있겠는가! 20대의 풋풋함보다, 세련되고 단장된 농익은 젊은 여인네들보다 더 고귀하고 아름답고 사랑스러웠다.

그녀들의 소박한 삶의 여유로움과 기품에서 공간과 시간을 넘나드는 보람을 주는 보배스러운 존재들이었다. 그녀들이 이제는 나의 존재를 다시 되돌아보게 하고 찾아볼 수 있게 하는 버팀목이었다. 코흘리개 아이들이 이렇게 커서 감동시키고 있는 것이다.

오늘만큼은 '제자' 라는 말을 마음껏 사용하는 만용을 부리며 거만해지고 싶었다. 긴 시간의 흐름에서 이 순간만은 너도나도, 제자와 선생도 모두를 녹여 인생을 아름답게 사랑으로 감싸 안은 날이 아니겠는가. 운명처럼 부지런하고 진솔하게 살아오면서 가족이라는 울타리를 지켜 온 평범한 초로의 여인네들의 삶이 오늘 저녁 시간 가는 줄 모르게 더욱 빛을 발하고 있었다.

위엄과 장엄함을 가장한 동구릉 속의 한 줌의 흙의 의미보다 그녀들에게서 더 진한 사랑과 아름다움의 의미를 간직하게 되었다.

김창종

어머니의 기도문

　내 어머니는 경기 포천 어릴굴에서 탄생하시어 한학을 익히셨으며, 열다섯에 포천공립보통학교를 졸업하시고 열여섯에 열일곱 되신 내 아버님께 시집을 오셨다. 열아홉에 내 백씨를 낳으시고 스물둘에 나를 낳으셨으며, 스물다섯에 홀로되셨는데 내 조부님을 모시고 우리 형제를 키우시며 팔십 평생 써 놓으신 기도문을 여기에 적는다.

- 부모님께 아침저녁 문안 인사 거르지 않고, 자리 펴 드리고 개는 일 잊지 말게 하시고
- 조상의 묘소와 행장을 기억하고 익히며 자손들에게 선조의 가르치신 바를 귀에 닳도록 가르치게 하시고
- 부모 타계하시고 아니 계시면 살아 계실 때 모시듯 잊지 않고 제례를 올리는 일 잊지 말게 하시고
- 모자라고 못나고 가르침, 믿음이 부족하고 많이 가르쳐도 못된 길

걷더라도 바른길 갈 때까지 조용히 가르쳐 착한 이웃 만드는 정성된 마음 늘 갖게 하시고
- 남의 부모도 내 부모같이 섬기고 다른 집 형제들도 내 형제같이 친히 사귀며 다정히 살게 하시고
- 내 자식 귀하면 남의 자식 귀한 줄 알고, 내 부모 어렵거든 남의 부모도 어려운 줄 알게 하시고
- 남들이 일할 때 혼자 취색取色하여 즐기는 마음 들지 않게 하시고
- 길을 걸을 때는 바르게 걷고 앉을 때 정좌正坐하며 잠잘 때는 바로 눕되 마음가짐 늘 바르게 하시고
- 매일 성현이나 선조의 교훈을 마음으로 외우고 행하게 하시고
- 손에는 늘 책을 들게 하시고, 일터에서는 땀을 흘리게 하시고, 귀갓길에는 보람을 느끼게 하시고
- 황금 억만 냥이라도 땀 흘려 번 돈이 아니거든 치부致富치 말게 하시고
- 가난하다고 조상을 원망치 말고, 내 게으름을 탓하게 하시고
- 아무리 듣기 싫은 소리라도 참사람의 바른 소리를 귀담아듣게 하시고
- 아무리 아름다운 이성이라도 내 실인室人 아니거든 탐하지 말게 하시고
- 먹되 알맞게 먹고, 자되 알맞게 자며, 일은 남보다 부지런히 땀 흘려 일하게 하시고
- 분에 넘치는 사치로 가난한 자의 마음 상하게 하는 행실 행하지 않게 하시고
- 건강하다고 병든 자를 업수이 여기는 일 없게 하시고
- 나라의 고마움과 스승의 은덕과 부모의 은공을 낮이나 밤이나 잠잘

때도 늘 잊지 않게 하시고
- 봄의 파종과 여름의 성장과 가을의 추수와 겨울에 저장함의 이치에 늘 순종하며 감사하게 하시고
- 집에 찾아오신 손님 보물같이 모시고, 정 잊지 않고 다시 찾는 마음 들게 하시고
- 비록 원수라 할지라도 용서하는 것이 최상의 복수라는 생각을 간직게 하시고
- 비바람 부는 날 이웃이 우산 없이 지나거든 버선발로 뛰어나가 우산 받쳐 비 피하게 하시고
- 좋은 자리에 앉았을 때 나쁜 자리에 앉은 사람을 생각게 하시고
- 높은 자리에 있을 때 낮은 자리에 앉은 사람의 입장을 이해하게 하시고
- 부자가 되었을 때 가난한 자를 생각게 하시고
- 배가 고플 때 배가 부른 자를 원망하지 말게 하시고
- 배가 부를 때 배가 고픈 자를 긍휼히 생각게 하시고
- 내게 악행을 한 자만을 기억하지 말고 은혜를 끼친 자를 오래 기억게 하시고
- 지렁이 같은 미물도 조물주의 오묘하신 섭리로 삶을 늘 기억하게 하시고
- 하늘과 땅과 바다의 고마움과 은혜로움을 잊지 말게 하시고
- 봄의 꽃 핌과 여름의 뙤약볕에서의 괴로움도 자연의 오묘한 이치로 마음 궁리 슬기롭게 하시고
- 풍년 농사 때 흉년을 대비하고, 흉년 농작 때 풍년을 기약하게 하시고
- 땀 흘리는 자에게 수건 건네고, 부채질하여 주며, 다리 저는 자의 지

팡이가 되게 하시고
- 목마른 자에게 물이 되고, 눈 없는 자의 길잡이가 되고, 찬 냇물의 징검다리가 되게 하시고
- 젊었을 때 노인 되는 세월을 예견케 하시고, 노인 되어 젊은이의 거울이 되게 하시고
- 내가 태어난 날보다도 죽을 날을 알게 하소서….

김천기

봄이 오는 소리

    겨울이 좋다고 하는 사람은 눈을 기다림이요, 봄이 좋다고 하는 것은 기후도 따뜻하지만 꽃을 보기 위함이다. 한겨울에 꽁꽁 얼었던 어깨를 펴고 들로 산으로 찾는 즐거움이 있으니 얼마나 좋은가. 올봄에 산행을 하자는 문우들도 많았지만 근교의 꽃구경이나 하자고 한다. 꽃의 개화기가 예년보다 10여 일 빠르다. 이는 기온의 변화가 겨울답지 않는 날씨 때문에 빨리 올 수밖에 없었다. 세상이 변하는 것과 뭣이 다른가. 하루가 다르게 변하는 세상일이고 보면 꽃인들 가만있겠는가.
    일행은 성지곡 수원지를 찾았다. 매표소 입구는 산행을 하는 사람, 꽃구경 나온 사람, 가족끼리 모여 있는가 하면 산악회 깃발을 앞세우고 있는 사람들 보는 재미도 즐거움이다. 해맑은 얼굴에 미소와 정담으로 얘기를 나누는 풍경이다.
    벚꽃은 만발해서 모두가 발길이 멎고 화사한 꽃과 같은 마음으로 동화된다. 백양산의 산세와 조화를 이루어 봄나들이로는 성지곡이 더없이 좋은 곳이다. 마음 맞는 친구와 동료들로 하루를 보낸다고 생각만 해도 어찌 기쁘지 않으리.

자연의 섭리는 불가사의한 조화요, 자연은 우주 만물을 생성, 변화에서 소멸에 이르기까지 어김없이 찾아오고 있으니 그 힘은 위대하고 거룩한 것이다.

꽃구경도 좋지만 산이 숨 쉬고 있는 산길은 산빛의 신비를 맛볼 수 있는 것도 오늘의 행운이요, 기쁨이다. 높은 곳을 오르는 것은 쉽지 않지만 오솔길을 걷는 재미로 누가 반대를 할 것인가. 산이 주는 기쁨인 동면에서 깨어난 풀꽃과 잡초들은 고개를 내밀고 나뭇가지마다 올록볼록 움이 터져 나오고 개나리, 진달래가 수줍게 피어나고 있으니 말이다. 꽃은 누구를 위해 피고 있는가 묻고 싶다. 아마 산객을 맞기 위해 피었을 것이라고 누군가 꽃의 예찬도 잊지 않는다.

세상 사람들이 꽃과 같은 마음을 가진다면 다툼과 시기, 위선과 배신도 없을 것이요, 평화롭고 아름다운 세상이 되지 않겠는가. 산에 오르는 사람은 산을 닮는다고 한다. 산길에 접어들면 심성이 너그러워지고 물욕도 없어지니 자연히 인자한 마음으로 돌아간다는 뜻일 게다. 이는 산의 향연이요, 포근함이다. 산행 때 만나는 사람마다 환한 미소로 인사도 나누고 정담도 오고 간다. 그러니 어찌 잡스런 마음을 가질 수 있겠는가. 언제 보아도 산은 산이건만 무언의 교훈을 안겨 준다. 또 신비스런 힘을 지녔기에 머리가 숙여진다. 인간의 됨됨이를 깊이 알려면 여행을 함께하면 그 사람의 내면을 깊이 알 수 있다. 왜냐하면 일거일동을 보고 개성과 성격, 행동을 쉽게 알 수 있으니 평소에 숨겨진 장단점도 눈에 들어온다.

자문산우회는 다른 모임과 다르다. 높고 험준한 산 타기가 아니고 전문 산악인도 아니다. 그저 산이 좋아 산을 찾고 건강을 위하고 심신의 피로를 푸는 가벼운 운동으로 하루를 즐기며 계곡이나 숲 속에서 시낭송회나 약식 음악회로 서로의 화합을 이루는 데 뜻이 있는 것이다. 또 시도 짓고 작품을 발표하고 문학 얘기로 토론도, 주장도 하며 삶의 리듬을 살려 자연 사랑을 체험으로 문학에 접목시켜 심성도 기른다. 산행을 하다 보면 빨리 걷는 사람과 느리게 걷는 사람도 있게 마련, 그러니 선두와 후미가 멀어져 길을 잃게도 된다. 오늘도 예외가 아니다. 일행 두 사람이 길을 잘못 들었는지 보이지 않는다. 필경 다른 길로 간 것이 분명하다. 출발 때 만남의 장소를 알렸기에 문제는 없으나 나타나지 않는다. 걱정이 현실로 되었으니 기다릴 수밖에. 기다린다는 것만큼 지루하고 답답하며 다음 행선지로 옮길 수도 없다.

  봄 내음이 진동하는 산골짜기마다 봄맞이꽃에 매료되어 가는 길도 잃고 정신을 잃어 꽃의 화답으로 알고 있으리라. 문학작품을 구상하며 약속도 잊으리라.

  개인보다 단체로 움직이면 따라야 하는 것이 규율이고 규칙이다. 공동체 의식을 갖고 협력해야만 마음이 편해진다. 되돌아가 찾을 수도 없고 기다리고 있었다. 누군가 내 목청이 높으니 부르면 답할 것이다 하고 "○○ 어디 있어?" "빨리 와." "뭘 하고 있어?" 몇 번을 목이 터져라 불렀다. 그러니 너도나도 부르고 있다. 그때 산행을 하던 부자가 있었다. 아들은 초등학교 4~5학년밖에 안 된 아이가 아버지께 묻는 말이 "산에 왜 메아리가 없어요?" 한다.

  아버지는 "메아리가 없는 것이 아니라 나무가 울창해서 소리를 흡수하고 만 거야." 이런 얘기를 주고받으며 오르고 있다. 아이는 소리 지르면 반드시 메아리로 돌아온다는 것을 알고 있었다. 그래서 아버지께 묻는 말이었다.
 평탄한 오솔길에 메아리가 되어 돌아오지 않는데 부질없이 이름을 부르고 있으니 아이의 눈에 어떻게 비쳤을까. 우리는 어떤 반대 급부를 바라서 한 일이 아니라 그저 불러본 것뿐이다. 산은 말이 없다. 누구도 기다리지 않는다. 산의 침묵은 사랑이기에 말 없는 산이 한없이 좋기 때문에 찾는다고 말한다. 그렇다. 도심의 시끌벅적한 데 질려서 고요한 산속을 그리며 산을 찾는다. 산에 오면 마음이 포근하고 부족함이 없어 넓은 공간에 걸림이 없고 마음의 풍요를 얻기 때문이다. 또 산의 소리도 듣는다. 산에서 봄이 오는 소리가 들리고 멀리서 손짓하고 있기에 산의 매력을 잊지 못한다.

김청천

미국 재향군인의 날
― 뉴욕 퍼레이드 참가 후기

　서울의 어둠이 채 가시지 않은 이른 새벽, 차가운 공기를 가르며 정형화된 나의 일상에서 7박 9일의 자유를 꿈꾸며 인천행 리무진 의자에 몸을 기대었다. 힘찬 비행기의 굉음과 함께 '미국 재향군인의 날 뉴욕 퍼레이드' 참가인단(6·25 참전 재향군인회 회원, 인솔단, 수행원, 의료인) 23명은 인천발 KE 093에 탑승을 하고 2011년 11월 5일 10시 40분 워싱턴 하늘을 향해 고도를 높이며 비행의 날개를 펴고 있었다. 몇 번을 자다 깨다 13여 시간 비행을 하고 드디어 우리 일행은 한 분의 불상사도 없이 현지 시각 11월 5일 11시 25분(한국―14시간) 댈러스 공항에 무사히 도착을 하였다.
　워싱턴 D.C.의 11월 날씨는 서울의 날씨보다 더욱 냉기가 돌았고, 갈잎이 여기저기 거리에 뒹굴며 스산함을 더해 가고 있었다. 미 동부 한인 재향군인회의 따뜻한 공항 영접을 받으며 현지 가이드의 안내로 워싱턴 한인 식당의 오찬에 초대되었다. 양국의 영접 행사와 함께 기념촬영을 마치고 즐거운 오찬을 즐긴 후 남은 시간은 시내 문화 탐방길에 올랐다.

처음 방문지는 게티스버그 연설과 흑인 노예를 해방시킨 인권 대통령이자 미국 16대 대통령인 링컨 기념관이었고 다음 방문지는 민주주의 꽃으로 불리는 국회의사당이었다. 국회의사당은 네오클레식 양식 중 미국에서 가장 유명한 건축물이고 초대 조지 워싱턴에 의해 시작되었으며 1793~1857년 완성된 곳으로 540개의 방을 상원과 하원이 사용하고 있다고 한다. 무리한 첫 일정이었음에도 불구하고 어르신 모두는 양호한 건강 상태를 유지하여 주심에 내심 안도감과 감사함으로 하루를 마칠 수 있었다.

다음 날, 워싱턴의 기념석탑(169.23m)을 보았고, 멀리서 백악관의 전경도 바라볼 수 있었다. 이어 시내로 흐르는 포토맥 강을 지나 링컨 대통령의 저격 장소가 된 포드 극장을 둘러보고, 미국 독립선언서의 주집필자인 3대 대통령 제퍼슨 기념관도 관람하였다. 또한 미국 우주항공의 역사와 암스트롱의 일대기를 보존한 스미스소니언 우주박물관과 인류의 진화사와 신비의 원석들의 아름다움에 황홀했던 자연사박물관도 둘러보았다.

삼 일째, 워싱턴 소재 한국전 참전 기념공원 공식 방문, 6·25 참전 16개국 군인들의 동상이 서로 다른 모습으로 머나먼 이국땅에서 자유와 평화를 위한 전쟁의 의미를 전하고 침묵하고 있으니 그 고마움과 감사함에 고개를 숙인다. 행사 요원들의 안내로 공식 행사를 마치고 참배와 헌화를 하고 곧이어 알링턴 국립묘지로 이동하였다.

알링턴 국립묘지는 세계 2차 대전, 한국전, 베트남전 등 미국의 호국 영령들이 잠들어 있는 시내 중심부에 자리 잡고 있는 국립묘지이다. 나라에 대한 충성심과 호국 보훈에 대한 미국인들의 예우와 감사에 대한 정신이 보여지는 대목이기도 하다. 미 국무성 파견 한국 무관님의 협조와 국립묘지 측 진행으로 호국 영령에 대한 엄숙한 행사가 거행되었고, 한국전쟁 참전 기념관에서 전쟁 역사의 한순간을 돌아보는 기회가 되기도 하였다.

  공식 일정을 마치고 일행은 긴 해저터널을 통과, 볼티모어 항을 지나 필라델피아로 향하였다. 볼티모어 항은 메릴랜드 주에 속해 있으며 LA 선비치 항, 엘리자베스 항과 더불어 미국의 3대 항구 도시란다. 인근 버지니아 주를 흐르는 서스콰아나 강은 남북전쟁 시 북군과 남군이 나누어져 흑인의 인권을 위해 치열하게 싸운 전적지이며 그 역사의 의미를 아는지 지금도 도도히 흐르며 나이아가라 폭포로 연결되고 있었다. 펜실베이니아 주인 필라델피아 도착. 필라델피아는 윌리엄 팬에 의해 세워진 형제애라는 의미의 도시이고 또한 한국의 서재필 박사의 독립운동지이기도 하다. 도심 공원에 자리 잡은 한국전 참전비는 웅장하면서도 여러 개의 대리석으로 이루어졌으며 그 위력이 필라델피아 재향군인회의 힘을 상상할 수 있게 하였고, 참전비 안에는 한국의 전쟁 당시의 역사가 고스란히 담겨 있어 마음을 아프고 숙연하게 하였다. 공식 일정을 마치고 미국 독립기념관인 인디펜던트 홀 방문, 자유의 종은 미국 건국 200주년을 기념하고 법과 정의의 상징으로 독립선언 때 울렸다는데 실제는 너무 작고 볼품이 없어 조금 실망을 하였고, 영화 '록키'로 유명한 권투 선수 동상 앞에서 인증샷을 하면서 흔적을 남겼다.

  제4일째 뉴욕시티 문화 탐방길, 미국 최대의 도시로 인구 800만 명이고 인근 맨해튼은 뉴욕 시에 있으며 남북으로 20km, 동서로 4km 돌과 구릉지대라는 의미로 1620년에 도시로 형성되었다고 한다. 다양함을 인정하며 뉴욕커라는 닉네임이 있는 국제 최고의 무역 도시로 입지 조건이 뛰어나 치솟은 빌딩 숲과 월 가 증권가로 세계 부호들의 종결이란다. 뉴욕 도심에 자리 잡은 베터리파크 전쟁기념비 앞에서 뉴욕 재향군인회와 함께 공식 행사가 있었고 다시 한 번 헌화와 묵념…. 미국 어디를 가나 도심 공원에 전쟁기념비가 세워져 있고 그 희생의 은공을 기리는 행사가 생활화되어 있으니, 미국인의 호국정신과 보훈 정신은 가히 짐작이 가고 명예로운 국민으로서 자부심을 확인하게 한다. 다시 뉴저지 주와 맨해튼을 연결하는 허드슨 강의 조지워싱턴 다리를 건너 할렌 터널을 지나 맨해튼 도착. 자유의 여신상은 자유와 정의의 심볼이고, 미국 독립 100주년 기념으로 프랑스 에펠에 의해 만들어지고 프랑스 시민연맹이 미국에 준 선물이란다. 자랑스러운 우리의 반기문 총장님이 주인이 되신 유엔 본부를 서둘러 둘러보고, 뮤지컬의 본고장인 브로드웨이 거리와 불빛 화려한 타임스퀘어 광장 한가운데서 야경을 보며 맥주 한잔의 낭만과 스타벅스 진한 향기에 취해 보기도 하고….

 5일째 날 한때는 흑인들의 독특한 문화를 자랑하고 클린턴 대통령의 퇴임 후 사무실이 있었던 할렘 가를 지나 콜롬비아 대학 도착. 1754년 설립되었고 아이비리그 중 5번째 오래된 대학으로 한국 유학생이 최다로 알려진 명문 대학이란다. 55명의 노벨상 수상자를 내고 오바마, 루즈벨트, 한국의 김활란 등 걸쭉한 세계의 지도자를 많이 배출한 대학이기도 하단다. 우리도 깜짝 명예 동문 인증샷. 이어 세계 최초의 인공 공원으로 100년이 넘었다는 센트럴파크의 수려함과 거리 악사들의 자유분방함, 미국 대공항 시 세워진 세계 최대의 복합 상업단지 록펠러 센터, 맨해튼의 명물로 간간이 영화에서 보이던 엠파이어스테이트 빌딩, 9·11 테러로 무너진 쌍둥이 빌딩은 10년이 된 지금도 공사 중인 것을 보노라니 안전성과 영구성 및 실용성을 중시하는 미국인들의 근성을 다시 한 번 보는 듯. 세계 4대 박물관으로 부호들의 기부와 후원으로 유지된다는 300만 점의 어마어마한 뉴욕 메트로폴리탄 세계박물관, 그러나 한국관은 내용이 빈약하여 한국의 문화 수준이 아쉬움으로 남는다.

　제6일째에는 공식 일정으로 미 육군사관학교 견학이 예정되어 있었다. 1950년대 이미 건설된 미국의 끝없이 긴 고속도로를 따라 저물어 가는 가을의 정취를 만끽하며, 신의 가호 아래 인간은 자연과 함께 살아간다는 미국인들의 자연 보호와 자연 사랑에 감탄을 연발하며 참으로 넓고 광활한 천혜의 나라임을 다시 확인하였다. 뉴저지주를 지나 우즈베리를 거쳐 곰의 산이라고 불리는 베어마운틴 전경을 멀리서 구경하면서 웨스트포인트로 향하였다. 육군사관학교는 영국과의 전쟁에서 승리를 이끈 허드슨 강의 요새지에 자리 잡고 있었으며 1802년 개교를 하였단다. 산과 강으로 어우러진 아름다운 자연 경관과 광활한 교정은 석조건물로만 이루어져 있어 웅장하고 수려한 청운의 상아탑 그대로였다. 최고의 예우를 갖춘 사관학교장의 영접과 학교 역사의 브리핑, 세계 역사적 리더의 초상들 그리고 인천 상륙 작전의 영웅 맥아더 장군의 동상, 유학 온 한국 육군사관 생도의 멋지고 늠름하고 절도 있는 우리 일행에 대한 신고식에 가슴 뭉클함과 자랑스럽던 대한의 아들이여…. 한국전쟁 미국 참전용사들과 재미교포 재향군인인 L 박사님의 오찬 초대. 전쟁기념비 앞에서 헌화와 참배, 결연 기념식, 향군 육군 부회장님이신 L 대장님의 축하 말씀이 계셨고 오찬을 하고 바쁜 일정을 마치었다.

　마지막 날, 드디어 '미국 재향군인의 날 뉴욕 퍼레이드 참가' 뉴욕 메디슨 공원 충혼기념탑 행사장 도착. 살을 에는 듯한 혹한이 가을의 이변 기상을 일으키며 뉴욕 전역에 엄습하였다. 어르신들 건강과 안위가 걱정되어 수행 팀들은 불안과 긴장의 연속이었다. 걱정도 잠시, 군인 정신은 극한 상황에서 빛을 발하나 보다. 한 분의 이탈도 없이 평생 단련된 절제와 질서 의식은 혹한도 한방에 날려 버리고 뉴욕 시민의 환호와 감사함 그리고 사랑 속에서 퍼레이드를 성공적으로 마치었다. 뉴욕 행사는 자유와 평화의 중요성을 세계에 알리고 군의 역할과 위상 및 전쟁 희생자들의 의미를 기리며 뉴욕 시민들과 전 세계의 자유와 평화를 사랑하는 사람들과 함께 나누는 행사이다. 뉴욕시 연합참전용사위원회가 주최하고 각 향군 단체와 국방성이 후원하며 참전용사, 현역 시민들 2만여 명이 참가한단다. 기념식은 주요 인사들의 연설, 축도, 예포, 헌화, 뉴욕 전 지역 타종, 추모, 행진, 퍼레이드 등 4시간 이상이 소요된다. 퍼레이드는 맨해튼 5번가 26~56도로를 시민들 참석과 환호 속에 민속 의상, 소품, 군악대, 현수막 등 다양한 변장품들이 총동원되어 시가를 행진하게 된다. 한국은 뉴욕 한인회와 향군, 기수단, 봉사 요원 포함하여 300~500명과 한국 향군회원 23명이 함께 참석하였다. 우리는 임무를 무사히 마치고 짧지만 긴 여운을 남긴 채 미국 동부 한인 향군회원님들의 고마운 환송을 받으며 케네디 공항으로 이동을 하였고, KE 086기의 15시간의 긴 비행을 마친 후 2011년 11월 13일 4시 5분 인천공항에 안착을 했고 해단식을 끝으로 다음을 기약하며 일상으로 돌아갔다.

　적지 않은 연세에도 불구하고 건강을 유지하고 어려운 일정을 소화해 주신 6·25 참전 향군회원 어르신들께 우선 감사드립니다.
　특별히, 의미 있고 감동 있는 뉴욕 퍼레이드 행사에 참석할 수 있도록 허락해 주신 보훈처, 재향군인회, 중앙보훈병원 관계자 여러분께 감사드립니다.

김형애

사기꾼과 백만장자

  미국 캘리포니아 주 중남부와 네바다 주가 인접한 곳에 죽음의 계곡이라는 데스밸리(Death Valley)가 있다. 미국에서 가장 건조하고 더운 지역이다. 이곳은 바다보다 86m 아래에 있는 지구 상에서 가장 낮은 곳에 위치하고 있다.
  죽음의 계곡이라는 이름은 1849년 이곳을 통과할 때에 엄청난 고통을 겪었던 이주자 집단이 붙였다고도 하고, 금광을 찾아다니던 사람들이 이곳에서 많이 희생되어 그렇게 부른다고도 한다.
  죽음의 계곡에 있는 모래언덕을 지나서 40마일 정도 가면 3,000피트에 위치한 스카티 캐슬이 있다. 황폐한 사막에 아름다운 팜 트리가 푸른 잎을 너풀거리고 파란 하늘이 드높이 드리워져 있는 이곳에 스페인풍의 주황색 벽돌로 지어진 게스트 하우스가 있다. 퍽 이국적인 멋스러움이 있는 이 집이 스카티 캐슬이다.
  이 집을 구경하기 위하여는 입장료 11불을 내야 한다. 그러나 경로 우대가 있어 62세 이상은 9불을 받는다. 돈을 내고 시간을 맞추어 나오는 안내자를 기다리면 안내자는 종을 치면서 관광객들을 안으로 안내한다.

이 집은 2층으로 본채와 별채가 따로 지어져 있다. 집 앞에 그 옛날에 수영장으로 쓰던 곳엔 물이 빠진 채 비어 있다.

스카티 캐슬은 스페인풍과 이탈리안 골동품으로 호화롭게 장식되어 있다.

건축에 있어서도 미국삼나무인 적색 목재를 손으로 조각하여 못을 쓰지 않고 들보를 만들어 끼웠으며, 천장도 일일이 조각목으로 연결하여 아름다운 무늬를 이루었다. 바닥 타일도 하나하나 수작업으로 깔았고, 카펫은 수작업으로 짠 스페인 메조칸이다. 모든 가구와 장식은 그들이 사용했던 진품 그대로이다.

집안을 돌아볼 때 절대로 카펫을 밟으면 안 된다. 이 말은 내가 카펫을 밟았을 때에 설명을 하던 안내자가 매서운 눈초리로 나의 발을 내려다보며 한 말이다. 관광객들이 모두 카펫을 밟으면 그 원래의 모양이 훼손되지 않겠느냐는 말을 그는 덧붙여 말했다.

스카트 씨가 사용하던 침실과 서재, 응접실은 2층에, 부인이 사용했던 부엌과 식탁은 1층에 있다. 손님들을 접대했던 값비싼 접시들은 2층 진열장에 빼곡히 진열되어 있다.

햇볕이 잘 들어오는 한 방에는 전등도 없었다. 햇볕만으로 채광을 했다고 한다. 2층 거실의 한 벽면에는 스카트 씨의 잘생긴 초상화가 걸려 있다.

이 집과 연결되어진 별채로 들어갔다. 그곳은 선교사들이 체류할 수 있도록 넓은 침실이 있었고, 피아노가 버튼만 누르면 자동으로 찬양이 연주될 수 있는 예배실이 큼직하게 설계되었다.

이 집을 총감독했던 사기꾼 스카트 씨의 설계라는 생각이 들자 웃음이 쏟아졌다.

이 집을 짓는 데 돈을 투자한 사람은 시카고 백만장자 앨버트 엠 존슨 씨이다. 불의의 사고로 장애를 지니게 된 그는 네바다 주에 별장을 가지고 사업과 휴양 겸 일 년에 한 번씩 서부로 부인을 대동하고 여행을 하였다.

어느 날 그는 운명적으로 사기꾼 월터 스카트를 만났다. 죽음의 계곡에서 자기만이 금광을 발견했다며 백만장자에게 투자를 권유했다. 그를 믿고 많은 자금을 투자한 앨버트는 몇 년 후에 그 모든 것이 허풍이었다는 소식을 들었다. 앨버트 씨는 진위를 파악하기 위하여 부인과 함께 스카트 씨를 찾아간다. 금광을 찾았다는 것은 들은 대로 헛소문이었고 그곳은 포도원 골짜기였다는 사실만 알게 되었다.

이 삭막한 계곡이 앨버트 씨의 마지막 무대가 될 것을 누가 알았겠는가. 그러나 앨버트 씨와 그의 부인은 스카트 씨의 언변에 빨려들어 황무지 계곡에 눌러앉게 되었다. 이때에 백만장자의 거동이 나날이 좋아지자 그의 부인 베시는 그 상황에 고무되어 금광은 포기하고 거대한 저택을 짓자고 남편에게 건의한다. 사기꾼 스카트 씨도 앨버트 씨의 부인을 거들며 함께 앨버트 씨를 꼬드겼다.

사기꾼과 백만장자는 거대한 별장을 짓기 시작하여 1922년 11월에 시작하여 140만 불(현재의 가치로 일억 불 정도)을 투입하여 완공하고 데스밸리 랜치(Death Valley Ranch, 죽음 계곡의 농장)라는 이름을 붙인다. 총공사 감독은 역시 사기꾼 월터 스카트였다.

이후 이 거대한 별장의 이름은 스카티 캐슬(Scotty's Castle)로 바뀌고 앨버트 씨는 돈을 투자한 사람으로만 안내원이 소개한다.

앨버트 엠 존슨 씨와 월터 스카트 씨는 백만장자와 사기꾼으로 만나 영원한 친구가 되어 아름다운 스토리와 함께 스카티 캐슬을 관광지로 남겼다. 이 두 사람을 원격 조정한 사람은 과연 누구일까.

월터 스카트 씨가 묻혀 있다는 산등성에 구름 한 점 없는 파란 하늘을 쳐다보며 오른다. 캐슬 주위에 줄지어 심겨진 팜 트리의 푸른 잎들도 바람에 넓은 잎들을 너풀거리며 춤을 춘다.

김형택

똥 오줌

　요새는 길을 가다가 함부로 오줌, 똥을 누면 경범죄를 범해 높은 벌금을 물어야 한다. 화장실에 가서 용변을 보아야 한다는 생각은 이제는 이상할 것이 하나도 없다. 또한 화장실 문화란 말마저 생겼다. 이제 변소나 통시 또는 측간이란 말이 없어진 지 제법 되었고 화장실이란 말로만 보통 쓰인다.
　옛날에는 밥 먹기와 뒤보기를 다 같이 귀하다고 했다. 밥 잘 먹기만 귀한 것이 아니고 똥, 오줌 잘 누기도 귀하다고 여겼다. 그래서 쾌식快食과 쾌변快便은 같다고 하였다. 좋은 시상詩想을 떠올리자면 측상廁上이 제일이라는 말도 있다. 측상은 요샛말로 풀이하면 변기 위에 앉아 똥, 오줌을 눈다는 말이다. 절간에 가서는 근심을 푼다고 해 우소解寓所란 말과 같은 말이다.
　옛날 우리네 조상은 밥 먹기 이상으로 뒤보기를 중하게 여겼다. 똥, 오줌을 함부로 버리지 않았다. 이웃집에 마실 가서도 꼭 자기 집에 돌아와서 배설하였다. 비료가 없던 시절 소중한 거름이었다.
 똥, 오줌이 더러운 것이 아니라 흙이 베푼 은혜를 반이라도 갚을 수 있다는 정신이 뒤보기에 숨겨져 있었다. 그래서 길을 가다 함부로 오줌, 똥을 누면 정신머리 없는 놈이란 욕을 먹었다. 들길에서는 오줌이 마렵거든 밭가에나 논가에 가서 반드시 누어야지 잡초 위에다 싸면 안 된다고 했다.
 똥, 오줌이 측간이나 논, 밭에 가면 좋은 거름이 되지만 길바닥에 버리면 더러운 것이 된다고 어린 시절 부모에게 가르침을 받았다.
 손자를 데리고 길을 가는 할아버지는 손자가 쉬를 보자고 하면 논, 밭이 나올 때까지 참게 하거나 정 그렇지 못할 경우에는 길섶에서 풀줄기라도 구해 손자의 오줌을 묻혀 들고 가다가 맨 처음 만나는 논이나 밭에다 그 풀줄기를 던져 주면서 손자가 들으란 듯이 "손자 놈이 드리는 귀한 보약입니다."라고 소리쳤었다. 이런 행위들이 손자가 할아버지를 통해서 배우고 터득하는 지혜들이었다. 우리 선조들은 뒤보기를 함부로 하지 않는 까닭을 알고 살아왔다.
 똥, 오줌은 옛날이나 지금이나 돌고 돈다. 사람 똥은 개가 먹고, 개똥은 닭이 먹고, 닭똥은 돼지가 먹고, 돼지 똥은 오리가 먹어서 흙으로 돌아간다. 이걸 똥, 오줌 뿌린 흙 속의 지렁이가 먹는다. 지렁이의 똥은 농작물이나 과일나무가 먹고 작물은 사람이 먹어서 똥이 순환된다. 이렇게 돌고 돌아 생명을 잇게 해주는 원천이 되는 것이다. 그래서 "똥이 밥이다."라는 말이 나왔다.
 개똥망태와 뒤보기는 다 먹을 것을 주는 흙을 고마워해야 한다는 지혜를 담고 있다. 흙을 비옥하게 해야 곡식들이 잘 자라서 먹을 양식을 구할 수 있음을 잊어서는 안 된다는 것을 우리 조상들은 어려서부터 터득하도록 생활을 통하여 교육하였다. 삶의 지혜를 가르쳐 몸에 배도록 하는 일은 가정을 떠나서는 불가능한 것이다.

　필자도 유년 시절 농촌에 살면서 개똥망태 메고 똥 줍기를 경쟁하듯 한 기억이 있다. 새벽 일찍 일어나 동네 어귀나 논밭 두렁에서 개똥을 주워 모아 뒷간 넣기를 수없이 하였다. '뒤보기' 같은 사려思慮 깊은 처신處身의 지혜는 학교에서 스승으로부터 배울 수 있는 내용이 아니다. 몸 둘 바를 그때그때에 따라 현명하게 해주는 지혜는 교실이나 책 속에 있는 것이 아니다. 삶의 현장에 있다. 그 현장에서 인생을 먼저 경험한 사람이 터득한 바를 물려주는 것이 곧 풍습風習이 아닌가 생각한다.

　좋은 풍습은 세대가 아무리 바뀌어도 사라지지 않도록 하여 고을마다 특색을 갖춘다면 좋은 고장으로 거듭나는 방법이 되지 않을까? 항상 새 술은 새 부대에 담아야 한다는 생각만 앞세우면 정신 나간 것을 범하면서도 스스로는 그것을 모르게 된다.

　만약 우리가 뒤보기 같은 삶의 지혜를 버리지 않았더라면 땅을 고마워하는 자랑스러운 정신을 상실하지 않았을 것이다. 그러나 뒤보기 같은 풍습을 기억하고 있는 사람을 만나기조차 어려운 지경이다.

　물질과 돈이 최고인 현대에 사는 사람들은 똥, 오줌이 더럽다고 피한다. 냄새가 난다고 싫어한다. 자신이 털어 내어 놓은 것인데 더럽다고 한다. 냄새가 난다고 안 보면 어떻게 해야 하나? 자신의 옷, 돈만 중요하고 내 뱃속에 잔뜩 들어 있는 똥, 오줌은 멀리해도 되는 걸까?

　현대인의 아파트에서 배설한 똥, 오줌은 수세식 변기를 통해 물과 함께 버려져 개천으로 강으로 바다로 흘러들어 간다. 온전한 일인지 따져 보아야 한다. 똥, 오줌은 흙으로 돌아가야 한다.

나관주

알파 그리고 오메가

'이 세상에서 가장 좋은 낱말은 무얼까?' 문득 이런 생각이 떠올랐다. '가나다' 순으로 몇 날을 두고 간추려 보다 '사랑' 이란 어휘에 이르자 바로 이거라고 무릎을 치고 종지부를 찍은 적이 있다.

'사랑' 을 사전에서 찾아보았더니 ①아끼고 위하여 정성을 다하는 마음. ②이성에 끌려 몹시 그리워하는 마음. ③일정한 사물을 즐기거나 좋아하는 마음이라 했다.

'사랑' 에 대한 구체적인 설명은 성서에 있었다. "사랑은 오래 참고 온유하며, 시기하지 아니하며, 자랑하지 아니하며 교만하지 아니하며, 무례하지 아니하며, 진리와 함께 기뻐하고, 모든 것을 참으며, 모든 것을 믿으며, 모든 것을 바라며, 모든 것을 견디는 것이다." 라고 고린도전서 13장에 기록하고 있다.

사랑이라는 어휘가 '하기 좋고 듣기 좋은 말' 이라는 것은 세상 사람이 다 알지만 그 내용을 알고 보니 이를 실천하기란 말처럼 그리

쉬운 일이 아니란 걸 알았다.

　예수가 계명을 '사랑'이라 하여 이를 구체적으로 설명한 것처럼 석가釋迦도 '자비' 속에 사랑을 끌어들여 이렇게 설파하고 있다. 중생을 사랑하여 기쁨을 주는 것을 '자慈'라 하고 중생을 불쌍히 여겨 근심을 없애 주는 것을 '비悲'라 한다고 말이다. 그러고 보니 예수나 석존의 궁극적인 종교 사상도 결국은 사랑의 정점에서 만나는 형국이다.

　"맹수가 두려워 무기를 만들고, 사람이 두려워 법을 만들고, 죽음이 두려워 종교를 만들었다."고 했는데 종교는 하나같이 "현세에 충실하고 선행을 하면 내세에서 복락을 누리리라." 한다. 그럴싸한 전제로 우리 인간들을 법 위에 군림(?)하는 도덕률에 몰입시켜 험난한 세파에 청정한 호수를 만들고자 하는 발상이리라.

　내세야 있건 없건, 양심에 따라 행동하고, 선행을 하며 살아가는 것이 얼마나 인간답고, 당당하며 고매한 처사인가. 오직 우리 인간만이 행할 수 있고 누릴 수 있는 고차원적인 행실이 아니던가!

　늦깎이로 종교 생활을 한답시고 교회에 나간 게 엊그제 같은데 벌써 8년째로 접어든다. 본래 소심하고 악하지 못한 성품에 종교인이 아니라도 종교인 못지않게 양심껏 살아 보자는 게 평소 소신이었지만 종교인이 됨으로써 좀 더 체계적인 자기 통제가 가능하리라 믿어 이 길을 택하게 된 것이다.

　눈에 보이지 않고, 손에 잡히지도 않은 그 '사랑'이란 도대체 도량度量이 얼마쯤 넓어야 하며, 얼마쯤 깊어야 하고, 또 얼마쯤 길어야 할까…?

　한센병(Hansen's disease)은 우리들이 흔히 문둥병 또는 나병癩病이라고 부르는 병인데 1871년 노르웨이 의사 한센(G. H. A. Hansen)

이 나환자들의 나결절 조직에서 세균이 모여 있는 것을 처음 발견하였기 붙여진 이름이라고 한다. 한센병은 구약 시대부터 있어 온 병으로 치료받지 않고 방치하면 피부와 신경의 손상으로 얼굴이 일그러지고 피부, 뼈 등이 진물이 나면서 썩어들어 가는, 보기 흉한 무서운 병이다.

  치료받지 않은 환자에게 오랫동안 접촉하면 전염되지만 우리 보통 사람의 95%는 한센병에 자연적인 저항력을 갖고 있기 때문에 나균이 피부 또는 호흡기를 통하여 들어오더라도 쉽게 병에 걸리지 않는다고 한다. 요즘은 '리팜피신 600mg'을 1회만 복용하여도 체내에 있는 나균의 99.99%가 전염성을 상실함으로 이제 한센병은 제3군 법정 전염병으로 가볍게 분류되어 예전과 달리 격리가 필요치 않은 질환이 돼 있다고 한다. 성적인 접촉이나 임신을 통해서도 감염은 되지 않는단다.

  일제 말기만 하더라도 처방 약은 물론 보호 시설도 없어 나환자들이 보기 흉한 행색으로 구걸하러 다녔기에 애들은 그들이 나타나면 이리 몰리고 저리 도망 다니곤 하였다. 거기다가 "문둥병 환자들은 어린애들 간을 먹으면 낫는다."는 유언비어가 있었기에 한센병 환자들은 항상 어린애들의 경계와 공포의 대상이 되었다. 얼굴은 일그러져 보기 흉하고 손발은 진물이 나면서 문드러져 성인들도 얼굴을 외면하면서 그들의 구걸에 응할 정도였다.

  일제는 결국 나병환자들을 소록도에 강제로 격리 수용을 하기에 이른다. 병에 시달린 그들을 따뜻하게 보호하기는커녕 '공원을 만들어라, 벽돌을 찍어라, 도로를 개설해라, 건물을 지어라' 등 쉴 새 없이 강제 노역을 시켰다고 한다. 끝내는 환자들의 반발을 불러일으켜 일본인 수용소장이 한센병 환자에 의해 살해된다. 이에 따라 더욱

심한 보복이 환자들에게 더해지는 등 관리자와 환자 간의 갈등과 비극은 날이 갈수록 더해만 갔다고 한다.

해방 직후(1945. 8. 22)에도 병원 운영의 주도권 갈등으로 한센인 84명이 집단으로 학살되는 등 소록도의 비극은 끊일 줄 모르고 이어져 갔다. 이런 황량한 불모지 들판에도 향기로운 백합 두 송이가 피어올라 소생수를 뿌려 수천의 인명을 구출해 놓고 철새처럼 말없이 떠난 사실이 있었으니….

1962년 오스트리아 20대 후반 수녀 마리안과 마가레트는 젊음을 담보로 간호사 자격증 하나만 달랑 쥐고, 봉사 활동을 하겠노라며 낯선 땅 이곳 한국의 소록도 나환자촌을 찾아들었다. 당시 나환자 수는 6,000명, 이들에게서 태어난 아이만도 200명에 이르렀단다. '약도 없고 도와줄 사람도 없어 이 환자들을 두 사람이 치료하려면 평생을 여기 살아야 하겠구나.' 라고 작심하고 소록도에 정착하게 된다. 손에 장갑도 끼지 않고 환자들의 진물 난 부위를 맨손으로 치료하면서, 약이 부족하면 오스트리아, 독일, 스위스 등에서 가져오고, 애들이 영양실조 걸리면 분유도 같은 방법으로 구해 먹이면서 참다운 봉사 활동을 펼쳐 나갔단다.

환자들에게서 태어난 어린아이들은 보육원을 세워 부모와 분리시켜 정성껏 관리하면서, 옷도 손수 해 입히는 등 대리 부모 노릇을 하고, 그들이 6세가 될 때까지 아무런 증세가 발생하지 않으면 육지 보육원으로 이송하여 관리를 의뢰했단다.

그러던 그들이 70의 나이가 돼 몸이 예전 같지 않자 "나이가 들어 제대로 일할 수 없다. 부담을 주기 전에 떠나야겠다."라는 짤막한 편지 한 장만 남기고 아무도 몰래 소록도를 홀연히 떠났다고 한다. 떠날 때도 올 때처럼 남에게 폐를 끼칠세라 20kg 봇짐 하나만 달랑 들고 오스트리아 고국을 찾아갔다니 이 얼마나 온유하고, 아름답고, 청백하고, 신선한 사랑의 실천자들인가.

　패기와 낭만으로 가득 찬 젊음을 소록도 남해 바다에 몽땅 흘려보내면서 수천의 생명체에 소생수를 담아 부어 꽃을 피우고 소담스런 열매를 맺게 한 그들, 스스로는 앙상한 가지가 돼 신의 섭리 따라 책임을 다하고, 환 고향 하였다니 그저 머리를 조아리며, 눈시울을 적시게 할 뿐이다.

　우리 주변에도 몸과 마음을 모아 수억씩을 사회에 환원한 사람들을 종종 본다. 우리들은 그들을 존경하며 찬사와 격려를 보낸다. 그런데 자기 나라도 아닌 남의 나라에서, 10년 20년도 아닌 평생을 받쳐 사랑을 실천하였으니 이 얼마나 고매한 인간 승리자들인가!

　같은 동족에게도 멸시와 천대를 받던 그들 수천에게 젊음을 연료로 불태워 가면서 부드러운 손길로 따뜻한 향기를 불어넣어 재생의 길을 열어 준 업적, 얼마나 아름답고 향기 그윽한 백합 천사들인가! 그들의 그윽한 향기가 두고두고 삭막한 이 지구촌 방방곡곡을 맴돌아 청정호수를 만드는, 굳건한 제방이 되기를 기원해 본다.

류영애

자식이 무엇이기에

　저녁을 지으며 나는 자꾸만 조바심을 쳤다. 부자간의 언성은 높아만 가고 오늘따라 딸아이는 왜 이리 늦은지 앞치마를 쥐었다 놓았다 빈 밥그릇에 주걱을 담아 들고 서성거리며 아들의 말대꾸에 발을 동동거렸다.
　요즘 들어 집안에 부쩍 큰소리가 잦아지면서 식구들의 마음도 동서남북이다. 근 반년이나 사이에 끼어 다독이며 달래 봤지만 모두 막무가내다. 차츰 남편의 음성이 눅어지면서 조용히 타이르는 것 같아 한숨 돌리려는데 아들이 뛰쳐나오며 쿵쾅쿵쾅 집이 울리도록 제 방문을 걷어차고 들어간다. 쥐어박을 듯이 뒤따라 나오던 남편은 나와 눈이 마주치자 "흥, 나만 돌려놓고 작당들을 한 모양인데 어림 반 푼어치도 없다, 없어." 하며 쏘아본다.
　그는 가난한 농부의 아들로 태어나 무척 고생하며 자랐단다. 어느 날 얼큰한 찌개에 술 한잔하면 게슴츠레한 눈으로

"참, 그때는 보리밥에 열무김치면 그 맛이 기가 막혔지. 어쩌다 콩나물 한 접시 곁들이면 금상첨화고." 아이들은 이러는 아버지가 불만스럽고 싫었다. "가난이 무슨 자랑이냐, 제발 남 듣는데 그런 말 하지 마."라고 짜증을 부린다. 이렇게 양극에 선 사람들을 무슨 재주로 설득한단 말인가. 요즘은 열병을 앓는 식구들을 바라보며 주변 없는 자신이 혐오스럽기만 하다.

남편은 어쩌다 고향 친구들을 만나고 들어오는 날이면 우울해했으며 어떤 날은 혼자 중얼거렸다.

"아무리 농담이라고 함부로 하는 게 아니여! 나두 무자식 팔자 아니면 자식 둔다. 암 두구 말구 그렇구! 뭐? 말죽거리도 서울이냐구? 두고 보라지."

나는 설명을 듣지 않아도 그들의 주고받은 말이 귓가에 훤히 들렸다. 그러던 게 엊그제 같은데 이젠 늦게나마 한꺼번에 얻은 남매가 건강히 자라 대학까지 마쳤다.

지난겨울에는 술에 취한 남편이 군밤을 사 들고 들어와 "이제부터는 저놈들이 돈을 벌어 오겠지?" 하며 좋아했다. '순진한 양반! 아이들이 무슨 생각을 하는지도 모르고!' 나는 웃음은커녕 한숨이 절로 나왔다.

오래전부터 넌지시 취직 이야기를 꺼내 보면 번번이 사업을 하겠다고 말해 왔기 때문에 언젠가는 이런 갈등이 오리라고 생각했었다. 하기야 저들이 늦게 태어났기에 남들보다 먼저 돈을 벌었고 그들로 인해 인생을 즐겁게 살았으니 눈 한번 딱 감아 주고도 싶다.

"여보, 우리 같이 삽시다. 저것들이 욱하는 마음에 일이라도 저지르면…."

"원, 방정맞게스리 이젠 못하는 말이 없구먼."

나는 이왕 말이 나온 김에 한마디 더 하고 싶었지만 침통한 그의 얼굴을 보는 순간 꿀꺽 참았다.

 남편이 줄담배질을 하고 있다. 혹시 심경에 변화가 온 것일까. 사실 요즘 빽하면 내 탓인 양 몰아세우지만 아이들이 저렇게 된 것은 남편 책임이 더 크다. 나이 사십에 얻은 자식이라고 얼마나 뜻을 받아 주었던가. 원하면 무엇이든지 들어주었다. 이젠 설득할 재간이 없을 것 같다. 이쯤에서 모르는 체 들어줬으면 좋겠지만 남편의 반대가 완강하다.
 남편은 고개를 숙이고 후― 한숨을 내쉬며 담뱃불을 재떨이에 비벼 껐다. 그리곤 나를 힐끔 바라보며 밑도 끝도 없이
 "이름을 잘못 지었어! 화식아, 나 좀 보자." 하며 밖으로 나간다. 나는 뒤따라 나가는 아들의 옷깃을 슬쩍 건드리며 "절대로 말대꾸하면 안 된다."고 속삭이듯 당부했다. 그리고 딸 화연을 불러들였다.
 "엄마, 나 화실 언제 차려 줄 거예요? 인숙이는 내일 개업한다고 난린데."
 딸아이가 밉살스럽다. 그렇지 않아도 어떻게 말을 꺼낼까 하던 터이라,
 "얘, 너희들은 아무리 쌍둥이라고 그렇게 하나같이 싸가지가 없니?" 하고 쏴붙였다. 어처구니없다는 투로 바라보는 눈빛이 나를 외면하게 한다.
 "늦으면 늦는 만큼 손해예요. 왜 그렇게들 몰라요? 아이구 답답해."
 "뱁새가 황새를 쫓으려면 가랑이가 찢어진단 말두 못 들었니?"
 "그런 말 마세요. 우리가 그 애네만 못한 게 무어게요. 어른들의 생각 차이지. 남 자존심 상하는 줄두 모르구." 하며 휘파람 소리가

나도록 휭 나가 버린다. 나는 텔레비전의 채널을 연속극에 맞춰 놓고 앉아 초조히 나간 식구들을 기다렸다. 이 층 딸아이 방에서 음악 소리가 들려왔다. 지금 아이들이라고 다 저럴까 하면서 한편 부럽기도 하다.

시계를 쳐다보니 열한 시가 다 되었다. 갑자기 남편이 가엾다는 생각이 든다. 방 안을 서성거리며 길 건너 포장마차를 살피다가 대문을 열고 나갔다. 저만치 아버지를 업고 달려오는 아들이 보였다. 그 어깨너머로 축 늘어진 남편의 모습이 너무도 애처롭다.

방 가운데 큰 대자로 누워 무슨 말을 하는지 입을 실룩거린다. 나는 얼른 팔을 들여 밀고 베개를 바로 베어 주며 '자식 이기는 부모 있답디까? 우리라고 용뺄 재주 있어요?' 하며 눈물을 삼켰다.

며칠 후 모 대학교 앞 골목엔 개업식으로 웅성거렸다.
'작은 뜰' 예쁜 이름이다. 가게 입구에서부터 화려한 꽃들이 아름아름 바구니에 담겨 있고 안에는 젊은 애들이 꽃 속에 묻혀 와글거렸다.
아들은 위아래로 오르내리며 음식 기다리기에 조바심을 쳤나 보다.
삼 층에는 진열장이 기역 자로 정갈하게 놓여 있고 그 속엔 수없이 많은 주머니들이 꽃씨를 먹은 채 고운 자태를 자랑하며 자기들의 예쁜 사진을 안고 다소곳이 누워 있다. 모두 칭찬들을 아끼지 않았다.
푸짐하게 차려진 음식상에 둘러앉은 고향 친구들의 충청도 사투리가 구수하다. 그들은 만나면 언제나 사투리를 즐겨 쓰는 것 같았다.
"아, 제수씨두 이리 좀 오시유. 고생 많이 허셨것습니다."
"아이구 말 말어! 쌈두 숫허게 혔구먼! 아, 자식놈이 가게를 차려 달라고 막무가내니 어떡혀. 우리 어렸을 때 같으면 꿈이나 꾸것남? 허허허허…!"

친구들의 술잔에 맥주병을 기울이며 쑥스럽게 웃음 짓는 남편의 백태 낀 입술이 눈시울을 뜨겁게 한다. 자식이 무엇이길래 내일모레 딸아이 개업식에는 내가 저런 말을 하고 있겠지!

문계성

풍경風磬

봄

 꽃 피는 봄날, 봄비에 흔들린 마음은 나를 무작정 쌍계사 골짜기로 데려갔습니다. 쌍계사 골짜기는 바람에 날리는 벚꽃으로 하얗게 아득했습니다. 쌍계사로 들어가는 길 입구의 벚꽃 터널을 지날 때까지만 해도, 나는 운무에 뒤덮인 산과 봄비가 안겨 주는 녹녹한 여유와 속살같이 투명한 벚꽃이 내뿜는 환희에 취하여 매우 만족하였습니다.
 나는 시흥이 도도해져 "쌍계사 벚꽃 길은 임이 없어도 다정만 하더라."며 제법 호기까지 부렸습니다.
 오로지 벚꽃의 정취에 취하여 만사를 잊었습니다. 그러나 쌍계사 일주문을 들어서서 사천왕상을 보고, 뜨락의 물을 한 모금 마시고 대웅전 앞 탑전에 서자, 문득 한 자락 바람이 불어와 봄비에 흔들린 마음을 쓸어 갔습니다.

 대웅전 앞뜰에는, 잔설이 쌓인 골짜기에서 내달아 온 바람이 지키고 있다 산사를 찾는 사람들의 묻은 세속의 속기俗氣를 씻어 내는 모양이었습니다. 나는 새삼 엄숙해져 대웅전에 들어가 한쪽 가장자리에 앉았습니다.

 법당 안은 고요와 쓸쓸함과 냉기가 흐르고 있었습니다. 마음을 살펴보았지만 잡히는 마음은 없고, 한 가닥 외로움이 향불의 연기처럼 피어올라 눈물이 났습니다.

 나는, 무엇이 나를 이곳으로 데려왔는지, 외로움의 근원이 무엇인지 추적하였으나 종적을 찾을 수 없었습니다. 봄바람이 대웅전 처마를 훔치며 지나는지 풍경이 울었습니다.

 "쟁그랑— 쟁그랑—."

 꽃잎 흔들다 들킨 바람이 마음 졸여 가며 손끝으로 살짝 밀었는지, 탑을 도는 여인네의 화사한 명주옷 자락 스치는 소리 바람에 흔들렸는지, 풍경은 산사의 적요寂寥를 어루만지듯 가만히 가만히 울었습니다.

 그 소리는, 누군가 법당 밖에서 가만히 나를 부르는 소리 같기도 하고, 누군가의 정다운 속삭임 같기도 하였습니다. 그러자 외로움이 향기 같은 그리움으로 바뀌었고, 나는 나의 외로움이 그리움에서 비롯되었다는 것을 알게 되었습니다.

 나를 쌍계사 골짜기로 불러온 것은, 궁색한 살림에 지쳐 철없이 집을 떠났던 여인이, 세사世事를 경험하며 성숙해져 고운 꽃 한 아름 안고 설레는 걸음으로 집으로 돌아오는, 그 수줍고 환한 웃음 같은 봄에 대한 그리움이었습니다.

 쌍계사 대웅전 풍경 소리는, 잰걸음으로 집에 돌아온 여인네의 정겨운 속삭임 같은 쌍계사 골짝 봄의 소리였습니다.

여름

꺽다리 무진 스님은 울보였습니다. 헐벗은 아이만 보아도 울고, 만난 지 오래된 사람이 와도 울고, 하늘이 너무 푸르러도 울었습니다. 오래된 유행가를 듣고도 울고, 그가 전공하였다는 첼로 연주에도 울었습니다. 부처가 너무 좋다며 울고, 마리아상이 너무 예쁘다고 울었습니다. 울다가 나중에는, 자기의 울음소리가 너무 슬프다고 울었습니다.

어느 여름, 계곡 속의 대나무 숲에 싸인 스님의 암자를 찾았을 때는, 깨진 술병 하나를 안고 열심히 울고 있었습니다. 하도 한심해서 멀뚱멀뚱 쳐다보는 나를 향하여, 도리어 이상한 놈을 만났다는 듯이 물었습니다.

"애비, 니는 안 슬프나?"

"와 슬픕니까?"

"…오늘 그놈이 술병 하나 사 들고 왔더라. 하도 괘씸해서 마당에 세워 놓고 쫓아냈다…. 그놈이 술병 하나 놓고 가길래 '이놈아 이것도 갖고 가라'며 뒤에다 대고 던졌는데 이렇게 깨졌더라…."

나는 '그놈'이 누군지, 그가 왜 눈물 많은 무진 스님에게 괘씸한 놈이 되었는지는 잘 몰랐지만, 무진 스님은 술 한 병 사 들고 화해를 위하여 자기를 찾아온 사람을 선 자리에서 쫓아 보낸 것이, 그 인연의 비틀림이 못내 마음에 걸리고 아파, 깨진 술병을 안고 울고 있었던 것입니다.

그날은 보름이었습니다. 대숲에 둘러싸인 암자의 마당에 보름달빛이 하염없이 내리쌓이고 있을 때, 무진 스님은 승무복 차림으로 낡은 카세트 하나를 들고 마당에 나타났습니다.

무진 스님은 승무僧舞 기능보유자였습니다. 무진 스님은, 푸른 달빛을 타고 나타난 한 마리 하얀 새가, 하늘길이 피곤하여 날개를 쉬기 위하여 내려앉은 듯, 달빛 쌓이는 마당에 가만히 내려앉았습니다.

카세트를 켜자 삼현육각의 웅장한 운율이 달빛을 타고 날았습니다. 땅과 이끼 낀 바위와 침묵하던 나무가 다투어 소리 지르고 바람이 가락을 만든, 대차고 아름다운 소리였습니다.

새끼 잃은 한 마리 슬픈 학이 긴 목을 외로 꼬고 새끼의 죽음을 위로하는 진혼鎭魂의 춤을 추듯, 무진 스님은 춤을 추기 시작하였습니다. 장삼소매를 길게 늘어뜨린 몸짓이 하도 은근하여, 달빛이 무진 스님의 어깨에 내려와 슬픈 고뇌를 담은 염불 장단과 어울려 같이 놀았습니다.

…오늘에 맺어진 아픈 인연을 알려면, 아득하고 먼 아승지겁의 세월에 얽힌 사연을 알아야 하리라….

땅은 밤의 정령이 깨어날까 지르밟고, 긴 장삼소매는 달빛을 쓸어 담아 아득한 하늘에다 털었습니다.

…오늘의 아픈 인연의 끈을 끊어 피안으로 가려면, 사무치도록 그립고 쓰린 정情부터 잊어야 하리라….

도드리장단이 "덩 덩 덩더쿵" 타령으로 바뀌자, 꺽다리 스님의 긴 팔은 새봄의 노란 좆다리꽃 위를 이리저리 날으는 나비의 날갯짓처럼 가벼워졌습니다.

그리고 활갯짓 같은 장삼 놀음에 재미가 붙었는지, 몸짓이 사뭇 화냥기 못 견디는 바람난 여편네 방정맞은 몸짓처럼 건들거리다가, 굿거리장단에 접어들자 달빛에 젖은 어깨가 봄바람에 흔들리는 실가

지처럼 요염하게 간들거리기까지 하였습니다.

…그러나 정이 없으면 삶도 없어라. 삶은 달고 쓴 정이더라….

스님은 한낮의 아픔을 잊은 듯, 자규가 슬픈 제 울음이 슬퍼 목에 피가 맺히도록 울어 젖히듯, 그가 만들어 내는 춤사위에 몰입하여 한恨을 다 털어 내어 새하얗게 된 혼령처럼 너울거렸습니다.

…고뇌와 진여眞如는 따로 없어 항간의 쓰린 정이 진여이더라….

너무 느리고 무거워 땅으로 꺼질 듯, 너무 가벼워 새털처럼 날아 검불처럼 사라질 듯, 너무 흥겨워 두 어깨가 미친년 조리 방정 떨듯, 너무 애달파 억장이 무너져 내려 흐느끼듯, 스님의 춤사위는 골짝에서 발원하여 바다로 흘러드는 개울물 흐름처럼 쉼 없이 바뀌었습니다.

자진 가락에 흥이 삭아, 춤사위가 찬 서리에 북쪽으로 떠나는 기러기 날갯짓처럼 외로워지자 갑자기 콧등이 시려 왔습니다. 스님은 춤을 출 때만 슬픔을 잊는 기묘한 슬픈 새였습니다.

춤이 끝나자 달도 기울어 암자는 한바탕 걸팡진 잔치가 끝난 집처럼 썰렁해졌습니다. 대숲에서 일어난 바람이 처마를 지나다가 풍경을 만졌습니다.

"댕그랑— 댕그랑—."

한여름 암자의 풍경 소리는, 꺽다리 스님의 달빛처럼 슬프고 여린, 검불처럼 가벼운 영혼의 소리였습니다.

가을

길상암 가파른 골짜기는 벌써 오만 가지 단풍이 만든 황홀한 꽃밭이었습니다. 산을 오르던 바람도 단풍을 실어 나르다 붉게 물들어, 종래 그 발길인 하늘조차도 붉게 물들일 지경이었습니다.

나는, 늦었지만 명우 스님을 조문하러 왔다는 추연(偶然)한 목적을 잃어버리고, 잠시 온 산을 갖가지 색깔로 물들인 단풍에 정신을 빼앗겼습니다.

명우 스님은 길상암 작은 방 한 칸 기념실 벽면에 흑백사진 한 장이 되어 모셔져 있었습니다. 나는 사진 앞에 향을 피우고 두 번 절하였습니다. 오래된 방에서 나는 메케한 냄새가 스님을 그립게 하였습니다.

명우 스님의 생전에, 나는 산속의 맑은 물소리 같은 스님의 염불에 취하여 매년 휴가 때면 길상암 방 한 칸을 얻어 여름을 지내곤 하였습니다. 어느 여름, 명우 스님의 노모가 며칠간 길상암에 머무르다 갈 때였습니다.

햇살이 짙은 소나무 그늘을 지나 길상암 지붕을 내리쬐고, 매미가 한가롭게 울 때쯤, 명우 스님의 어머니가 깨끗한 모시옷으로 갈아입고 길상암 계단에 섰습니다. 노모는 연신 손수건에 눈물을 찍어 내면서, 발길이 떨어지지 않아 계단을 내려서질 못하고 있었습니다.

"그만 가소."

명우 스님이 처마를 바라보며 퉁명스레 던졌습니다.

"같이 가자…. 이것이 마지막 길이다."

노모가 얼굴을 감싸며 계단에 무너져 내렸습니다.

"울긴 와 우요, 내가 출가한 지가 언젠데 지금까지 이러는 거요. 그만 가소, 가도 마음은 이 산속에 있을 것인데 가도 어디를 가는 것이란 말이요."

"이게 마지막 길인데…. 이래도 되느냐."

"나면 죽고, 만나면 헤어지는 것이 이치인데 무얼 거리 애착하요, 그만 가소."

명우 스님은 휑하니 적멸궁 쪽으로 올라가 버렸고, 혼자 남은 노모는 계단에 쓰러져 흐느끼다가 쓰러질 듯 비틀거리는 걸음으로 산을 내려갔습니다.

명우 스님의 방에 걸려 있는 사진에는, 삭발을 한 20대 초반의 잘생긴 젊은이가 웃고 있었지만, 당시 명우 스님은 풍채가 남다르게 당당한 50대의 장년이었습니다.

노모는 새파란 아들이 출가한 지 30여 년이 지나도록 아들이 집으로 돌아오기를 기다리다, 생의 마지막을 예감하고 자식을 데리러 왔던 것입니다. 그러나 그 얼마 후 스님은 갑자기 열반하였습니다.

나는 스님과 윤회輪廻를 이야기하던 툇마루에 걸터앉아, 추색에 물든 산자락을 보며, 스님과 노모의 아픈 인연과 인연의 덧없음을 생각하였습니다.

툇마루에는 가을 햇살이 쓸쓸하게 내려앉았는데, 할머니 한 분이 스님이 쓰시던 방에서 나와 마루에 앉았습니다. 어쩌면 계단에 쓰러져 우시던 스님의 노모 같기도 하고, 절에 생을 마감하러 온 무의탁 노인 같기도 하였습니다.

가슴 한가운데로 골짝 바람이 지나가고, 아름답기만 하던 산사가 갑자기 죽음과 영원한 이별과 산 자의 연민으로 수놓아진 슬픈 그림 같이만 느껴졌습니다. 산속을 헤매는 붉은 바람이 처마의 풍경을 흔들었습니다.

"댕그랑 댕— 댕그랑 댕—."

사람은 바람 같은 나그네라고, 삶이 엮은 정이 아무리 질기고 두터워도 덧없는 것이라고, 삶은 한 생각이 일어났다 사라지는 것일 뿐 기실 오가는 것이 없는 것이라고.

길상암 풍경 소리는, 그 절절하던 노모의 정을 떨치고 돌아서서,

피 울음 터뜨리며 정진精進에 매달렸던 명우 스님의 깨달음의 염불 소리였습니다.

겨울

눈발이 휘날리는 표충사 뜰, 정적靜寂을 만나러 갔다가 고함보다 더 큰 몸짓으로 하늘을 움켜잡고 선 고목과, 정적을 깨우는 죽비 소리 같은 풍경 소리를 만났습니다. 풍경 소리는, 산사를 감싼 정적도 깨우고, 정적을 찾는 마음도 깨웠습니다.

대웅전 풍경 소리가 하도 명랑하여, 경내를 빠져나오면서 풍경 하나 사서 몰래 집 처마에 걸어 두었습니다. 풍경이 밤새 울었습니다.

"땡그랑 땡 땡그랑 땡."

긴 밤을, 어렸을 적 어머니의 손에 이끌리어 갔던 고색이 창연한 산사와 산사의 낡은 벽에 그려진 흰 호랑이와 고목枯木의 꿈에 가위눌려 지새웠습니다.

촌락에서 자란 집사람은, 아침잠에서 깨어 방문을 나서며 혼자 중얼거렸습니다.

"참 희한한 일이네, 밤새 무슨 요령 소리고? 이 도시 한복판 어디서 소를 먹이노?"

문상기

시작이 있으면 끝도 있다

　막내가 PD로 있는 공영방송사 노조의 파업이 넉 달을 넘겼다. 막내아들도 거기에 끼어 있다. 파업 이유와 누구의 잘잘못인지는 둘째로 치더라도 부모로서 걱정이 태산 같다. 무노동 무임금 원칙을 고수하는 회사라 그동안 봉급을 전혀 못 받고 있다. 월급쟁이의 생명줄은 봉급인데 생활하기가 얼마나 힘들까. 게다가 머리띠 두르고, 피켓 들고 뙤약볕 아래 소리치며 서 있을 막내를 생각하면 밤잠을 설치게 된다. 며칠 전 막내 식구가 집에 들렀을 때 새까맣게 그을린 아들의 수척한 얼굴을 보니 안쓰럽기 그지없었다. 파업의 정당성 여부를 떠나 아무튼 빨리 끝냈으면 좋겠다. 그것도 아들이 주장하는 대로 좋게 끝났으면 하는 게 솔직한 부모의 마음이다. 잘잘못을 떠나 무조건 자식의 편이 돼 주는 게 부모의 마음이라 하지 않는가. 며칠 전 전화로 "언제 끝날 것 같으냐?" 전화로 물으니 자기도 답답한지 "모르겠어요. 더 두고 봐야지요." 하고 담담하게 대답한다. 나는 "시작이 있으면 끝도 있겠지. 너무 걱정 마라."며 위로했다.

　시작이 있으면 끝도 있다. 시작은 끝을 전제로 하며, 그 끝을 향해 나아가는 시간의 흐름이다. 그 끝에 대한 느낌과 생각은 사람마다 처한 입장의 차이에 따라 다를 수 있겠다. 요즘 힘들어하는 막내에겐 그 끝이 축복이고, 새로운 희망의 출발점일 것이다. 그와 반대로 그 끝이 불안하고 저주스럽게 여겨지는 사람들도 있을 터이다. 기다리는 사람에겐 더디며 지루하고, 원치 않는 사람들에겐 화살처럼 빠르게 다가올 것이다. 끝에 대한 느낌은 동전의 양면과 같다. 어떤 사람에겐 위안이고 희망이며 또 다른 사람에겐 불안이고 절망이 될 수 있다. 시간의 흐름이 멈추지 않는 한 모든 사물이나 존재에게는 끝이 있다.

　나에겐 90세를 넘기시고 돌아가신 증조할머니가 계셨다. 남자처럼 허우대가 크고, 이목구비가 뚜렷하고 얼굴빛이 화색이 도는 잘생긴 분으로 기억된다. 증조할머니는 당신의 외아들인, 즉 나의 할아버지와 앙숙처럼 지내셨다. 얼굴만 마주해도 다투셨다. 시비를 거는 쪽은 언제나 당신의 아들인 할아버지셨고, 약자인 증조할머니는 언제나 공세를 피해 구석으로 몰리는 신세였다. 견디기에 힘이 부친 할머니는 "고목나무도 쓰러질 때가 있지." 이 말씀을 끝으로 입을 굳게 다무셨다. 오래 산다고 구박인 모양인데 나도 언젠가는 네 곁을 떠난다. 그러니 너무 그렇게 야박하게 굴지 말라는 뜻의 완곡한 표현이었으리라 생각된다. 수령이 500년이 넘는다는 느티나무는 고목이 되어 죽은 듯해도 봄이 되면 마른 가지 어느 한 쪽에 몇 개의 잎을 피워 아직 생명이 붙어 있음을 알린다. 아름드리 밑둥치에 큰 구멍이 뚫리고 가지가 거의 떨어져 나가 금방 쓰러질 것 같아도 오래오래 버틴다. 그런 고목도 때가 되면 쓰러지는 것처럼 당신도 그러하니 그렇게 명을 재촉하지 말라는 완곡한 표현이었으리라. 고목처럼 고단한 만년의 생을 부지하시던 증조할머니께서도 어느 날 조용히 눈을 감으셨다. 흡사 오래된 고목나무 쓰러지듯, 하찮은 몸살감기에도 버티지 못하셨다. 증조할머니가 생각날 때면 당신의 외아들을 원망스런 눈빛으로 바라보며 하시던 그 말씀이 먼저 생각난다. 질긴 목숨에 대한 푸념이 담긴 그 말씀과 함께 증조할머니의 모습이 아련히 떠오르면 지금도 나의 가슴이 아려 온다.

느티나무의 500년 수령에 비한다면 인간의 수명은 참으로 하찮다. 그러나 아프리카 남동쪽 인도양에 있는 섬나라인 마다가스카르에 자생하는 바오밥나무에 비하면 느티나무의 수명도 짧디짧다. 생텍쥐페리의 유명한 동화 『어린 왕자』에도 나오는 이 나무는 보통 5,000년을 산다고 한다. 그러나 느티나무도 바오밥나무도 세월이 가면 언젠가 증조할머니의 비유 말씀처럼 고목이 되어 이 세상에서 사라진다. 생물이든 무생물이든 형체를 가진 모든 것은 덧없이 흐르는 시간에 실려 소진돼 간다. 그 끝을 향해 나아간다.

존재의 끝을 향해 흘러가는 시간이란 무엇인가. 그리고 시간은 끝도 없이 무한하게 흘러가는 것인가. 이 철학적인 의문 앞에 그저 막막해질 따름이다. 시간에 대한 개념을 고대 인도 사람들은 숫자로 표현했다. 인도 사람들은 숫자에 탁월한 재능을 지닌 모양이다. 세계적으로 통용되고 있는 아라비아숫자는 인도 사람들이 애초에 만들어 낸 것인데 아라비아 상인들이 전수하여 퍼뜨린 것이다. 지금도 인도에 가면 아라비아숫자와 비슷한 형태의 인도 숫자 표기를 버스나 공공건물 등 곳곳에서 볼 수 있다. 시간 단위에 대한 고대 인도인의 계산법과 표현은 상상의 범위를 넘어선다. 불교에서 가장 작은 시간 단위는 '찰나刹那'이고, 가장 긴 시간 단위는 '겁劫'이다. 한 탄지彈指, 즉 엄지손가락과 중지손가락을 붙였다가 한번 튕겼을 때 '딱' 하는 소리 사이에 65찰나가 있다고 한다. 이에 따르면 1찰나는 75분의 1초, 약 0.013초에 해당된다. 요즘 올림픽 육상 경기에서 트랙 경주 종목의 최소 계측 단위는 10분의 1초이다. 이에 비할 때 75분의 1초란 시간 단위는 얼마나 비현실적이고 관념적인 것인가를 알 수 있다. 찰나에 대한 반대의 말은 '겁劫'이다. 1겁은 한 세계가 창조되어 존속하고 파괴되어 무로 돌아가는 기간을 말하는데, 고대 인도인의 계산에 의하면 1겁은 86억 4천만 년이다. 그러나 이러한 수치의 시간 개념은 얼른 머릿속에 떠오르지 않는다.

그래서 불교에서는 1겁에 대해 다음과 같은 비유로써 인간의 상상력을 자극한다. 그 가운데 개자성겁芥子城劫과 반석겁盤石劫이 있다. 개자성겁은 한 변의 길이가 15km인 입방체 모양의 쇠로 만든 성 안에 겨자씨를 가득 채우고 100년마다 겨자씨 한 알씩을 꺼낸다. 이렇게 겨자씨 전부를 다 꺼내어도 한 겁은 끝나지 않는다고 한다. 반석겁은 사방 15km나 되는 큰 바위가 있는데, 이 바위는 백 년에 한 번씩 내려오는 천녀天女의 부드러운 치맛단에 스친다. 1겁은 이 바윗덩어리가 천녀의 치맛단에 닿아 모두 닳아 없어지는 데 걸리는 시간을 말한다. 비물질인 시간의 세계를 가시적인 물질의 형상으로 비유하여 표현한 인도인의 시공을 넘나드는 거침없는 상상력이 놀랍기만 하다.

겨자씨를 모두 꺼내거나, 바위가 모두 닳아 없어지거나 결국 이것들은 언젠가는 한세상의 끝이 있다는 것을 상정한 개념이다. 겨자씨를 다 꺼낸 뒤 그 쇠로 된 성 안에 다시 겨자씨를 채워 넣든, 그만큼 큰 바위를 다시 만들어 세워 놓든, 그래서 한세상이 다시 시작되고 또 끝나든, 그리고 무량억겁의 세월 동안 무수한 세상의 시작과 끝이 반복된다 해도, 시작이 있다면 끝은 언제 어디에도 있다는 생각을 해본다.

 시작이 있다면 끝도 있다. 시작은 그 끝을 향해 나아가는 출발점이다. 인간의 생명 또한 그러할진대 이 자명한 논리 앞에 어떤 것도 맞설 수 없다. 그러나 한 삶이 끝나는 것, 죽음은 내 가까이 있지만 나의 것으로 인정하기에는 항상 두려운 존재이다. 멀리하고 회피하고 싶다. 그러나 언젠가 피할 수 없는 엄연한 현실로 다가온다. 그 실체를 겸허히 받아들일 때 일상에 매몰돼 혼탁해진 나의 참모습을 들여다볼 수 있다. 끝이 있다는 자각은 남아 있는 내 삶을 충일하게 하는 크나큰 은혜이기도 하다.

민화자

동구서숙東丘書塾 지우님

저만치 색 바랜 동구서숙 서예 간판이 나타난다. 내 눈에는 흰 바탕에 검정 묵으로 쓴 간판이 학이 날개를 접는 모습처럼 반갑게 보인다. 여행자가 별을 보듯 익숙한 그 간판을 향해 나는 내 키보다 짜브러든 그림자를 밟으며 휘적휘적 다가간다. 햇살은 창가에 겨우 팔을 걸칠 정도로 위태롭게 얹혀 있다. 얼마나 와 앉아 있을까 혼잣말로 중얼거리며 편치 않은 허리를 한번 쭉 펴고 나서 서예 교실 층계를 거쳐 들어선다. 열 시경이면 묵은 때를 고스란히 뒤집어쓰고 있는 칙칙한 회색 건물 3층 서예 교실에는 전날 저녁 뿔뿔이 흩어졌던 일행이 마치 약속이나 한 듯이 굼뜬 동작으로 들어와 제각기 자리를 잡고 각자 벼루에 먹을 정성껏 갈고 있는 모습이 그날의 일과 시작이다.

동구서숙 서예 교실 원장님은 흰 수염도 기르고 머릿결도 하얀 도인 모습을 갖춘 한학자님. 마침 기린 같은 목을 세워 벽시계를 물끄러미 쳐다본다. 원장님 얼굴에 묘한 신비감이 일렁인다. 시계처럼 정확히 나타나던 노인들의 모습이 오늘은 좀처럼 보이지 않아서일까. 원장님은 가지런히 정리된 벼루와 붓대를 바라보다가 벼루를 옆으로 살짝 옮겨 놓는다. 뻐꾸기시계가 정오를 향해 재깍재깍 움직이더니 드디어 뻐꾹뻐꾹 연방 울어 댄다.

시계 밑에 위치한 고풍스런 유리 장식장 안에는 취미로 수집한 다기 도구가 다양한 모습을 갖춘 오랜 나잇살을 자랑하는 자그마한 도자기들이 모여 있다. 서예와 한학을 공부한 선비의 덕을 갖춘 원장님은 늘 상 다구를 자랑삼아 쓰다듬고 차 맛 다향을 음미할 정도의 다인이기도 한 분이 낮추어 놓은 가스 불에 찻물이 넘치지 않게 살펴가며 찻물을 익히고 벼루에 먹 갈기를 계속하고 있다.

"원장님, 안녕하세요?"
"어~ 네, 언제 와 있었네요? 안녕하시고요."

듬성듬성 숱이 적은 앞 머리카락을 네 손가락으로 빗어 넘기며 내가 온 것을 의식 못하는 원장님께 큰 소리로 인사를 건넸다. 그제서야 사위어드는 저녁 햇살처럼 희미한 미소를 지어내던 그의 얼굴이 환히 밝아진다. 갈고 있는 먹을 벼루 옆에 놓고는 정감이 묻어나는 목소리로 나를 맞아들인다. 소 발자국처럼 묵직하고 미더운 음성과 두 눈이 묘한 기운을 품고 있다. 나는 원장님을 대할 때마다 기분이 편안하게 잦아든다.

내 그림자를 밟고 오듯 장 선생님이 어기적어기적 들어서자 원장님은 그에게도 반가움이 뚝뚝 묻어나는 인사말을 건넨다. 길고 긴 순례의 여정을 접고 싶었던 장 선생님의 생각은 순식간에 증발해 버린다.

세월에 풍화된 삶처럼 그의 얼굴에는 저승 꽃이 군데군데 피어 있다. 원장님은 준비된 다구에 물을 붓고는 팽주 준비를 하신다. 투박한 손놀림으로 순하고 향긋한 녹차를 탁자 위에 내놓는다. 힘을 잃어 가는 태양이 찻잔에 자그마하게 그려져 있고 그 옆에 할미의 그림자가 실루엣처럼 어른거린다.

"쯧쯧, 허무하고 허무한 것이 인생이여, 나흘 전만 해도 멀쩡하게 살아 있던 사람이 어느새 축축한 땅속에 묻혀 버렸으니 말이여."

"그래서 인간은 지상에 머물다 가는 순례자라고 하지 않소."

퀴퀴하고도 음습한 냄새를 그림자처럼 달고 다니는 장 선생님의 한탄 조의 말을 내가 받아 했다.

임 선생님의 장례식은 어제였다. 그는 갑자기 뇌졸중으로 쓰러져 사흘 동안 병원 신세를 졌다. 쓰러졌다는 소식을 받자마자 서실에서 공부한 일행은 곧바로 그의 병실을 찾았지만 의식을 잃고 누워 있는 그와는 말 한마디 나누지 못하고 병원을 나서야 했다. 궁상스런 생전의 그를 떠올린 저승객이 된 임 선생님의 문상을 다녀온 뒤부터였다. 새삼 냉동실에서 뻣뻣한 시신이 된 임 선생님의 모습이라도 털어 내듯 내 머리를 가로젓는다.

서실 모임의 멤버였던 윤 선생님이 허망하게 세상을 떠난 것도 작년 이맘때쯤이었다. 나의 심란한 마음을 헤아리듯 그날은 종일 비가 내렸다. 빗줄기에 시선을 떨군 채 그의 죽음에 관한 얘기가 오간 걸 생생하게 떠올린다. 낙엽이 떨어지듯이 곁에 있던 지우가 세상이란 나무에서 하나씩 떨어져 나갈 때면 패잔병처럼 사기가 꺾인 나는 깊은 한숨을 연거푸 쏟아 내곤 했다.

어느새 나를 비롯해 탁자를 중심으로 지우들이 둘러싸고 앉아 있다. 우울한 기분이 감돌아 잠시 가라앉은 분위기가 이어진다. 키가 훤칠한 황 박사님이 서실에 들어온 것은 바로 그때다. 실내가 컴컴해진 것은 황 박사님이 막 자리를 잡은 뒤였다. 원장님이 초를 들고 바삐 움직여 탁자 가운데 촛불이 실내의 대기 탓인지 이리저리 흔들리고 있기에 나는 양손을 모아 촛불에 갖다 댔다.

"그림자 한번 기가 막히는군요. 우리 마치 어렸을 적 초립둥이 소년 소녀 모습이 생각나네요. 청춘 남녀가 찰싹 들러붙는 그림자놀이도 참 많이 했지요."

"허허, 그러게 말이야. 저 그림자는 늙지도 않는가 봐."

장 선생님의 말에 느긋하게 대답하는 나는 일 년 전 그맘때를 떠올렸다.

햇살이 스러져 가는 서실에 우연히 전기가 나가는 바람에 그때도 그림자놀이를 했다.

"코알라 그림자놀이도 했지."

"그래서 윤 선생님 별명이 코알라가 아닙니까?"

"그 좋아하시던 잠 인제 실컷 주무시겠네요."

코알라는 유칼리나무를 좋아해서 잠을 자고 먹이를 취하며 살아가는 공간이 바로 그 나무라 한다. 유칼리나무는 잎사귀에 알코올 성분이 있어 먹고 나면 잠만 잔다는 것이다. 코알라의 코처럼 유난히 도드라진 윤 선생님의 코가 내 눈에 어른거린다.

서실 유리에 선팅을 하고 커튼까지 장식되어 있어 3층인데도 불구하고 불이 나가면 어두컴컴했다. 손바닥을 오므려 촛불을 감싼 나를 응시하던 장 선생님께서는 종이를 동그랗게 찢어 손등에 붙이고 볼펜을 가로로 잡고는 다른 손으로 받혀 주니 그림자는 삿대질하는 뱃사공 모습이다. 천천히 움직이며 "사공의 뱃노래 가물거리며" 조금 가라앉은 기분으로 계속해 부른다. 낡은 건물 속에 웅크린 전깃줄이 세월의 나이만큼 야금야금 갉아 먹혀 버렸는지 정전은 한동안 계속

되었다. 갑자기 실내가 환해지자 그림자놀이는 순식간에 사라진다.

촛불과 그림자 사이로 번갈아 오가던 노인들의 시선이 일제히 황 박사님에게로 몰린다.

"죽음이 끝이라 생각하면 슬프고 우울하지. 죽음은 생명이란 불씨를 품고 있지요. 그 불씨를 되살아나게 하는 건 다 자기가 하기 나름이지."

"뭐? 생명의 불씨라고? 무슨 소린지 도무지 알 수가 없구먼."

황 박사님의 말에 제동을 걸며 뛰어든 노인은 바로 추씨였다. 손바닥만 한 마트를 하며 평생 먹고사는 일에만 매달려 온 그에게 생명이나 영혼 같은 단어를 읊조리는 황 박사님의 말이 귀에 설 것이다. 그도 그럴 것이 추씨는 과부가 된 젊은 딸에게 가게를 넘겨 주고 이곳에 나온 지 열흘이 좀 넘었다. 그는 여럿이 모여 대화하는 일에도 어색해한다. 슬그머니 들어와 구석 자리를 차지하고 있다가 대화에 끼어들 기회조차 찾지 못한 채 자리를 뜨곤 했다.

눈치가 무거워 상황 파악이 잘 되지 않는 추씨를 제외하면 황 박사님의 말에 반론을 제기하는 노인들은 거의 없다. 그는 Y대학에서 철학 교수로 재직하다 6년 전에 정년퇴직한 학자이기 때문이다. 설득력 있는 화술에다 너그럽고 유머 감각까지 겸비하고 있어 노인들은 그의 말이라면 설사 알아들을 수 없더라도 고개를 끄덕인다. 말이 70대 초반이지 황 박사님은 20대부터 틈틈이 승마와 단전호흡으로 몸을 단련한 까닭에 균형 잡힌 체격에 허벅지 근육이 단단해 재작년까지만 해도 그다지 노인 티가 나지 않았다.

황 박사님은 지적 능력이 불모지와 다름없는 추씨에게 열변을 토하는 대신 빙긋이 의미심장한 미소를 지어 보인다.

해마다 휘호 대회가 있어 여기 설봉골 설봉문화재에 각 회원들의 서예 전시회에 출품 준비도 있지만 국전에 참석할 기량으로 연습 시간에 글자 획은 물론 내용 전문을 원장님과 더불어 익히며 손놀림에 예술의 힘을 넣는 모습은 경지 높은 도인의 모습이다. 긴장했던 글씨 연습 시간 외에는 모두 둘러앉아 선인들의 명차 이야기며 무료한 시간을 메워 나간다. 얼굴 가득 잔주름이 새겨진 노인들은 마치 화롯불 군데군데 묻어 둔 밤을 주워 내듯 저마다 가슴속에 담아 둔 이야깃거리를 주섬주섬 꺼낸다.

"긴 병에 효자 없다고 고씨처럼 천덕꾸러기가 되지 않으려면 밤에 자다가 곱게 가야 할 텐데. 그래야 자식 놈한테 설움을 덜 받겠지?"

자식들에게 구박을 뒤집어쓰다가 비참하게 세상을 떠난 고 영감과 퍽 가까웠던 길 선생님이 토해 낸 말이다. 고 영감은 반강제로 세 아들에게 재산을 다 털리고 쫓겨나 결국 이리저리 떠돌다 생을 마쳤다. 죽기 전 자살 소동을 두 번이나 벌인 것을 생각하면 길 선생님의 마음은 가시에 찔리기라도 한 것처럼 쓰라렸다. "설움이라니, 무슨 뚱딴지같은 헛소리여! 늙은이 종자가 따로 있담? 저희들은 늙지 않고 영원토록 살 것 같은가." 여느 노인보다 민감하게 반응하는 장 선생님은 2년 전 일을 기억해 낸다. 고혈압으로 쓰러져 6개월 동안 반신불수로 자리에 누워 있던 아내에게 며느리는 노골적으로 싫은 눈치를 드러냈던 것이다. 환자에게 내뱉는 핀잔기 섞인 말투, 진저리치는 듯한 표정을 장 선생님은 지워 버릴 수 없었다. 아들의 표정도 냉랭하기는 마찬가지였다. 어쩌면 장 선생님은 비참하게 떠나간 아내를 통해 닥쳐올 자신의 모습을 그려 보는지 모를 일이었다. 아내가 죽고 나자 그에게 남은 재산이라야 고작 작은 아파트 한 채뿐이었는데, 그것마저 아들의 요구로 명의 변경을 해주고 말았다. "여보게, 사는 게 왜 이 꼴인지 모르겠구먼. 요즘 현기증으로 쓰러질 것 같아 돌아다니기도 힘에 부치네그려." 기어들어 가는 듯한 목소리로 장 선생님은 나에게 속내를 쏟아 놓았다. 그는 집에서 구박 덩이 취급에 서러운 맘을 꾹 참고 지낸다. 오늘도 퉁퉁 부은 표정으로 앉아 있다 고씨처럼 거리로 내쫓기진 않았지만 장 선생님은 며느리에게 천덕꾸러기 존재로 전락해 가고 있다.

원장님께선 글씨 획을 바로잡고 선의 기량을 설명하다 말고 잠시 볼일을 마치고 돌아온 황 박사님에게 말을 건넨다. 원장님께서 종종 보이는 위태로운 배려다. 해바라기처럼 환한 웃음이 피어 있는 황 박사님에게 내가 해바라기라는 별명을 붙여 준 것은 서실에 입문한 날부터였다. 얼굴뿐 아니라 황 박사님의 내면에서도 여유로움이 번져 나와 고민에 휩싸여 있던 노인들은 그의 푸근한 모습만 보아도 고뇌로 얼룩진 표정이 순식간에 사라지고 웃음기가 배어난다. 눈치 빠른 황 박사님은 원장님의 말씀에 흥겨운 표정으로 응수했다.

이렇게 여유로운 시간을 취미로 시작한 서예가 작가로 다져 가고 속내를 털어놓고 좌중에서 삶의 근본을 토론하는 건전하고 명분 있는 노인이란 이름으로 살아가는 지우님들이 그렇게나 좋은 것이다.

박근후

욕심은 끝이 없다

　내 나이도 나이지만 나이가 한 살 두 살 더해 갈 때마다 병원을 자주 드나들지 않고서는 건강을 유지할 수 없는 것 같다. 아직은 몹쓸 병에 감염되지 않았기에 현재는 건강하지만 나라고 언제까지 건강을 유지하며 살다가 초후를 마치라는 법은 없는 것. 그래서 그런지 40년 전 고혈압 초기이니 몸을 조심하라는 의사의 경고가 있었지만 그러려니 생각하고 몸을 함부로 한 탓인지 20여 년 전부터는 매일 고혈압약을 복용하고 있다.

　80 고개에 이르렀으니 아무리 좋은 기계라도 오래 사용하다 보면 녹슬고 마모되어 부속을 교체 안 하고서는 운전할 수 없는 것처럼 노화가 심하니 한 달에 한 번씩 병원을 찾아가지만 병원에 갈 때마다 또 다른 병이 생기지나 않을까 하는 불안한 마음에 서글픈 생각은 끝이 없고 작은 병도 세월 따라 큰 병으로 변하기 시작하는데 이런 일은 인간뿐만 아니라 생명을 가진 모든 생물에 적용되는 일이다.

특히 인간은 건강하니 오래오래 살기를 열망하면서 온갖 정성을 다하지만 생각하는 대로 되지 않는 것은 뻔한 이치다. 그럼에도 모든 사람들은 한결같이 무병하면서도 오래 살기를 바라는 마음에서 열심히 종교 생활도 하지만 부처님과 하나님이 너는 종교 생활을 잘 했으므로 무병하면서도 천년만년 오래오래 살아라 할 까닭이 없다.

스님이나 목사님이 하라는 대로 열심히 해도 아플 때는 아파야 하고 죽을병에 걸리거나 죽을 나이가 되면 어김없이 죽는 것이 삼라만상의 이치인데 이런 이치를 누구의 힘으로 교묘하니 빠져나가 오래 살 수는 없는 일이다. 코끼리 피부같이 쭈글쭈글한 피부를 가진 할머니들이 의사 앞에서 이치에도 맞지 않는 말로 채신없이 이러쿵저러쿵하는 것을 볼 때 나이 먹은 나 자신이 부끄러워서 자리를 피할 때가 있다.

미얀마는 불교 국가이기 때문에 이 나라 스님들은 국민들로부터 대단한 존경을 받는다고 하는데 스님들은 삶 자체를 수양하면서 종교 활동을 하기 때문에 국민들이 스님을 대할 때는 부처를 대하듯 경배를 할 정도로 승려에 대한 존경과 권위는 절대적이라고 한다. 미얀마 사람들은 길을 가다가도 승려를 만나면 흙먼지가 부연한 길에서도 땅바닥에 엎드려 절을 하고 또 국가에서도 승려에 대한 국가적 우대책도 많다고 한다.

그러나 승려답지 못한 행동을 하면 사회적으로 크게 지탄을 받기도 하지만 승려들이 해서는 안 되는 금지사항도 많다고 하는데 승려들은 어떠한 경우라도 호텔에서 숙식을 할 수 없으며 시계나 귀중품을 몸에 지니거나 가지고 다녀서도 안 되며 오후에는 아무리 배가 고파도 찬물 외의 음식물은 절대로 먹을 수 없고 해수욕장에서 수영하는 것도 금지하고 있다.

승려들의 일상은 새벽 4시에 일어나 예불을 하고 5시에 죽이나 국수 종류의 간단한 음식으로 요기를 하고 7시경 한 시간 내지 두 시간 동안 탁발을 하고 11시에 단 한 번의 식사를 하고 난 후에는 일체의 음식을 입에 대지 않고 오직 수행에만 정진한다는 것이다. 무소유 정신으로 살기 위해 스님의 옷에는 호주머니가 없고 네모진 천으로 몸을 두르고 무소지無所持, 무소유無所有, 무수전無手錢으로 평생 동안 수행하다가 늙고 병이 들면 깊은 산속에 들어가 숨을 거두기도 한다고 한다.

  천년만년을 살고도 좀 더 더 살겠다고 욕심을 부리는 사람이 있을 테지만 사람의 욕심이란 끝이 없기 때문에 여러 종교에서 욕심을 버리라고 하지만 버리기란 쉬운 일은 아닌 성싶다.

  그러나 지각없는 몇몇 종교인들까지도 자기 앞에 쌓아 놓고 나와 우리 식구들만 호의호식하며 천년만년 살고 싶어 하니 큰 문제다. 이놈의 사회가 이렇게 되려고 크나 작으나 그저 돈, 돈, 돈타령이다. 하기야 돈만 있으면 못 하는 일이 없고 대우받으면서 떵떵거리며 오래오래 살 수 있으니 돈을 싫어하는 사람은 없고 돈벌이에 혈안이 되고 있지만 돈 버는 일도 쉬운 일은 아니다.

  있는 자들은 수북하니 쌓아 놓고 있으면서도 굶주리는 이웃은 나 몰라라 하는 꼴이 영 보기 싫을 뿐이다.

박명식

망자亡者가 되어 불리는 이름

하루가 지나면 또 하루가 다가온다. 누군가에게 오늘은 세상에서 처음으로 맞이한 하루일 것이고 또 누군가에게는 마지막인 하루가 지나가고 있을 것이다. 이처럼 삶과 죽음은 필연적이며 불가분한 상관관계를 맺고 있다.

옛날 황제의 죽음은 붕어崩御 나 승하昇遐라 했다. 무너질 '붕崩'자를 써서 태산이 무너졌다는 뜻을 담고 있는 것이다.

1979년 고 박정희 대통령이 저격으로 숨졌을 때 서거逝去라 표현했다. 한편 지난번 북한의 김정일 국방위원장이 죽었을 때 언론에서는 논란 끝에 사망死亡이라 칭했다. 세습된 절대 권력을 누리며 핵을 개발하면서 북한 동포를 기아와 도탄에 빠뜨린 인물이니 어찌 보면 사망이란 표현도 호사스러워 보인다.

그만큼 한 사람의 죽음도 그 삶의 사유思惟에 따라 사후 명칭이 달라지기도 한다. 반면 어떤 숭고한 목적을 위해 목숨을 바쳤을 때 쓰는 말로 꽃잎처럼 흩어진다는 뜻으로 산화散華라 한다.

종교인의 죽음에 대한 표현도 다양하다. 김수환 추기경 돌아가셨을 때 선종善終이라 하고 개신교에서는 소천召天, 다른 세계에서 새롭게 태어난다는 의미로 통일교에서는 승화昇華라 부르며 본래의 자리로 되돌아간다는 뜻으로 천도교에서는 환원還元, 불교에서는 입적入寂 또는 열반涅槃이라 한다.

그 밖에도 종교나 신념 혹은 사상의 자유를 위해 목숨을 버렸을 때 순교殉敎, 나라를 위해서 목숨을 바쳤을 때 순국殉國이라 한다.

한편 우리가 주로 쓰는 죽음에 대한 표현으로 사망을 꼽고 있지만 인간계를 떠나서 다른 세계로 간다는 뜻으로 타계他界나 작고作故, 고인故人, 운명殞命, 세상을 하직한다는 별세別世, 오래된 병 숙환宿患 등도 많이 쓰고 있다. 그만큼 죽음을 이르는 여러 표현들은 일단 수직성과 예도 강하다.

몽테뉴(M. Montaigne)는 그의 〈수상록〉에서 "어디에서 죽음이 우리들을 기다리고 있는지 모른다. 죽음을 배운 자는 굴종을 잊고 죽음의 깨달음은 온갖 예속과 구속에서 우리들을 해방시킨다."라고 설파했다.

인간을 "죽음으로 향하는 존재"라 규정한 철학자도 있지만 공자는 제자인 자로子路가 죽음에 대해 묻자 "삶에 대해서도 모르거늘 어찌 죽음에 관하여 알겠는가[未知生 焉知死]." 삶을 알게 되면 죽음은 저절로 알게 된다며 타이른다.

한 생애에 대한 죽음을 궁극적 예찬만으로 충족시킬 수는 없을뿐더러 망자에 대한 자취나 업적을 산 자의 시각에서 평가한다는 것은 경솔하며 단편적인 모순일 수 있다. 다만 죽음은 우주의 순환이며 죽은 자에 대한 예를 다하는 것은 산 자의 도리라 할 수 있다.

증자가 말했다. "새가 죽어갈 적에는 그 울음소리가 애처롭고 사람이 죽으려 할 때는 그 말이 착하다."

요즈음 많이 쓰이지는 않지만 과거 단현斷絃이라는 표현이 있었다. 금실 좋았던 아내를 잃으면 쓰는 말로 현악기의 줄이 끊어진다는 애틋한 표현이다.

'숨지다', '돌아가시다' 라는 우리말이 좀 더 보편적인 것이라면 '영원히 잠들다' 영면永眠, 영영 가고 돌아오지 아니한다는 장서長逝는 망자의 격조를 높인 표현이다.

삶과 죽음의 고리 내지는 메커니즘뿐 아니라 사후 망자에 부여되는 명칭의 중요성보다 고 이태섭 신부처럼 가난한 이들에게 온몸으로 사랑과 덕을 베풀며 인간 정신의 전범을 보여주고 이승을 떠난 아름답고 숭고한 삶이 더 오래도록 우리에게 기억될 것이다.

암 투병 중에도 "나는 너무나 많은 것을 가지고 있다." 며 겸손해했던 이태섭 신부.

만약 가톨릭의 선종善終보다 더 영예로운 호칭이 존재한다면 주저치 않고 고인께 추서하고 싶다.

박양자

그 남자의 마지막 노래

　어떤 계절에 불현듯 생각나고 그리워지는 사람이 있다.
　억수로 쏟아지는 빗속에 떠난 사람은, 그런 날씨에 문득 그리워지고, 이른 봄 싸락눈이 내리면 수년 전 봄눈 내리는 날, 마지막 길을 떠나신 어머니가 보고 싶다. 새벽길에 해장국을 먹을 땐, 중년 언저리에서 술자리를 함께하며 청진동을 헤매던 남자 동창들이 궁금해진다. 그런가 하면 귀에 익은 가곡의 멜로디나 가사도 특정한 사람이나 시간을 떠오르게 한다.
　우리 형제들은 좋은 날 여럿이 모여도 도란도란 이야기나 나눌 뿐, 한국 사람이라면 누구나 좋아하는 가무를 즐길 줄 몰라서 노래방이라곤 어머니의 팔순 때, 딱 한 번 갔었다. 그중 잘 노는 편인 남동생이 앞장서지 않았으면 어림없는 일이었다. 어색한 쑥스러움이 가시고 그럭저럭 분위기가 잡힐 무렵, 얌전한 여섯째 제부가 마이크를 잡더니 최백호의 '낭만에 대하여'를 제대로 부르기 시작했다. 음정,

박자가 제멋대로인 음치과 소속 처형들도 듣는 귀는 있어서 박수치며 환호했었다.

사회적 성취 욕구가 유난히 강해서 끊임없이 연구하고 공부만 하는 근엄한 사람이 갑자기 분위기 있는 근사한 대중가요를 부른 것이 너무나 의외였기 때문이다. 그날, 앙코르를 받은 '낭만에 대하여'는 그의 트레이드마크로 우리의 뇌리에 깊이 각인되었다.

나의 여섯째 동생은 이화여대 출신의 재원이고 제부는 서울대, 슬하의 아들 형제도 서울대를 졸업해서 명문 가족으로 이름을 떨치며, 모든 면에서 성공 가도를 달리던 그가 아쉽게도 장수의 복은 타고나지 못했는지 오십대 후반에 담도암 수술을 받고 투병 생활을 시작할 때에도 우리는 크게 염려하지 않았다. 질투의 하나님은 완벽한 행복을 시새워서 이따금 잠깐의 시련을 주시기도 하는 분이니까.

이후로 몇 년 동안이나 동생은 면역력을 높여 준다는 무청, 우엉, 표고 등 다섯 가지 재료를 강화유리 냄비에 넣고 야채수프를 밤낮으로 끓여 댔다. 그러노라 남편 수발에 지쳐서 아내는 대꼬챙이처럼 말라 갔지만 제부는 그런대로 혈색이 좋아 보였다. 그러나 완치 판정이 나오는 5년을 채우지 못하고 암은 재발하였다.

집에서 요양할 땐 동생 내외는 누구의 문병도 거부했다. 거금을 들인 감마나이프 수술이 효력이 없자 물이라도 마실 수 있도록 처치를 받기 위해 재입원한 상태에서 우리는 겨우 병실을 알아낸 것이다.

내가 1인실 병실에 들어섰을 때, 동생은 없고 환자인 제부 혼자 병상에 누워 있었다. 어차피 환자는 금식 상태이므로 동생 먹으라고 챙겨 간 몇 가지 밑반찬을 냉장고에 두고 나오려다 멈칫했다. 희미하게 나를 부르는 음성이 들렸기 때문이다. 환자가 눈만 감고 있었지 자는 게 아니었던 모양이다.

"집사람 곧 올 겁니다. 좀 있다 가세요."

분명히 사람의 기척을 반기는 느낌이었다.

나는 가끔 제부의 치유에 도움이 될 만한 대화를 나누고 싶었지만 형제들에게 조금이라도 폐를 끼치지 않겠다는 배려이거나, 남편의 초췌한 모습을 보이기 싫은 동생의 자존심 때문인지 좀체로 기회를 얻지 못했다.

나는 우선 환자에게 다가가서, 난생처음 잡아 보는 제부의 파리한 두 손을 모아 잡고, 치유의 하나님께 간절히 기도했다. 그리고 날마다 아내와도 그렇게 손잡고 뜨겁게 기도하기를 권했는데 제부 입에서 뜻밖의 대답이 나왔다.

"그것이 안 됩니다."

망설임 없이 나오는 정직한 답변에 내가 흠칫 놀랐다.

짧지 않은 세월 동안, 암의 재발을 막기 위해 필사적으로 매달렸던 첨단의 현대의학과 각종 면역 요법으로 부부는 너무나 지친 것일까? 환자보다 더욱 파리한 동생의 안색을 보면 누구라도 더 이상 헌신과 희생을 강요할 수 없었다. 부부가 서로 고마워하고 감사하라는 성경적인 요구도 이런 상황에선 당치 않았다. 그래도 내가 할 수 있는 이야기는 바로 그 '사랑'과 '감사'일 수밖에 없었다.

나는 자연주의 의학의 신봉자이다. 말기의 암환자가 수술이나 항암 치료 등으로 재산을 탕진하고 극심한 통증 속에서 죽어 가는 사례를 너무 많이 봤기 때문에 차라리 아무 치료도 받지 않고 놔두는 쪽을 선택하는 것을 지지하는 입장이다. 그렇다고 손을 놓는다는 뜻은 아니다. 어차피 영리 추구를 앞세우는 병원의 실험 대상이 되느니, 식이요법, 웃음 치료, 마음 치료 등 다양한 대체의학을 택하겠다는 의미이다.

"당신을 만난 것이 행운이었다고, 항상 사랑하고 고맙다고 아내에게 말로 표현하세요. 서운한 것, 모두 용서하고, 손잡고 울며 기도하세요. 암세포는 외부에서 침입한 세균이나 바이러스가 아닙니다. 내 마음에서 생긴 병이니까 마음을 해결하면 저절로 치유가 됩니다. 병원에서 해줄 수 없는 기적은 자신만이 만들 수 있어요."

내 말을 들으며 제부의 눈빛에 조금씩 생기가 돌기 시작했다.

"바로 그것이었군요. 왜 아무도 그런 말을 나한테 해주지 않았을까요? 나는 아내에게 계속, 더 많이 바라기만 하고 감사를 몰랐습니다. 때로는 원망하고 미워했지요. 모든 치료가 효과 없었던 것이 내 탓인 것 같네요. 처형, 문제점을 짚어 주셔서 정말 고맙습니다. 무언가 희망의 빛이 보이는 것 같아요. 아, 제가 노래, 하나 해도 될까요?"

"노래요? 하세요! 울음이든 웃음이든 참지 말고 다 쏟아 놓으세요."

독일 지사에서 오래 근무한 경력이 있는 제부는 '보리수'와 '들장미'를 원어로 부르기 시작했다. 청중은 내가 아니고 그 순간, 생명의 기쁨을 만끽하고 있는 제부 자신이었다. 누구보다도 열정적으로 살아온 자신의 성공적인 삶에 회한은 없을 터였다.

들장미가 만발한 초원을 꿈꾸는 한 남자의 동심이 보리수의 선율을 타고 병실을 가득 채웠다. 꺼져가는 촛불처럼 연약한 환자가 병상에 누운 채로 힘들이지 않고 조용히 부르는 독일 가곡, 아무도 상상할 수 없는 아름다운 광경이었다.

노래가 끝나자 나는 마치 천진한 어린애에게 하듯 박수를 쳐 주었다. 아주 많이, 성심껏…. 먼 훗날, '보리수'와 '들장미'는 내게 또 하나의 아픔이 되리라는 예감과 함께.

희망의 빛은 아주 잠깐이었고 모든 것이 너무 늦었었나 보다.

일주일 후에 우리는 그의 부음을 들었다.

박재윤

자귀나무 숲

아침부터 후덥지근한 날씨에 금방 소낙비라도 내릴 것 같은 얼굴을 하고 하늘은 낮추어져 있다. 유월 장마가 시작되면서 묘목밭엔 나무는 보이지 않고 풀만 웅성하게 자라 보여 더욱 마음이 바빠진다. 새벽부터 동네를 누비며 놉들을 챙기고 농장으로 달려나가, 김매기를 시작하는 나는 늘 하늘만 쳐다보며 제발 며칠만 비를 참아 주었으면 하는 바람으로 일손을 놀린다. 이른 아침부터 서둘러 온 아주머니들에게 일 분담을 하고 겨우 한숨 돌리는 시간, 김매기 작업이 순조롭게 진행되면서 놉들은 지루한 일손을 덜 양으로 우스갯소리로 밭고랑이 심심찮게 폭소가 터지는가 하면 밭매던 호미 자루를 동댕이치고 "이쁜이도 금순이도 단봇짐을 쌌다네." 하면서 장난스럽게 뛰어나갔다 오는 덕실댁 아줌마 때문에 또 한번 웃음을 자아낸다. 벌써 새참 시간이 되었는지 시장골래가 찾아와 출출한 아줌마들은 막걸리 타령을 하기 시작한다. 농장장 고 서방이 막걸리 몇 되와 빵 술안주를 챙겨 밭고랑에 다다르면 술 한잔에 어느덧 피로는 풀리는 듯 잠깐의 휴식에서 밤사이 일어난 마을 소문을 꽃피우다 다시 호미 자루를 드는 마을 아주머니들은 서로 댁호를 부르며 밭 노래를 권한다.
"어이, 성산댁 노래 좀 해보제."
남동댁 권유에 느릿한 장가 곡조의 노래가 흘러나온다.
"우리 딸 낭자는 청포나 낭자. 낭자만 보아도 사위가 줄줄."
"어따, 그 딸 아메 바람둥인가 베."
땀에 뒤범벅이 된 얼굴엔 고달픔도 잊은 채 환하게 웃어 보이는 얼굴 얼굴들, 찜통 같은 이 날씨에도 몸을 돌보기는커녕 기계처럼 척척 밭매기를 하는 아주머니들 정말 고맙기 그지없다. 도시 사람들이 볼 때엔 땀에 찌들고 햇볕에 그을려 볼품없는 형색에서 촌사람이라 무시하는 그 사람들, 얼마나 큰 힘이 되어 이 농촌에 버팀목이 되는 훌륭한 분들인지 농촌에서 살아 보지 않은 사람은 모른다.
"오전 중으로 은행나무밭 작업을 끝내 불고 자귀나무밭을 맬랑께 서둘러 주쇼잉."
서투른 전라도 말을 쓰며 이야기한다 치면
"서울댁 참말로 이젠 무섭게 일을 시키그만잉."
"할 수 없지라우. 이 풀 좀 보소. 장마를 이겨 내려면 내 욕먹어도 이번엔 할 수 없어라우. 비가 와도 우비를 쓰고 풀을 매 주어야 하지라우."
"할 수 없제, 주인 말 들어야제."
"작년 복중에도 우비 쓰고 밭매다 골택골로 갈 뻔했제."
억수로 퍼붓는 장마에도 우비를 입혀 강행군으로 밭을 매다 밭 가장자리에 있는 아름드리 밤나무가 쓰러지는 줄도 모르고 일을 했던 기억 때문에 일컫는 말이다. 성큼 오전 일을 마치고 사십여 명의 사람들은 점심 식사를 하러 집으로 돌아가고, 나는 넓은 산밭 중턱을 서성거리며 오후 작업 지시를 생각하고 잘못된 작업을 손을 보고 있었다. 그때 소름이 끼치고 머리가 하늘로 올라가게 했던 장본인, 흑갈색에 빨간 무늬가 놓인 큰 뱀이 길게 나를 노려보고 있질 않은가. "아저씨 빨리 소주 됫병 하나 사 와요." 큰소리를 치고 그때부터 나는 뱀과 눈싸움을 하기 시작한다. 내가 눈을 안 돌리면 저도 움직이지 않기 때문에 그대로 지켜보고 있어야 한다. 드디어 고 서방이 술 한 병을 사 들고 헐레벌떡 뛰어와 내 옆에 살며시 앉는다. 나는 손가락으로 가리켜 주고, 고 서방은 작대기 하나를 들고 조용히 다가가 작대기로 뱀 머리를 누르고 힘이 빠지면, 머리와 몸 사이를 손으로 꼭 눌러 들곤 비늘과 흙을 털어 내고 소주병에 머리부터 집어넣고 초로 봉합을 하여 농장집 뒤에 파묻는다. 이렇게 하여 만든 술이 근 50여 병이나 되었었다. 이 일은 동네 사람들이 더 잘 아는 터라 '삭신'이 쑤시고 아프거나 어떤 병에 사주가 좋다는 말만 들으면 나에게 달려와 하나씩 얻어 가곤 하는 민간약으로 몇 푼 안 들이고 인심을 쓰곤 하는 것이다.

오후 작업이 시작되면서 농장의 등성이를 넘어서 산 한쪽이 좍 갈라져 한쪽은 분지가 되고 한쪽은 작은 벼랑이 되어 있는 자귀나무밭을 매러 사람들은 내려갔다. 아주머니들이 다시 작업을 시작하는 동안 나는 집에서 내온 점심을 먹고 느지막이 작업장으로 나간다. 주인이 비어 있는 밭엔 조금은 느슨한 손들을 놀리며 오후에 쏟아지는 식곤증을 이기느라 나른한 모습들이다. 바람 한 점 없는 골짜기 묘목밭은 음산한 기가 항상 맴돌기 때문에 이곳엔 혼자 오는 일이 별로 없다. 사람들은 호미 소리만 사그락거리는데 어디선지 꼬르륵꼬르락 거리는 소리가 제법 크게 들려 왔다. 이 소리가 무슨 소리인지 영감이 잡히질 않았다. 나는 서서 사방을 둘러보아도 무엇 하나 이상한 것이 없어서 다시 김을 매기 시작했다. 그때, 장성댁이 벌떡 일어서며 "오메!" 하고 쏜살같이 도망을 치기 시작했다. 그러자 조용히 밭을 매고 있던 아주머니들도 놀래어 덩달아 장성댁 뒤를 따라 산 위로 도망가는 게 아닌가. 나는 영문을 몰라 멍청하니 사방을 둘러보기 시작했다. 바로 벼랑에 눈이 닿는 순간 소리도 지르지 못하고 놀래어 멈춰 섰다. 수많은 뱀들이 머리를 위로하고 쪽쪽 포개어 벼랑에 눌어붙어 혀를 날름거리고 있지를 않은가. 그곳에서 꼬르륵꼬르락 소리가 났던 것이다. 언뜻 보기만 했어도 아마 이삼백 마리는 될 것 같았다. 모두가 녹색 바탕에 빨간 무늬가 있는 뱀들이었다. 너무 징그럽고 무서워서 발걸음이 잘 떨어지지 않았다. 뒤늦게 사람들이 있는 곳으로 도망쳐 왔다. 제각기 너무 놀란 표정으로 뱀은 영물이라며 무슨 일이 일어날지 모른다는 허풍도 있는가 하면, 언젠가 통나무만 하게 뭉친 뱀도 보았다는 사람도 있었다.

"아이, 황센댁이 나오드만 뱀들이 회의를 하는 것을 보았네그랴. 황구렁이는 집이나 지킬 일이지 어따 참말로 놀라 자빠질 뻔했네."

장성댁이 익살스럽게 농담을 하는 바람에 모두가 깔깔대며 단풍나무 묘목밭으로 옮겨 김을 매곤 자귀나무 묘목밭엔 누구도 일을 하려 하지 않았다. 그 후론 밭에 들어가기 전 밭고랑을 긴 막대기로 묘목을 흔들어 긴 짐승이 있으면 도망가라고 신호를 보내고 밭을 매었다. 그리고 다시는 소주 사 오라는 말도 하지 않았다. 회의까지 하는 짐승이 무슨 짓을 못하겠나 하는 두려움 때문이었다. 그 덕분에 자귀나무는 묘목의 가치를 잃고, 큰 나무로 성장해서 집단으로 예쁜 꽃을 피워 숲이 짙어져 그 밭은 영원한 야산으로 다시 변해 버렸다.

박정례

인자한 어머님

　어머니. 그 옛날 어려웠던 시절 남편과 자식만을 위해 사셨던 나의 어머니. 낮에는 베를 짜고 밤에는 물레를 돌리시며 열심히 사셨던 어머니.
　"물레야 돌아라. 네가 잘 돌아야 우리 가족이 편히 살 수 있단다. 물레야 너는 내 마음을 알겠지. 밤마다 너와 같이 돌아가는 내 친구 물레야." 항상 그렇게 노래하시며 구슬프게 넘어가던 가락이 어린 나에게는 자장가처럼 좋아서 그게 무슨 노래냐고 물었었지.
　전깃불도 흔하지 않아 전구 하나로 양쪽 두 방을 밝혀야 했던 옛날이기에 밤에는 베를 못 짜고 물레를 돌려 실을 뽑아내야 했다.
　"금자동이냐, 은자동이냐. 금을 주니 너를 사랴, 은을 주니 너를 사랴." 하시며 나를 보듬어 안아 주시고, "명사십리 해당화야, 꽃 진다고 설워 마라. 명년 삼월 꽃이 피면 너는 다시 피지만은 우리 인생 한 번 가면 다시 오지 못하리라."고 노래하셨지.

한 많은 어머니들의 구슬펐던 노래가 내 귓전을 울렸다. 그런 어머니는 내가 늦둥이 막내라고 귀여워하시면서도 언제나 측은해하며 따뜻했던 그 품에 안아 주시곤 했지.

가을이면 목화가 피어 들녘이 하얀 목화송이로 변하고, 그것을 쏙쏙 빼다 씨를 빼서 솜을 만들고 물레로 자아서 실을 뽑아 그 실로 무명을 짜고, 봄이면 누에를 치느라 새벽같이 일어나 들로 나가 뽕을 따서 포대에 담아 머리에 이고 십 리 길을 걸어 다니시던 어머니.

누에가 뽕을 먹고 커서 네 번 잠을 자고 난 후 한 마리씩 집을 짓게 만들어 주면 누에는 제자리를 찾아 입에서 비단실을 뽑아내며 집을 짓고 그 속에서 번데기가 된다. 이런 하찮은 미물도 자기가 할 일이 무엇인지를 알고 자기를 먹여서 키워 준 은혜에 보답하고자 가야 할 방향을 찾아 고치 속에서 깨끗하게 번데기가 되고 나방이 되어 제 후계를 남기기 위해 알을 까서 새끼를 남겨 놓고 없어진다. 어머니는 이런 누에들이 너무나 소중하고 귀한 것이라고 늘 말씀하셨다.

어머니는 하얀 누에고치를 끓는 물에 넣어 실을 뽑아 그 실을 여러 번 만지고 다듬어 명주를 짜신다. 이것이 바로 지금의 실크다. 이런 것은 아무나 하지 못했다. 그 옛날에도.

열심히 살아 사 남매 공부시키고 밥 굶기지 않으셨다고 흐뭇해하시던 어머니. 여름에는 삼베 모시를 짜시며 틈을 이용해 부지런히 가축도 기르셨다. "너희들을 위해서라면 무엇을 못하겠느냐."며 "열심히 부지런히 살면 잘살 수 있단다." 하셨다. "막내 너는 고생 안 했지, 오라버니들은 고생했지. 배도 곯았고. 하지만 이젠 걱정 없다. 논도 사고 밭도 샀으니 농사지어 이제는 배곯지 않고 살 수 있다." 며 좋아하셨던 어머니.

옛날에는 없어서 배곯고, 맛있는 밥 한 그릇이 없어 못 먹었는데 지금은 밥은 얼마든지 먹을 수 있건만 늙어서 입맛이 없어 못 먹는다며 아쉬워하시던 나의 어머니. 늦둥이 막내딸 시집보내고 서운해서 우셨다던 어머니. 지금 생각하면 나 같은 불효도 없는 것 같다.

자식이라는 게 뭐길래 그렇게 고생하며 키웠건만 절로 큰 줄 알고 효도 한번 하지 못하고 속만 상하게 해 드린 것일까. 그래도 부모님들은 항상 우리들 잘 살기만을 빌어 주시는데 우리는 부모님한테 어떻게 했던가. 생각하면 모두가 후회스럽다. 이제야 철이 드나 보다. 왜 좀 더 어머니한테 정겹고 따뜻하게 하지 못했을까.

나도 늙어 보니 이제야 어머니 마음을 알 것 같다. 내가 지금 내 자식들한테 서운하고 괘씸할 때가 있어 소외감이 들 때가 있는 것을, 내 어머니는 나한테 얼마나 서운했을까. 어머니가 살았던 것처럼 내가 지금 그 모습일 게다. "너희들만 잘되면 되지. 무엇을 바라겠느냐."고 하지만 때로는 섭섭할 때도 있지 않은가. 어머니한테 죄송할 뿐이다. 이제 와서 후회한들 무슨 소용이람. 그렇다. 지금 내가 살아 보지만 자손들이 뭘 그렇게 잘하던가. 저희나 잘 살면 효도지. 그러나 그것도 마음대로 안 되니 마음을 비워야지.

딸이 좋다지만 그렇지도 못한 걸요. 나도 부모님한테 잘하지 못했기에 지금 그렇게 받고 있다고 스스로 위안을 받는답니다. 어머니는 이 막내딸을 끔찍이도 챙기시고 늦둥이라고 측은해 사랑해 주셨건만 보답하지 못하고 이렇게 늙었답니다. 그 옛날 따뜻했던 어머님의 품이 그립군요.

서울 사는 막내딸 집에 가는 것을 낙으로 알고 사신다고 자랑하셨는데, 그 시절에는 서울 오는 게 지금 미국 가는 것만치나 어려웠던 시절에 막내딸 도와준다고 연세도 많은 분이 농사지은 것을 이고 지

고 오서서 오 남매 손자 해산구완 다 해주시고 그렇게 딸을 위하시더니,

"이제는 내가 늙었나 보다. 서울 오는 것이 낙이었는데, 이제는 힘이 든다. 내가 70만 되었어도 또 와서 우리 새끼들 봐주겠구먼 이번 가면 못 올 것 같구나." 하시던 어머니. 그게 마지막인 줄 아셨던 어머니. 그렇게 떠나가신 나의 어머니. 이제는 모두가 옛이야기가 되어 버렸군요.

이젠 나도 늙어 70을 바라본다오. 어머니 극락왕생하시고 지장보살님 앞에 성불하세요. 어머님이 그렇게 좋아했던 '회심곡'을 늦었지만 어머님 영전에 띄워 드리리다. 어린 그때는 어머님이 부르는 노래가 무슨 소린지도 모르고 들었지만 지금은 '회심곡'이라는 것을 안답니다. 부디 극락왕생하소서.

박종철

검은등뻐꾸기 둥지

　검은등뻐꾸기는 동트기 전부터 일어나 부지런한 농부처럼 부산을 떤다.
　5월의 연녹색 숲에서 아침을 깨우는 테너의 우렁찬 목소리가 맑은 햇살을 타고 마을로 퍼져 나간다.
　뻐꾸기의 생김새는 제비처럼 날씬하고 매끈하게 생겼지만 덩치는 제비보다 큰 편이다. 제비는 총알처럼 빠르게 자유자재로 곡예비행을 하는 재주를 가졌지만 뻐꾸기는 날갯짓을 자주 하며 이 산 저 산을 넘나든다. 별난 취미이긴 하지만 매번 나무의 맨 꼭대기나 가지 끝에 앉아 열창을 하고 있어 방정맞아 보이기까지 하다. 아마도 비밀스러운 속셈이 있는 듯하다. 높은 곳에서는 사방이 트여 주위를 잘 살필 수 있고 또 새끼의 동태를 감시하기 위해서도 높은 가지를 선호하는 것 같다.
　남쪽 나라에서 찾아오는 여름 철새인 뻐꾸기는 암컷을 만나기 위해 목소리를 가다듬어 간절한 구애의 노래를 부른다. 그 가락은 한결같은 음정으로 반복하고 있어 듣는 이로 하여금 애절함마저 느끼게 한다. 어쩌면 유명한 테너의 절절한 독창 같기도 하고 색소폰 음향처럼 경쾌하게 들리기도 한다.

그런데 이 여름 손님은 말쑥한 차림새와는 달리 아주 못된 습성을 부적처럼 지니고 있다. 뻐꾹~뻐꾹~ 하며 애조 띤 노래를 부를 때에는 암컷을 유혹하기 위한 구애의 몸짓이다.

일단 암컷을 만나서 짝짓기의 목적을 달성하고 나면 노랫가락은 새끼를 위한 흥겨운 곡조로 바뀌게 된다. 암컷은 숲 속을 속속들이 살피고 있다가 자기보다 덩치가 작고 만만한 붉은머리오목눈이의 둥지를 점찍어 놓는다.

천진스러운 오목눈이가 둥지에 여러 개의 알을 낳아 놓으면 기회를 놓칠세라 도둑처럼 소리 없이 들어가서 오목눈이의 알 하나를 밖으로 밀어내고 그 자리에 알 하나를 얼른 낳아 버린다. 겉 다르고 속 다른 도둑의 근성을 십분 발휘하는 순간이다. 모양과 색상이 오목눈이의 알과 닮아서 어미 새는 제 알인 줄 알고 같이 품는다.

뻐꾸기의 알은 오목눈이의 알보다 먼저 부화하게 된다. 알에서 새끼가 태어나면 근처에서 대기하고 있던 어미 새가 꺼꺼꿍~꺼꺼꿍~ 하며 소란을 떨면서 새끼에게 행동 개시 명령을 내린다. 눈도 채 뜨지 못한 벌거숭이 새끼는 어미의 독촉을 받고 반사적으로 오목눈이의 알이나 새끼를 등으로 밀어 올려 둥지 밖으로 떨어뜨린다.

세상 물정을 전혀 모르는 벌거숭이 새끼가 자기만 살겠다고 오목눈이의 알이나 새끼를 잔인하게 밖으로 내동댕이치는 걸 보면 저놈도 살아 있는 생명체인가 하고 섬뜩함마저 느끼게 한다. 마침내 뻐꾸기 새끼는 빈 둥지를 혼자서 차지하게 되고 바보 새인 오목눈이 어미는 제 새끼인 양 부지런히 먹이를 날라 와 뻐꾸기 새끼의 입에 물려 주면서 양육을 도맡게 된다.

　남의 둥지에서 자라고 있는 새끼에게 안도감을 주기 위해 어미 뻐꾸기는 연신 까꿍~까꿍~ 하면서 새끼를 얼러 주고 어미가 주위에서 지켜 주고 있으니 안심하라는 뜻으로 신호를 보내 주는 것이다.

　오목눈이는 자란 뻐꾸기 새끼의 덩치가 둥지에 차고 넘쳐도 전혀 눈치를 채지 못하고 정성껏 키운다. 다 자란 뻐꾸기 새끼가 둥지를 떠나도 얼마간은 계속 먹이를 물리면서 시커먼 강도의 새끼를 끝까지 보살펴준다.

　하기야 뻐꾸기가 작은 오목눈이의 둥지에다 탁란하는 것은 저 스스로 착안해서 하는 짓은 아닐 것이다. 하늘의 섭리에 의해서 양육의 방법을 타고난 것일 게다. 그러나 생각을 고쳐먹어 보아도 뻐꾸기의 비열하고 무자비한 생존 방식이 마음에 걸린다. 마치 도둑고양이처럼 약삭빠르고 비겁한 행동거지라 얄밉고 씁쓸하다.

　사람도 뻐꾸기의 생태와 다를 바 없다는 생각이 들기도 한다. 힘센 나라들이 가당찮은 명분을 내세우며 멀쩡히 잘 살고 있는 남의 땅으로 총칼을 앞세우고 들어가 땅과 둥지를 빼앗고 훼방을 놓는다. 또 매머드 같은 대기업이 뱁새 같은 중소기업의 생활 터전까지 삼켜 버리는 것은 뻐꾸기의 비정한 생리와 다를 바 없다는 생각이다.

　어쩌면 인간의 욕망이 동물 중 가장 비겁하고 잔인하다는 생각에 머무르게 된다. 뻐꾸기의 날씬하고 참신한 인상과는 생판 다르게 행동하는 야생의 생존 전략이 자연의 이치요, 질서라고 한다면 굳이 뻐꾸기만 탓할 수 없을 것 같다.

　오늘도 뻐꾸기가 높은 나뭇가지에 앉아 뻐꾹~뻐꾹~ 하며 노래한다. 힘찬 가락의 파장을 따라 아카시아, 밤꽃을 흰 구름처럼 피워 내고 연녹색 숲은 춤을 추며 초록으로 물들어 40대의 여인처럼 풍요롭고 성숙해진다.

검은등뻐꾸기의 노랫소리가 어느 날 연기처럼 사라져 버리고 숲에 정적이 감돌게 되면 가을은 빠르게 다가와 또 한 해를 거두어 갈 것이다.

남쪽 나라에서 찾아오는 여름 철새가 내년에도, 또 그다음 해에도 잊지 않고 찾아와 힘찬 노래로 새 아침을 열어 주는 귀한 손님이 되어 주기를 바라는 마음이다.

박찬홍

119 구급대

　119 구급차가 요란한 경적을 울리며 비좁은 도로를 질주할 때면 또 누군가가 병원으로 실려 가는구나 하는 생각만 하였을 뿐 남의 일로만 생각해 왔는데, 내가 벌써 구급차 신세를 두 번이나 지게 되었다.
　첫 번째는 2010년 1월 20일이었고, 두 번째는 공교롭게도 만 1년 뒤인 2011년 1월 23일이었다. 처음 실려 간 날은 심장 수술을 하고 퇴원한 다음 날 새벽이었고, 두 번째 실려 간 날은 토요일 저녁이었다.
　첫 번째 실려 갈 때에는 병원 응급실에 도착하자마자 의식을 잃었기 때문에 자세한 동정을 알 수 없었지만, 두 번째 실려 간 날은 나의 의식이 또렷하였고 또 스스로 움직일 수는 있었기에 그때의 실상을 엿볼 수가 있었다.
　1월 23일, 저녁 식사를 하고 나자 가슴이 답답함을 느끼면서 심장 박동이 빨라지기 시작했다. 병원에서 처방해 준 약을 먹으면 가라앉겠지 하고 미련을 떨어 보았으나 좀처럼 가라앉지 않고 점차 빨라지면서 가슴이 벌렁거려 119에 전화를 했다.

  전화를 한 지 7~8분쯤 되었을까, 구급차가 문 앞에 도착을 해 대원들의 부축을 받으며 올라타자 혈압을 체크했다. 140/180까지 상승을 했다. 그날 따라 웬 눈이 그렇게 퍼붓는지 길은 빙판으로 변해 있었다. 어렵사리 병원 응급실에 도착을 하니 21시, 간호사들이 지정해 주는 병상에 도착한 후 고맙다는 인사를 하려고 뒤를 돌아보니 구급대원은 어느새 저만치 가고 있었다.

  나는 따스한 인사조차 건네지 못하고 병상에 누워 응급조치를 받아야 했다. 심전도를 하고 엑스레이를 찍고 채혈을 하고 혈관에 주사액을 꼽은 채 밤을 새워야 했다.

  내가 누운 자리는 간호사들이 근무하는 간호대看護臺 앞이었기 때문에 환자들의 출입이 한눈에 들어왔다. 그날이 마침 토요일 밤이라서 그런지는 모르겠으나 응급 환자는 10여 분 간격으로 119 대원에 의해 실려 왔다. 도착하자마자 환자를 간호사에게 인계를 하고 그들은 아무 소리 없이 침대를 접어 들고 쓸쓸히 돌아갔다.

  누구 하나 수고했다거나 고맙다는 인사조차 없었다. 생각해 보니 그럴 수밖에 없을 것 같다. 환자는 환자이기 때문에 그렇고 보호자는 환자를 부축하다 보니 인사 같은 것은 잊기 마련일 것 같다. 하지만 쓸쓸히 떠나는 구급대원들의 뒷모습을 보니 왜 이렇게 내 마음이 무거워질까!

  나는 십여 년 전, 구급대원들의 희생정신에 많은 감동을 받았기 때문이다. 1999년 5월 11일이었다. 나는 절친한 친구와 함께 산악회 버스를 타고 충북 단양에 있는 도락산 산행에 나섰다. 해발 994미터의 도락산은 가파른 암벽으로 형성된 악산惡山인데, 우리는 숨을 헐

떡이며 정상(신선봉)을 넘어 팔 부 능선쯤 되는 곳에 이르니 정오쯤, 잠시 쉬는 동안 친구는 담배에 불을 댕겼다. 몇 모금 맛있게 빨다가 쓰러지고 말았다.

 안색이 창백해지고 입이 돌아갔다. 말이 어눌해지고 눈동자의 초점이 흐릿해졌다. 반신이 마비가 되어 움직일 수가 없었다. 깊고 높은 산중이라서 그럴까, 핸드폰도 터지지 않았다. 가까스로 단양 119에 연락을 한 지 두 시간 뒤에야 구급대원 세 사람이 올라와 들것에 친구를 싣고 산을 내려왔다.

 단양 병원에 도착을 하니 저녁 6시. 그들은 4시간 동안 땀으로 목욕을 하면서 사투死鬪를 했다. 그러면서도 아무런 불평불만 없이 최선을 다했다. 그들의 숭고한 희생정신에 감명을 받았다.

 우리나라에는 수많은 공무원들이 존재하고 있다. 그중에서 내가 가장 신뢰하는 공무원은 119 구급대원들이다. 그들의 존재 목적은 소방이었으나 이제는 사회 전반의 궂은일을 도맡아 하고 있다. 화재 진압은 물론, 수중 인명 구조, 응급 환자 이송, 교통사고 환자 처리, 변사자 처리, 승강기 사고 처리, 산악 사고 처리, 심지어는 열리지 않는 문을 열어 달라고 불러 대는가 하면, 지난겨울에는 아파트에 매달린 고드름까지 제거해 주다가 고가 사다리의 고장으로 아까운 목숨까지 잃는 것을 보았다.

 서울시 소방재난본부의 집계에 의하면, 2010년도 1년간 119 구조 차량의 출동 횟수는 8만 2,316건으로 6분에 한 번꼴로 출동했다고 한다. 그들이 출동하는 곳은 가정에서 발생한 응급 환자의 이송도 있지만 거의가 위험 다발 지역으로, 시뻘건 화염 속이 아니면 차가운 강물 속이고 때로는 눈 싸인 깊은 산속을 헤매야 하는, 그러면서 얼마나 많은 119 대원들이 희생되었던가.

　그들에게는 각종 재난 속에서 인명을 구해 낼 의무만 주어져 있을 뿐, 아무런 권한이 주어진 게 없다. 그러기에 몰지각한 사람들이 허위로 장난 전화를 많이 하는 모양인데 긴급히 시정되어야 할 문제다. 그 장난 전화 때문에 정작 목숨이 경각에 달린 위급 환자를 구하지 못했다면 이는 간접 살인이나 마찬가지가 아니겠는가. 정부에서도 장난 전화만큼은 엄하게 다스려 꼭 근절시켜야 할 시급한 과제다.

　119 대원들은 타인의 생명을 구출하기 위해 자신들의 생명은 염두에 두지 않고 살신성인殺身成仁의 자세로 임하고 있다. 그런데도 우리는 그들의 노고에 대해 너무나 소홀하게 대하고 있는 것이 아닌지!

　다시 한 번 생각하면서 고마움을 느낀다.

박춘석

행보고 行補效

사람은 누구나 오래 살기를 원한다. 하지만 원한다고 해서 저절로 이뤄지는 것은 아니다. 이에 상응하는 건강 관리를 어떻게 하느냐에 따라서 어느 정도 수명을 연장할 수는 있을 것이다.

동서고금을 통하여 이 수명 문제를 둘러싸고, 의학계는 물론 여러 분야에서 줄기차게 연구를 거듭하여 온 결과, 지난날에 비해 뚜렷하게 수명이 길어진 것만은 사실이다. 그렇다고 여기서 멈추는 것이 아니라, 하루라도 아니 한 시간이라도 더 살고 싶은(자살자는 예외) 인간의 욕망에 편승하여, 정체불명의 민간 약품에서부터 의약품 또는 건강식품이란 미명하에 하루도 쉬지 않고 각 일간지의 광고란을 메우고 있다. 심지어 전면 광고도 허다하다. 과연 이런 것들의 약효가 얼마만큼 있다는 말인가. 액면 그대로라면 우리 사회에 난치병 환자가 없어야 하지 않겠는가. 그런데 각 의원, 병원에는 환자들이 넘쳐 나며, 그것도 좀 이름난 병원이라면 몇 달 전부터 예약을 해야

진료를 받을 수 있다니, 이론과 현실은 너무나 괴리가 크지 않은가?

하지만 "물에 빠진 사람은 지푸라기라도 잡는다."라는 말과 같이, 고질병에 시달리는 환자들이 효험이 있다면 이를 구입하려는 심리를 악용하여 민간과 시중에는 이들 건강식품이 홍수를 이루고 있다.

특히 우리나라 사람들은 너나없이 생의 집착이 강하기 때문에 건강에 좋다면 못 먹는 것이 없다. 심지어 지렁이, 굼벵이, 뱀에 이르기까지 무차별 먹어 댄다. 이렇게 건강을 챙기는데 어찌하여 세계 장수국의 대열에 못 끼는가? 지금까지 알려진 바에 따르면 일본, 중국, 파키스탄, 네덜란드 등을 꼽을 수 있다. 그렇다고 이들 나라 전체가 아니라 지역별로 한정되어 있다.

물론 환경과 체질, 식습관 등에 따라 차이가 있겠지만, 이들 민족의 공통적인 식품은 구운 빵(통밀 반죽), 우유(갓 짠), 요구르트, 채소(싱싱한), 과일 등이지, 지렁이나 굼벵이 등은 들어 있지 않다.

그러나 근래에 들어와 우리 사회는 건강 지키기에 온통 주력하고 있는 것 같다. "체력이 국력이다."란 말이 있듯이 체력은 곧 국가 발전의 원동력이 되는 것이다.

특히 요즘은 각 지자체별로 주민의 건강 챙기기에 경쟁이라도 하듯이 이에 힘을 쏟고 있는 것 같다. 주어진 지역의 특성을 충분히 활용하여 친환경적인 산책로에서부터 자전거 도로, 그리고 야외 운동 시설까지 갖춰져 시민들이 체력 단련하기에 매우 좋다는 호평을 받고 있다.

필자는 현재 대전 동구 대성동에 살고 있는데, 특별한 돌발 상황이 없는 한 매일 새벽 5시 정각에 집을 나와 행보를 하다 7시에 돌아온다.

집에서 500m쯤 걸으면 옥계교玉溪橋가 나온다. 여기서 밑으로 내려가 대전천大田川 천변에 만들어진 산책로 옥계교를 시발점으로, 중구 쪽을 향해 가오교加午橋, 석교石橋, 석천교石泉橋까지 2km를 보행하여, 여기서 되돌아와 시발점인 옥계교를 뒤에 두고 금산 쪽의 산책로를 따라 초지공원 입구까지 2.5km를 갔다 다시 옥계교로 와서 집에 돌아오면 약 2시간이 걸리는데, 1만 3천 보가량 걷는 셈이다.

나이 80에 10km 걷는 것이, 그것도 2시간 정도면 **빠른** 것인지, 아니면 느린 것인지 이에 대한 전문가의 조언을 받지 않아 알 수 없지만, 필자가 운동을 시작한 것이 꽤 오래되었다. 20여 년이 지났으니 말이다.

처음은 학교 운동장(200트랙)을 10바퀴 도는 조깅에서부터 시작하여, 도로 조깅에 이어 등산으로 다시 도로 보행으로 바꿔 가며, 무려 20여 년의 운동 경력을 지니고 있다.

그런데 매일 아침 운동하면서 느끼는 것은 사람의 체질, 연령, 성별에 따라 다르겠지만, 걷는 모습이 제각기 다르다. 특히 남녀의 모습이 특이하다. 대부분의 남자들은 양팔을 활기차게 앞뒤로 흔들며 보폭이 넓은 데 비해, 여자들은 팔을 좌우의 안쪽으로 원을 그리듯이 율동적으로 흔든다. 그야말로 백인백태百人百態다. 또한 옷차림도 다양해서 춘하추동의 4계절이 어우러져 생동하면서 큰 물줄기가 되어 흐르고 있다.

꽃 피고 화사한 향기가 흐르는 봄날인가 하면, 삭풍에 몸이 상할세라 두터운 옷차림에 장갑, 마스크, 모자를 깊게 눌러 쓴 겨울, 반바지 반소매의 훤히 들여다보이는 시원한 여름이 공존하며 같은 방향으로 세차게 흐르고 있으니, 정말 아름다운 모습이 아닌가?

이 군중 속에는 10대에서부터 90대까지 혼재해 있는데, 남자보다 여자들이 많은 편이다. 주로 연로한 남녀들이 대부분이다.

그리고 이 중에는 가끔 조깅하는 젊은이들도 있고, 자전거를 타는 사람들도 눈에 띄는데 여간 조심스러운 게 아니다. 아무 경고음도 없이 뒤에서 불쑥 나타나 보행자의 옷깃을 스치며 씽씽 달려가니 아찔할 때가 종종 있다.

자전거의 전용도로를 별도로 개설하든지 아니면 부득이 공용해야 한다면 자전거 이용자들이 각별히 조심하여 보행자와의 충분한 거리를 두고 타야 할 것이다.

이것이 공동체 생활에서 지켜야 할 시민의 예의인 것이다. 이 예의를 지키지 않으면 시민의 자격이 없는 것이다. 이 자격이 없으면 공동체 생활에서의 믿음이 상실되어 곧 공동생활이 붕괴되는 것이다.

그러므로 공동체 생활의 첫째 조건은 믿음이다. 이 믿음과 믿음이 연결되는 사회를 이뤘을 때, 비로소 복지국가가 건설되어 시민이 행복해지는 것이다.

요즘처럼 건강 지키기에 주력하는 선량한 시민에게 믿음을 주는 건강식품, 의약품을 만들어 명실상부한 장수국 만드는 데 협조해야 할 것이다. 그러나 "약으로 보신하는 약보藥補보다는 식보食補가 낫고, 식보보다는 행보行補가 더 좋다."고 했으니, 이 걷기 운동이 건강 지킴의 으뜸인 것이다.

"걸으면 밥맛이 좋아지고, 의욕을 북돋우고, 건망증을 극복하고, 요통 치료에 효과가 있고, 고혈압도 치료되며, 뇌가 젊어진다."고 합니다. 친애하는 시민 여러분 쉬지 말고 열심히 걸으십시오.

필자는 오늘도 10km를 힘차게 걸었습니다.

백부흠

흡연실 풍경

　노인들의 권위가 마구간의 쇠똥처럼 짓밟혀도 항변할 주장도 비켜 갈 대안도 어거지 쓸 용기조차도 없는 노인들이다. 술은 어른들 앞에서 돌아앉아 마실 수 있어도, 돌아앉아서도 피지 못하는 것이 담배다. 숨어서 피우고도 안 피운 척 뻔한 사실도 숨겨야 하는 것이 우리의 담배 예절이다. 그런데 지금은 손자와 할아버지를 한자리에 몰아넣고 맞담배질을 강요당하는 곳이 흡연실이다.
　세상이 바뀌었다고는 하지만 막냇자식 같은 놈과 한자리에서 맞불질을 하다니, 한심한 생각이 들어서, 문을 쾅 닫고 돌아서 나오려는데 찐득한 니코틴에 절인 마녀가 발목을 잡는다. "한 대 피고 가시지. 비행기에 오르면 못 피지 않소." 니코틴 중독…. 서글픈 마음 누르고, 다시 문을 열고 들어섰다. 천장에 머물던 연기가 밖으로 빠져나가지 않고 허공에 머물며, 나를 가리켜 손가락질을 한다. 이 줏대 없는 늙은이야….

담배가 우리나라에 들어올 때 원산지에는 없는 도덕률道德律이 생겨났다. 어른 앞에서 흡연을 못한다는 습관이 4백여 년이나 이어져 왔으니 숨어서 피우고 밖에 나가서 피우자니 세대 간에 불편과 시간 낭비가 연출된다. 이렇게 비합리적 낭비도 6·25 전에는 비교적 잘 지켜지던 흡연 습관이었다. 그러나 군대를 갔다 와서는 노소와 위아래의 분별조차 없어지더니 이제는 아예 한방(흡연실)에 몰아넣고 맞담배질을 하란다. 싫으면 담배를 끊던가?

세계에 유례없는 담배 예절이 생긴 것은 담배가 처음 들어올 때, 상품으로 수입되어 널리 보급된 것이 아니고 사신 편이나 아니면 왜관倭館을 통해서 조금씩 흘러들어 와 어른들이 아껴 피우는 것을 젊은이들이 몰래 숨어 피운 데서 생겨난 습관이 예절로 굳어진 것이지, 삼강오륜三綱五倫처럼 인간의 기본 도덕률은 아닌 듯하다. 이렇게 생긴 예절이라고는 생각을 하면서도, 세 살 버릇 여든 간다고 오랜 세월 고착된 관습이어서 손자뻘과 맞담배질하기는 어딘가 어색하다. 나만 어색한 것이 아니고 마주 앉은 젊은이도 불편한 눈치다.

입힘 좋은 젊은이들은 빡빡 빨리 빨고 연기 자욱한 흡연실을 빠져나갔다. 이제 텅 빈 방에 혼자 남았으니 남의 눈에 거슬릴 것도 없다. 마음 편히 한 대 피울까 했더니 이번에는 새파랗게 젊은 여성이 들어와, 건너편에 앉아 양담배를 꼬나물고 핸드백을 뒤진다. 라이터가 없는 모양이다.

"아저씨, 담뱃불 좀 얻읍시다."

아저씨란 말이 듣기 싫지는 않다. 이 아가씨는 지금 막 미국에서 온 모양이다. 담배를 무는 품이나 불을 달라는 태도가 조금도 어색하지 않고 나이에 관계없이 너와 내가 동등하다는 분명한 태도다.

"담배를 피우려거든 라이터를 갖고 다니지?"

그때서야 얼굴을 쳐다보더니 고운 표정으로 인사를 한다. 상냥하게 웃음 띤 선진국형 얼굴, 침울하고 긴장된 후진국형 얼굴이 아니다. 두 다리를 포개고 앉아 쭉— 빨아들였다가 후우— 하고 내뿜는 모습이 중독이 돼도 보통 중독이 아니다. 50여 년을 피운 나보다 훨씬 멋있고 맛있게 피운다.

담배가 몸에 해롭다고 가는 곳마다 금연을 써 붙이고 홍보 방송을 하는데도 흡연실은 만원이다. 자욱한 담배 연기, 갤갤거리는 환풍기 소리 요란한데도 신문에 눈을 팔고, 입에 문 담배가 떨어질까 입술을 꼭 다문 신사, 이제 고등학교를 갓 나온 듯한 젊은이, 그 꼴들이 보기가 민망한 듯 창밖으로 고개를 돌리고 먼 산을 바라보며 힘없이 연기를 흘리는 중늙은이, 007 가방을 든 젊은이는 무엇이 그리도 골똘한지 손가락 사이에 타들어 가는 담뱃재가 마룻바닥에 떨어진다.

콜럼버스가 미 대륙을 발견했을 때 인디언들이 담배를 피우더라고, 담배 역사가 500여 년인 것으로 알려졌는데, 피라미드 속의 인핵에서 니코틴과 코카인 성분이 검출되었다니 담배의 역사는 5천 년을 넘어선다. 이렇게 오랜 역사를 통해 인간이 애호하던 담배가 오늘날에는 인간의 공적公敵으로 몰리고 그 퇴치에 골몰하고 있다. 비행기, 기차, 지하철 등 공공장소는 물론 가는 곳마다 금연장을 지정하고 포위망을 압축해 온다. 이런 가운데 특별히 배려된 곳이 흡연실이다.

담배를 인류의 공적으로 만든 것은 과학이다. 니코틴을 분석한 결과 피우는 본인보다도 옆에 있는 간접 흡연자가 더욱 피해를 입는다고 발표하자, 아버지는 안방에서 베란다로 쫓겨났고, 애연가인 직장 상사는 비상계단으로 몰래 숨는다. 과연 담배가 해롭기만 한 것일까? 과학이 찾아내지 못한 부분은 없었을까?

과학이 분석한 것은 담배에 함유된 성분을 밝혔을 뿐, 인간의 정신에 미치는 영향은 검토되지 않은 것 같다. 내가 끊었던 담배를 새로 피우는 이유는 쓰던 글이 막혔을 때 한 대의 담배가 필요했다. 생각이 흩켰을 때 경혈經穴을 뚫어 주는 것은 역시 담배다. 이때의 담배는 혈통초穴通草, 당황할 때 피우는 담배는 진정초鎭靜草, 심심할 때 피우는 심심초, 땀 흘려 일하고 피우는 안식초安息草, 성취감에 취해서 피우는 희열초喜悅草, 울화가 치밀 때, 졸도를 예방하는 구명초救命草, 격분을 참게 하는 백인초百忍草, 이해 못할 사안을 타들어 가는 담배 연기에 실어 인생무상을 깨닫는 초연초超然草, 이러한 것들이 담배의 진맛이다. 특히 정신노동을 하는 사람들은 생각이 벽에 부딪혔을 때, 한 대 피워 물면 벽이 뚫리는 경험을 했을 것이다. 그것은 담배를 피우는 순간 혈압이 내려간다는 의학적 근거가 뒷받침해 준다. 혈압 하강이 과열된 두뇌를 식혀 주는 찰나 사고의 물꼬가 트이는 것이 아닐까.

아무래도 담배를 끊기는 끊어야겠다. 이웃이 시끄러워서가 아니라 귀천歸天의 준비를 위해서다. 이승에 올 때는 천사의 몸 빌렸다가, 이승을 아주 뜨는 날, 니코틴에 시커멓게 절인 몸 돌려주면 과연 받아 주기나 할는지?

백인영

대동강 사연

　낙랑과 고구려의 기나긴 세월을 더듬으며 유유히 흐르는 대동강, 모란봉 부벽루를 머리에 이고, 능라도와 청류벽 푸른 기슭에 입 맞추면서 오늘도 대동강은 말없이 흐르는데, 한번 헤어진 뒤 다시는 만날 길이 막혀 버린 대동강 사연은 점점 더 멀리 세월의 뒤안길로 사라져 가고 있다.
　1950년 11월의 평양은 몹시도 차가웠다. 쌀쌀한 날씨인데도 대동문 앞은 북쪽에서 밀려드는 피난민들로 북새통을 이루고 있었다.
　압록강을 건너 계속 밀고 내려오는 중공군 때문에 여기 평양도 점령될 것이니 시민들도 빨리 떠나야 한다고 아우성이었다. 또다시 공산 치하가 된다는 말인가. 다급해졌다. 가만히 있을 수가 없었다. 간단히 요기를 하고는 피난 보따리를 싸 들고 집을 나섰다. 일단 대동강은 건너 놓고 보자는 심산이었다.
　꼬리에 꼬리를 물고 후퇴하는 군용 차량들이 시민의 마음을 더 불안하게 했다.

  그런데 큰일이 아닌가. 강에는 다리가 대동교 하나뿐인데 그 다리는 군용 차량 전용이 되었으므로 민간인 접근이 아예 금지되었기 때문에 피난민들은 대동문 나루터에서 나룻배를 타고 건너야만 하니 이 난리였던 것이다.

  저마다 앞다투어 먼저 타려고 밀려드는 피난민들의 물결 앞에서는 질서 유지란 불가능했다. 치안대원들이나 미군 MP들도 속수무책이었다.

  밀고 밀리다가 추위 속에 물에 떨어져 허덕이는 사람, 안 보이는 가족을 찾노라고 외치는 사람, 보따리가 물에 떨어져 울부짖는 사람 등, 별의별 사람들 아우성으로 나루터는 그야말로 아비규환 바로 그것이었다.

  이러기를 몇 시간이나 부대꼈을까. 점심때 집을 나섰는데 해 질 무렵에야 간신히 나룻배 한구석에 올라탔으니 아마 대여섯 시간은 걸렸으리라. 일말의 안도감과 함께 노곤한 피로감이 한꺼번에 몰려왔다.

  이런 판국에서 정원 초과란 아예 문제가 될 수 없었다. 콩나물시루같이 빼곡하게 피난민들을 실은 나룻배는 그야말로 조심에 또 조심을 거듭하면서 노를 저어 나갔다. 조금이라도 배가 기우뚱하게 되면 배는 그대로 뒤집히고 말기 때문이다. 그래서 조마조마한 마음 때문에 건너편에 닿을 때까지 긴장감을 놓을 수가 없었다.

  어둠의 장막이 내리기 시작하는 동평양 거리는 컴컴하고도 삭막했다. 난리 통에 송전 시설이 파괴되어 가로등이 모두 꺼져 있었기 때문이다. 이 어두컴컴한 길거리를 피난민들은 계속 줄지어서 남쪽을 향하여 발길을 옮기고 있었다.

일단 강을 건너서 전황을 살피기로 했기 때문에 우선 천도교 동평양 교당을 찾았다. 교당은 이미 선착한 피난민들로 웅성거리고 있었다.

우선 피난 교인들과 인사와 소식을 주고받다가 피곤한 터라 금방 잠에 빠졌는데 그만 뜻밖의 일이 벌어지고 말았다. 잇따라 터지는 요란한 폭음은 곤히 잠들었던 사람들을 소스라치게 놀라며 후다닥 일어나게 했다.

"중공군의 포격이다!" 누군가가 소리쳤다. 벌써 중공군이 여기까지 내려왔다는 말인가. 모두의 가슴은 철렁하지 않을 수가 없었다.

동작 빠른 사람들은 벌써 짐을 꾸려서 떠나고 있었다. 영락없는 중공군의 포격 소리로 알았던 것이다. 줄을 이어서 후퇴를 거듭하는 군용 차량들의 행렬로 보아서 평양도 완전히 포기한 것이 분명해졌다.

'이렇게 된 이상 다시 강을 건너 집으로 돌아가기는 틀렸나 보다.' 발길은 남쪽을 향하고 있으면서 북쪽으로 돌려지고 있었다. 나중에야 알려진 일이지만 어젯밤에 연방 터졌던 폭음은 중공군의 포성이 아니라 실은 미군이 철수하기에 앞서 폭파시킨 기름통들의 폭발음이었던 것이다.

국도는 후퇴하는 군용 차량들의 작전 도로가 되어 버렸기 때문에 피난민들은 남부여대하고 철로를 따라서 남행 길을 더듬을 수밖에 없었다. UN군의 공습으로 철도는 완전히 마비되어 있었으므로 기차가 없는 철로는 고스란히 피난민들의 전용 도로가 되어 버렸다. 평양에서 서울까지 고스란히 걸어서 남행 길을 더듬어야 하는 20세기의 도보 여행이 시작된 것이다.

걸으면서 생각했다. 옛날 서북 지역 선비들은 과거를 보려고 이렇게 해서 서울까지 걸어 다녔겠구나 하고. 일단 대동강만 건넜다가 전세가 호전되는 대로 다시 38선을 넘는 것이 피난민들의 유일한 목표가 되고 말았다.

고향을 등지고, 가족을 남긴 채 맨주먹으로 남쪽을 향하는 피난민들의 발바닥은 수없는 물집들이 잡히고, 절룩이며 걷는 그 행렬은 끝없이 이어지고 있었다.

동족상잔의 비극인 6·25 사변, 그 비극이 낳은 수백만의 남북 이산가족들은 이렇게 해서 생기게 되었고, 그 후 60여 년간 소식조차 오갈 수 없는 분단의 장벽은 점점 더 굳어 가기만 한 것이다.

모란봉과 청류벽, 그리고 능라도와 대동강을 안고 있는 평양은 자고로 산수 수려한 미도美都였을 뿐만 아니라, 평양 기생으로 유명한 색향色鄕으로도 이름이 높았다. 그러기에 팔도에서 내로라하는 시인묵객들과 한량들이 앞다투어 모여들던 예향이 아니던가. "평양 감사도 저 싫으면 그만"이라고까지 했던 콧대 높은 고장이다.

능라도 바로 밑에는 모래섬이 하나 있었다. 그 모양이 반달처럼 생겼다고 해서 반월섬이라고 불렀는데 여름에는 시민들의 수영장으로, 그리고 겨울에는 빙질이 좋아서 해마다 빙상 대회가 열려서 축제의 분위기가 고조되곤 했다.

이제 대동강과 헤어진 지 회갑 세월이 흘렀으니 지금의 대동강은 아마도 그 모습이 엄청나게 달라져 있으리라.

"십 년이면 강산이 변한다."고 했다. 그 십 년 세월이 소식조차 끊긴 채, 여섯 번이나 지났으니 왜 안 그러랴. 가끔 텔레비전 화면에 나오는 대동강 모습을 보면 마치 이국의 어느 강을 보는 것처럼 낯설게 느껴진다. 헤어질 때의 내 나이가 약관의 청춘이었는데 지금은 서리가 가득한 노인이 되어 버린 것처럼 말이다.

요새 돌아가는 형세를 보면 대동강을 다시 만날 기약은 그저 요원하기만 하다. 임진각에서 날려 보내는 풍선 소식도 거기까지 가 닿으려면 너무 먼 거리이고.

해마다 추석 때가 되면 임진각에 마련된 망배단은 실향민들의 물결로 넘쳐 난다. 그들은 모두 북에 있는 가족들과 헤어질 때 급한 대로 우선 대동강만 넘었다가 전세를 보아서 다시 돌아오겠다고 굳게 약속하고 떠났던 사람들이다. 이제 그 약속이 허망하게 사라져 버린 그들은 애통한 가슴을 안고 생사조차 모르는 북쪽 가족들을 향하여 안부의 인사를 드리고 있는 것이다.

올해에도 추석을 맞아 그들 속의 한 사람이 되어 애틋한 마음으로 북녘 하늘 아래 어디 있는지조차 모르는 가족들과 대동강을 그리며 메아리 없는 마음의 엽서를 띄워 본다.

서태수

노인 예찬

봄은 꽃으로 아름답고 가을은 잎으로 아름답다.

봄과 가을은 모두 붉게 번지는 꽃불의 계절이다. 꽃은 낱낱의 송이마다 꽃으로 피어나고, 가을 잎은 삼삼오오 벗을 모아 단풍으로 번져 난다. 청춘靑春의 피부처럼 싱그러운 꽃은 혼자서도 꽃이지만, 노년老年의 피부처럼 까칠한 낙엽은 어울려서 꽃이 된다. 청춘은 화병에 꽂아 놓고 감상하는 꽃이고, 노년은 책갈피에 끼워 두고 사색하는 단풍이다. 화사한 꽃같이 아름다운 청춘은 꽃봄[花春]의 계절이고, 메마른 단풍같이 아름다운 노년은 잎봄[葉春]의 계절이다.

꽃봄 인생이 잉걸불이라면 잎봄 인생은 잿불이다. 꿈꾸는 미래를 장작더미로 불태우는 청춘은 오늘의 향기로 벌과 나비를 불러 모으지만, 이미 헌신한 제 몸의 찌꺼기를 불태우는 노년은 지난날의 향기로 인생의 상념想念을 불러 모은다.

꽃봄 인생은 현재의 아름다움에 도취하고 잎봄 인생은 지난날의 아름다움에 도취한다. 화려한 빛깔과 부드러운 살결을 뽐내는 꽃은 가까이서 보면 더 향기롭고 아름답지만, 까칠한 피부에 검버섯 돋아난 단풍은 멀리서 보아야 아름답다. 손거울을 들고 다니는 청춘은 꽃밭 속에 꽃이 되어 사진을 찍고, 집에 거울을 두고 다니는 노년은 아름다운 산을 배경으로 사진을 찍는다.

꽃봄 인생이 생명의 확산이라면 잎봄 인생은 불티의 확산이다. 대지의 열기를 모은 봄꽃은 부드러운 숨소리를 아지랑이로 내뿜고, 하늘의 냉기를 받은 낙엽은 힘겨운 숨소리를 기침으로 내뱉는다. 강둑에서 피어오른 봄꽃은 따뜻한 햇볕 쏟아지는 산등성이로 타오르고, 산꼭대기에서 번져 내려온 단풍은 마을 어귀를 굽이지는 강물 위로 젖어든다.

꽃은 씨방을 키우기 위해 붉은 교태를 부리고, 잎은 자양분을 공급하기 위해 푸른 노동을 한다. 꽃이 촉촉한 입술을 은밀하게 오므리고 펴면서 화사한 몸짓으로 삶의 영속永續을 위한 새 생명의 잉태를 꿈꾸는 동안, 잎은 좌우심실左右心室로 나뉜 심장에서 벋어 나온 굵고 가는 엽맥葉脈 핏줄을 통해 온몸에 피돌기를 계속한다. 밤낮 숨 고르기를 하며 넉넉한 그늘로 덮어 주는 잎은 어머니의 심장 박동처럼 제 품에 안겨드는 곤고困苦한 세상사를 포근하게 품어 준다.

잎봄 인생이 치아가 다 빠진 채 마른 입술로 오므라든 것은 제 몸의 수정受精을 끝냈기 때문이요, 검붉은 핏줄이 온몸으로 불거져 나오는 것은 꽃봄 인생이 남긴 열매를 위해 마지막으로 내뿜는 힘겨운 심장의 펌프질 때문이다. 꽃잎은 황홀한 수정으로 제 몫을 다하지만 나뭇잎은 거친 제 살갗이 다 헤질 때까지 잎맥을 통해 내보내는 **따뜻한 호흡을 멈추지 않는다. 이는 곧 허리 굽은 부모님이 제 씨방에서 터져 나간 먼 곳의 자식들에게 보내는 한결같은 마음이다. 그것이 때로**

는 아파트 발코니에서 하염없이 허공을 바라보며 두 손 모으는 시름겨운 마음일 수도 있고, 때로는 먹거리를 위해 해종일 김을 매는 애틋한 마음일 수도 있다. 어느 쪽이든 마음의 고향에는 이글거리는 햇살 아래 하얀 왜가리 한 마리가 엎드린 푸른 밭고랑이 있는 것이다.

 꽃이 먼동 빛이라면 단풍은 석양빛이다. 동산 너머에서 발돋움한 팽팽한 얼굴의 꽃봄 인생은 풋풋한 몸으로 파란 하늘의 흰 구름을 향해 더 높이 훨훨 날아오르며 진한 꽃향기를 내뿜는다. 그때 허연 머리 이고, 굽어진 허리 부여잡고, 무릎 휘청거리는 잎봄 인생은 서산 너머로 사위어 가는 제 그림자 허위허위 끌고 가면서도, 세월의 연륜 담아 짙게 패인 굵은 주름, 검버섯 듬성듬성한 얼굴에서 향수 어린 흙 내음을 풍긴다.

 당唐 시인 두목杜牧이 '산행山行'을 하면서 "서리 맞은 단풍이 봄꽃보다 더 붉다[霜葉紅於二月花]."라고 한 것이 어디 꽃의 아름다운 겉모습만 보고 읊은 시구詩句이겠는가.

 가을은 이미 제 몸의 모든 기운을 다 소진한 탓에 본바탕은 노인의 빛깔인 은빛(silver)이다. 조락凋落의 계절이 지나 단풍잎마저 다 떠나보낸 앙상한 나무들이 탄탄한 몸으로 겨울을 맞을 즈음, 살얼음 지피는 강둑이나 찬 서리 흩뿌리는 산기슭으로 올라 보라. 온몸으로 부대끼며 강과 산을 푸른 바람으로 비질하던 갈대숲, 억새숲이 어느덧 세월의 겨울바람 되어 은빛 물결로 일렁이고 있음을 본다. 이때는 휘몰이로 굽이지던 도도한 물길도 긴 생애生涯의 하류下流에 이르러 유유한 은빛으로 반짝이고, 어쩌면 금세라도 하얀 눈 몇 송이를 겨울꽃으로 피워 내릴 것 같은 하늘도 은빛이다. 그래서 잎봄 인생인 노년은 'silver spring'으로 의역意譯함이 좋다.

 꽃은 떨어질 때도 꽃 비가 되어 아름답지만 잎은 떨어지면 우수수

처량하다. 낙화洛花는 이내 녹아 버려 화려했던 한때의 젊음은 흔적도 없이 사라져 꿈속에다 아련히 묻지만, 낙엽落葉은 겨우내 제 뿌리를 덮고 있다가 봄비를 맞으면 그때야 다 헤져 버린 제 육신을 흙 속에 묻어 거름으로 마지막 봉사를 한다.

꽃은 떨어져 씨앗을 남기고 잎은 떨어져 눈[芽]을 남긴다. 지는 날까지 붉은빛을 잃지 않는 꽃봄 인생은 열매를 잉태해서 행복하지만, 연둣빛으로 태어나 푸르른 삶을 살다 붉게 어우러지는 단풍 되어 한 줌 부엽토腐葉土로 돌아가는 잎봄 인생은 다 주고 가는 껍데기라서 행복하다.

소성자

임금님 귀는 당나귀 귀

 당나귀처럼 생긴 임금님 귀를 말하고 싶어 병이 날 지경인 이발사가 참다못해 깊은 산속에 들어가 "임금님 귀는 당나귀 귀" 하고 외쳤다는 동화가 있다.
 '모든 비밀은 내 입에서 나간다.'
 미국 시민권자인 우리 사위는 매사에 너무 멋지고 훌륭해 나도 "임금님 귀는 당나귀 귀" 외치고 싶지만 주위의 시선과 "사촌이 땅을 사면 배가 아프다"는 심리를 알기에 인내심으로 버틴다.
 사위는 매사에 투철한 헝그리 정신으로 회사 일에 전념하고 카리스마가 넘쳤다. 12세에 미국에 간 사위는 '우렁각시' 처럼 진중하고 양반 기질이었으나 이방인으로서 느낀 문화적 충격에 '아! 내가 이곳에서 살아남으려면 강해져야 돼.' 무섭게 '보디빌딩' 으로 몸을 단련시키고 우선 큰 목소리 내기에 집중했단다.
 미국에서 부전공으로 심리학을 했다며 강렬한 영감으로 사람을 꿰

뚫어 보는 심미안이 있었다. 어느 날 늘상 영혼이 허허로운 날갯짓으로 방황하는 장모에게

"어머니, 그동안 신념으로 간직하고 계신 소망 이제 펼쳐 보세요. 그림을 그리시든지…. 아니면 글을 써 보셔요."

정곡을 찌른 듯한 그 한마디에 고집으로 일관해 온 '나는 못한다' 라는 편견과 아집에서 벗어나기로 했다. 책이 나올 즈음

"어머니, 혹여 앞으로 책으로 인한 예기치 못한 불상사에 특별히 조심하셔요."

조심스레 운을 떼 주었어도 그 뉘앙스를 전혀 눈치채지 못했다. 그러나 시간이 지나면서 사람은 슬픔 속에서도 의연하게 미소 지을 수 있어야 한다는 사실을 깨달았다. '기대가 크면 실망한다' 는 속 깊은 사위의 배려였음을….

가족에 대한 애착이 남다른 사위는 증권에 손을 댔다 허우적거리는 처남이 만나자는 말에 위로에는 지혜가 필요하다며 돈보다 소중한 진심을 우선으로 했다. 그 후

"엄마! 제부는 내가 죽을 때까지 잊지 못할 평생 은인이에요."

아들의 고백을 들었다.

어느 날 불평불만에 허우적댈 때 아들은 큰소리로

"엄마, 아무것도 생각하지 마시고 하나님께서 보내 주신 '귀한 보물' 사위 생각만 하고 지내셔요."

했다. 그 말은 백만 번 옳은 말로 가슴에 와 꽂혔다. 지난 세월 내 삶의 발자취엔 '배반의 장미' 처럼 뭇사람들이 할퀴고 짓밟은 상처 투성이의 흔적만 남았다. 결혼 초 학창 시절에 자존심 강하고 콧대 높은 친구가 별안간 찾아왔었다. 그 시절 죽음으로 몰고 갔던 폐결핵 3기 사형 선고를 받고 마지막 약값을 구하러 온 것이다. 친구는

큰돈인데 거절당했으면 그 길로 자살하려고 극약을 준비했었단다. '생명의 은인'으로 눈에 흙이 들어갈 때까지 은혜를 잊지 않겠다며 눈물을 흘렸다. 그 후 폐결핵을 고친 친구에게 신랑감과 약값의 몇 십 배의 결혼 비용을 대주어 '불꽃놀이' 같은 기적적인 결혼을 시켜 주자 친구는 신데렐라가 되었다. 그러나 소리 없이 미국으로 이민 갔다는 소리가 풍문에 들렸다. 그 후 아들의 테네시 주립대학 졸업식에 갔다가 수소문 끝에 그 친구에게 전화를 했다.

"우리 크고 좋은 집에 이사했어."

"그러니? 축하해, LA 가면 너희 집 갈게."

"응…. 그런데 너 재워 줄 방은 없어."

"…!"

무색할 정도로 딱 잘라 거절하는 말을 들으니 독배를 마신 느낌이었다. '생명의 은인'이라며 맨발로 쫓아오지는 못할망정 '세상에 이럴 수가…!' 세월이 빚어낸 슬픔 앞에서 피를 토하는 심정이었다.

나이 들어 감에 부동산에 관심이 많은 '정보통'이다 보니 스케일이 적은 남편으로 애로가 많은 교회 친구에게 힘을 실어 주는 계기가 있었다. 몇 년을 내 일처럼 물심양면으로 뒷바라지한 결과 드디어 한 달에 3천만 원 이상 수입이 들어오는 '고시원' 사장이 되었다. 뿌듯한 보람을 느낄 즈음 때맞춰 『미주알 고주알』 책이 출간되었다. 어렵사리

"이제 나를 도와주실 차례예요." 했더니

"나 돈 없어요!"

단칼에 말을 잘라 버리는 순간 그동안 쏟았던 정성과 배려가 구둣발로 뭉겨지는 듯한 모멸감에 휩싸였다. "은혜는 돌에 새기고 원망은 물에 새겨라." 모두가 물거품이었다.

소성자 175

그동안 크고 작은 배신으로 점철된 일련의 사건들로 휘청거릴 수밖에 없었다. 그러나 그러나 하나님은 너무나 공평하셨다. "빼앗긴 들에도 봄은 왔다." 그동안 잃었던 모든 것을 보상해 주고 상처 받은 내면의 아픔을 치유시켜 준 자랑스러운… 세상에서 둘도 없는 사위를 만난 것이다. 부엌에 앉아 있을 때 '나는 어머님의 고통, 회한 다 알아요.' 하는 듯 어깨를 '툭툭' 치고 지나가면 사춘기 소녀처럼 부끄러워 어쩔 줄을 모른다.

딸이 집에 있던 물건이 자꾸 없어진다며 도우미 아줌마 이야기로 고슴도치처럼 털을 세우면

"나보다 못한 불쌍한 사람인데 가져가기 전에 많이 사서 먼저 드려."

항상 인간적인 위로를 우선시하며 일전에는 아무도 모르게 병원에서 돈이 없어 수술 못 받는 사람들을 위해 '금일봉'을 희사했단다. 병원 측에서

"요즘 젊은 세대들 극도의 이기주의에 빠져 자기밖에 모르는데 대단하셔요!"

사진을 찍어 화보에 내려 하자

"오른손이 한 것 왼손이 모르게." 하며 삼십육계 도망을 갔단다.

결혼해서 10년이 넘는 지금까지 한 해도 거르지 않고 본가 처가 모두 해외여행을 시켜 주는 효자다. 어디를 가든 비지땀을 바가지처럼 쏟으며 노할머니의 휠체어를 끌어 드렸다. 하와이 여행 갔을 때 야자수 남방을 입은 사위와 마주쳤을 때

"어머! 엘비스 프레슬리 같애." 소리치자

"어머니 오바오바."

그 후 주책스런 장모 별명은 오바마 대통령 비슷한 '오바오바'다.

'인류애'의 정신이 투철한 가슴 따뜻한 자랑스러운 우리 사위!

내 인생의 남은 세월 주머니 속 남은 과자를 어떻게 보람 있게 먹어야 하는지를 가르쳐 주었고, 유독 시리고 추웠던 지난 세월 무겁게 짓누르던 절망의 추들을 하나씩 내려놓게 한 멋진 사위! 팔불출이라고 흉봐도 좋다.

"임금님 귀는 당나귀 귀"처럼 "자랑스러운 우리 사위 너무 멋져요." 광화문 네거리에 나가 외치고 싶은 마음이다.

손수여

지도자와 참모의 역할

조선조 개국공신 중에 삼봉 정도전 선생이 있다.

위화도 회군 장수 중 가장 카리스마적인 분이 이성계가 아닐까? 고려왕조에서 피 한 방울 흘리지 않고 조선을 개국한 장군이 이성계이다. 역사에서는 역성 혁명으로 불린다. 이성계는 조선을 개국하고 나랏일 국사를 논의하기 위하여 스님을 가까이 했다. 이래서 유학을 장려하고 불교를 억압하는 정책-소위 숭유억불정책을 편다고 하였으나 무학 스님을 왕사로 삼고 자문을 많이 받았다. 그도 그럴 것이 무학의 권유로 보리암에 백일기도 후 조선왕조에 등극하게 된다.

"남해 보광산에 이러이러한 절이 있는데, 영험하여 100일 기도에 정진하면 한 가지 소원을 반드시 이룬다."고 이성계에게 권유했다. 그리하여 이성계는 기도에 들어가고 99일 후 100일 새벽에 양 꿈을 꾸고 선몽을 하였다고 해몽을 무학에게 부탁하니 "천하유아독존이 될 것이외다."라고 하여 좀 더 쉽게 설명하라고 하니 "양이 뿔과 꼬리가 빠져 버리는 꿈을 꾸었다." 이것은 필시 왕이 될 꿈이다. 양의 한자 '羊'에서 뿔과 꼬리를 떼고 나면 가운데 '王'자만 남는다. 그 후 이성계는 조선 태조로 등극하게 되고 어느 날 3정승 6판서를 불러, "보광사는 소문 그대로 영험한 절이니, 사찰이 있는 이 산을 보은하는 뜻에서 산 전체를 비단으로 두르게 하라."고 명하자, 당시에 감히 그의 명을 거역할 자는 없었다. 시간이 지나고 명령을 지킬 일만 남았다. 그러던 중 정승 가운데 한 사람이 상소를 올리고 고했다.

"전하, 보광산 전체를 비단으로 두르려면 막대한 예산과 노력이 들고 금방은 보기가 좋을 것이나 비바람에 의해, 곧 산의 수목이 자라는데 불편하고 더럽히게 될 것이외다." 그 뜻을 받들어 비단 '금'자를 넣어 이름을 지어 준다면 천추에 길이 빛나리라고 진상하여 '보광산'이 '금산錦山'으로 개명되어 6백 년이 지난 지금까지 전해 오고 있다.

> 30년 긴 세월 온갖 고난 겪으면서 쉬지 않고 이룩한 공업功業
> 송현방 정자에서 한잔 술 나누는 새 다 허사가 되었구나.

정도전이 이방원에게 참수당할 때 남겼다는 시다. 조선시대 내내 정도전은 대역죄인이었다. 어린 세자(방석)를 끼고 이방원을 비롯한 왕자들을 제거하려는 음모를 꾸몄다는 죄로, 광해군 때 허균이 역모죄로 체포되었을 때 정도전이 시를 좋아했다는 것이 그 증거로 제시되기도 했을 정도였다고 한다.

조선 역사에서 비록 외면당했지만 그 500년 씨앗을 잉태한 것이 삼봉의 30년 공적이었다. 억불숭유라는 조선의 기본 이념을 비롯해서 조선의 법, 정치, 경제, 군사, 문물, 제도의 기초를 닦았고 경복궁과 한양의 도심 설계, 4대문, 4소문과 동네 이름이 모두 그의 손에서 나왔다.

> 군주는 국가에 의존하고 국가는 백성에 의존한다. 그러므로 백성은 국가의 근본인 동시에 군주의 하늘이다.
> 의식衣食이 풍족해야 염치를 알고 창고가 가득 차야 예의가 일어난다.
> 나라는 백성을 근본으로 삼고 백성은 먹을 것을 하늘로 삼는다.
> ―『조선경국전』중에서

 역성 혁명을 가능케 했던 급진적 민본주의 사상으로 난세를 돌파하면서, 새로운 세상을 연 정도전의 이상과 자취가『삼봉집』에 들어 있다. 조선 헌법『경국대전』의 모태가 된『조선경국전』과『경제문감』, 억불숭유의 이념을 제시한『불씨잡변』등의 이론서와 시, 수필 등이 담겨 있다. 그의 생전에 처음 간행 후 계속 중보돼 정조 때(1791년) 완벽한 모습으로 만들어졌다.『삼봉집』목판본은 이때 만들어진 것으로 14권 258판 중 236판이 삼봉기념관에 소장돼 있다.

 삼봉은 원래 외가 충북 단양에서 태어나고 자랐다고 한다. 단양 8경 중의 하나인 도담삼봉에 얽힌 전설을 들어 보기로 하자. 남한강에 위치한 제1경인 도담삼봉은 강 가운데 솟은 봉우리가 셋으로, 가운데의 가장 큰 봉우리를 중심으로 좌우 두 봉우리를 거느리는데, 큰 봉우리를 '장군봉(또는 남편봉)' 이라 한다. 속설에 의하면 이 장군은 아들이 없었는데 첩을 얻어 아들을 낳았다고 한다. 아들을 임신한 모습을 한 남쪽 봉우리가 '첩봉' 이요, 남편이 기뻐하는 것을 보고 시기하여 토라진 모습으로 돌아앉은 듯한 북쪽 봉우리가 '처봉' 이라 한다. 조선 초의 빼어난 유학자로 문학, 풍수와 천문, 정치에 밝은 정도전은 이 봉우리가 남한강과 산에 어우러져 빼어난 경관을 자랑하니 '도담삼봉'이라 이름 짓고 자신의 호도 '삼봉'으로 하였다고 한다.

　이 봉우리는 원래 강원도 정선군에 있던 '삼봉산'이 대홍수로 인하여 붕괴되고 흘러내려와 단양 남한강에 멈추었다고 한다. 그 후 정선군은 '도담삼봉'의 절경세를 만들어 단양군으로부터 받아 갔는데, 이를 들은 정도전은 보다 못해 정선군에다 "당신들이 산을 제대로 관리하지 못하여 산사태로 붕괴된 산이 유실되어 단양군의 물길을 막았으니 도로 세금을 내든지 산을 다시 되돌려 가져가라."고 호통하여 그 후 세금이 없어졌다고 한다.

　우리는 두 사례에서 볼 수 있듯이 충직하고 지혜로운 한 사람의 실천과 직언이 위기의 나라를 구한 '실사구시'의 선례를 기억해야 한다. '충즉진명忠卽盡命'이 아닐 수 없다.

　임진 새해는 대선과 총선이 있는 뜻깊은 해이다. 진정한 지도자와 참모가 그립다. 오늘날 이런 관리가 왜 없는지, 언제 나타날지 국운이 돌아오기를 기다려질 뿐이다.

송남석

종호 형님

종호 형님은 내 어린 시절 꿈과 이상의 전부였다.

친형이 없는 나에게는 더욱 절실한 우상이었다. 형님의 모친은 나의 큰고모님이셨으며, 6남 3녀 9남매를 두신 할아버지의 큰딸이셨다. 내 아버지는 6형제 중의 5남이셨으니까 내가 고모님을 잘은 기억하지 못하나 그 둘째 아들이신 종호 형님은 별도의 지연 때문인지 유난히 내 기억 속에 또렷이 남아 있다.

친정에서 3십 리쯤 떨어진 평리라는 곳으로 시집을 가신 고모님의 마을은 너른 들판에 마을 주위가 온통 볏논으로 둘러 차 있었다. 내가 외가살이를 하던 도곡초등학교 시절에 총각이셨던 형님은 고등공민학교라는 중학교 과정의 학교 영어 선생님으로 계셨다. 그러나 나이 차가 많아 그랬는지 초등학교가 같은 모교였다는 사실도 12년 이상의 후배라는 것도 나중에 성인이 되어서야 알았다.

어느 여름 장맛비 개이고 화창하게 맑은 날 원동마을 처가에 오신 아버지를 따라 나는 아버지의 누님 집인 고모님 댁에 가게 된다. 그 이후부터 형님이 계시다는 것을 알았겠지만 그때는 촌수가 어떻게 되는지조차 모르고 지나쳤던 것 같다. 두 아들과 딸 하나를 두신 고모님은 연로하셔서 할머니를 뵙는 느낌이었고 둘째 아들이신 종호 형님도 내가 6학년쯤 되어서야 자세히 알게 된 것 같다.

형님은 당시에 조선대학교 법대를 다니면서 고시 공부를 하신다고 했다. 그 시절에는 농촌에서 대학을 다니는 학생이 있다는 사실만으로도 이웃마을까지 자랑거리가 될 정도였는데 더구나 법대를 다닌다 함은 가문의 영광이랄 만큼 문맹률이 높은 시대였다. 그때 형님은 나를 한 꼬맹이 정도로 시야에 잡히면 그저 가볍게 귀여워해 주시는 처지였으며 나이 차가 많아 형님이라 부르기도 수줍었던 것 같고 커 가면서 제대로 형님이라 불러 보기는 고교를 졸업하고 대학에 들어가면서부터인 것 같다.

내가 대학 1학년 때 형님의 결혼식에 참석하여 가족사진 속에 찍히게 된 그날 이후부터 형님과의 인연은 가까이 확실하게 연결되어 왔던 것 같다. 내가 초등학교 6학년이었을 때 형님은 초등학교 부설 중학 과정의 고등공민학교 영어 선생님이셨으며, 내가 6학년 후 학기에 영어 알파벳을 독학으로 익히다가 궁금 사항을 질문했던 기억도 있다. 그 시절에는 중학교 입학식을 마치고 나서 알파벳부터 배우게 되던 교육 과정이었으니까 6학년에서 알파벳을 마스터하고 간단한 단어까지 암기했다는 것은 오직 고등공민학교가 곁에 있었기로 선배님들의 교실을 기웃거리며 귀동냥으로 듣고 터득했던 유리한 환경의 조건이었다고 생각된다.

형님은 그때 팔팔한 사춘기 청년이셨을 것이다. 패기 넘치는 청년으로 아담한 표준 키에 곱상하고 다부진 안면에는 항상 잔잔한 미소가 담겨 있었고, 다른 어떤 선생님들보다도 똑똑하고 듬직해 보였다. 고모님 댁에 처음 갔을 때 공부방을 엿본 적이 있다. 사랑채 외양간이 있는 방에는 고시 공부를 위한 법률 서적이 있었고 곁에는 동아일보 사설을 오려서 철해 놓은 것을 본 기억이 난다. 형님은 활달하고 운동도 좋아하셨으며 무엇보다도 또렷또렷한 언변이 일품이어서 많이 부럽기도 하고 한편 자랑스러웠다.

내가 가정이 어려워 대학을 다니다 말다 객지로 돌아다니며 사회의 역경과 씨름하면서 한동안 연락이 없이 수년의 세월이 흘러갔던 그 시기에 형님은 모교인 조선대학교로 직장을 잡아 가셨다. 나는 88년 서울로 교직을 옮겨 현재는 퇴임하여 놀고 있고, 형님도 나보다 먼저 대학교수직에서 퇴임하셨다.

거동이 자유롭지 않고 귀가 어두우시다 하여 시내로 모시지 못하고 학동 댁으로 직접 방문하였다. 갓 팔순에 진입은 하셨지만 형님의 모습을 보고 세월의 무상함에 가슴 한편이 무너지는 느낌이었다.

송학탕 사우나를 같이 갔을 때 온탕 냉탕을 번갈아 뛰어다니시던 그 젊음은 다 어디로 갔단 말인가? 오랜만에 큰맘 먹고 찾아뵙기로 한 내 마음이 너무도 허전하여 견딜 수가 없었다. 그렇게 정정하시고 팔팔하시던 형님이 무심한 세월 앞에 서서히 저물어 가는 그림자가 내게도 피해갈 수는 없는 일이 아니겠는가.

지위가 높고 높은 위인이라도, 돈이 많고 많은 부자라도 가난하고 못사는 거지도 인간이라면 다들 늙어 감을 막을 수 없고 그 누구도 한 번은 가야 하는 것이 인간 세상이다. 알렉산더 대왕도, 시저도, 진시황제도, 세종대왕도, 독재 휘둘렀던 대통령들도 백 년 넘게 살았다는 얘기를 듣지 못했다. 내가 할 수 있는 일은 사는 동안 그날이 올 때까지 주위 사람들에게 부담 주지 않기 위해 건강 관리에 최선을 다하고, 즐겁게 살자는 실천력의 과제 그 일만이 내 앞에 허허롭게 놓여 있을 뿐이다.

송문호

선생님 딸

　우리 큰딸이 올해에 교육대학을 졸업하고 초등학교 선생님으로 첫 발령을 받았다. 딸이 충무초등학교에 입학을 했을 때 나는 경남 통영에서 아주 조그만 사업을 하고 있었으나 수입이 신통치 못했다. 첫아이를 학교에 입학시켜 놓은 부모의 마음이야 정도의 차이는 있을지 몰라도 거의 모두 같은 마음일 것이다. 어느새 그 아이가 자라서 선생님이 되어 첫 방학을 맞았다며 집 대문을 들어서는 순간 아이의 초등학교 시절에 부모 노릇을 제대로 못 해주었던 기억이 문득 되살아나 만감이 교차하는 지금의 내 심정을 여기 글로 적는다.
　공교롭게도 딸아이가 입학했을 그 무렵 교육부에서는 초·중·고등학교로 하여금 찬조금품을 적극 유치케 하겠다는 정책 결정이 신문 언론에 크게 보도됐다. 나를 비롯한 많은 빈곤층 학부모들에겐 큰 충격이 아닐 수 없었다. 교육부의 배경 설명은 대강 다음과 같았다. 첫째는 내년도 예산을 동결키로 했기 때문이며 또는 그 해부터

역점을 두고 있는 컴퓨터며 외국어 교육에 없어서는 안 될 기자재를 구입할 길이 없어서 그런 방안을 마련하기에 이르렀다는 것이었다. 그리고 일정한 모금액수를 정해 놓고 학생들에게 분담시키는 일 또한 없게 하겠다는 약속도 빠뜨리지 않았다. 일단은 급한 불은 내 발등에 떨어지지 않겠구나 했지만 찬조금품을 낸 학부모의 아이와 그렇지 못한 아이가 만에 하나라도 편견이나 편애로 구분되는 일은 없으리라 믿어도 되는 건지 아무래도 의심쩍고 불안하였다.

며칠이 지나고 아니나 다를까 학급에서 음악 시험이 있었는데 같은 반이었던 우리 뒷집 P군과 우리 딸아이는 학급 성적 순위가 선두를 다투는 라이벌 관계였다. 이날 음악 시험에서 어떤 문제 하나가 우리 아이는 정답으로 채점되었고 뒷집 P군은 오답으로 채점되었단다. 이날 내가 외출에서 돌아왔을 때는 이미 양쪽 아이의 두 어머니가 시험지를 들고 치열한 입씨름을 벌이고 있었다. 입씨름의 발단은 P군의 어머니 왈―자기 아들 시험지의 오답 처리가 잘못되었다는 것. 담임선생님이 채점해 놓은 시험지를 갖고 학부모들끼리 왈가왈부하는 웃지 못할 일이 벌어지고 있었던 것이다. 그때 강력히 주장하는 P군의 어머니를 바라보며… 평소에 그런 분이 아니었는데… 악에 받친 얼굴 모양은 일그러졌어도 허물은 묻어 주고 싶었다.

그래도 P군과 우리 딸아이는 그런 일에 연연해 하지 않고 사이좋게 학교를 오갔다. 다음 날 학교에서 돌아온 딸아이의 표정이 영 심상찮더니만 결국 P군의 어머니가 그 시험지를 들고 학교까지 왔더란다. P군의 어머니가 학교에다 풍금을 기증했다는 소문도 파다하더라는 말을 전하는 아이의 말끝에 힘이 빠져 있었다. 그렇다. 아무래도 찬조금품을 기증한 그 아이가 매사에 담임의 관심을 독차지할 것만 같은 선입견은 아이들의 마음 한켠에 언제나 도사리고 있지 않았을까? 특히 라이벌 의식을 갖고 있는 딸아이의 속마음은 어떠했을까? 힘 빠진 말의 억양抑揚으로 짐작만 했다. 이런 경험을 해보지 않고서는 어떻게 그 아픔을 필설로 다 말할 수 있겠는가. 아빠인 내 마음은 엉망진창이었다. 교사가 되는 순간 모두가 성인聖人이 되는 것이 아닌 바에야 찬조금품 유무에 관계없이 과연 아이들을 대하는 모든 선생님들의 태도에서 완전 100% 공정성을 바랄 수가 있을까. 몹시 속상해하고 있는데 전화벨이 울렸다. 딸아이의 담임이었다. P군의 어머니가 교무실로 찾아와서 있었던 일을 대강 말하고 이번 음악 시험 문제로 더 이상 거론하지 말아 줬으면… 하는 부탁의 말을 간단히 하고 끊었다. 짧은 통화였으나 많은 것을 이해할 수 있는 그런 통화였다. 짧은 나의 대답에도 담임선생님(김길자)은 수긍하고 있었다. 그 후로도 나는 그 학교를 위해, 담임을 위해 찬조금품 아닌 다른 관심으로 일해 오다가 다음 해 대구(경북)로 이사를 오게 되었다.

혹시라도 무심코 던지는 담임교사의 말 한마디가 아무리 사소한 일이라 할지라도 누구의 희사품에 혹은 찬조금을 내놓지 못해서 빚어지는 일이라고 아이들이 받아들이고 그로 인하여 가슴에 못을 박게 된다면 그것은 그 어떤 교육 기자재로도 돌이킬 수 없는 우리 교육의 큰 손실이 아닐 수 없다. 아무리 사회가, 우리 주변이 혼탁하다 해도 박봉을 감내하며 교육에 열을 쏟는 고마우신 선생님들이 얼마든지 있다고 나는 확신한다. 김길자 담임선생님 같은…. 이 글을 쓰면서 두렵기도 하다. 이제 막 교단에 발을 디디고 선 아이의 그 자리에 쏟는 학부모들의 시선은 후중에 어떤 평가를 내릴지…. 티 없이 맑은 아이들의 참된 길잡이가 될 수 있는 그런 선생님으로 남아 주길 내 딸에게 간절히 바라면서 이 글을 남긴다.

신봉름

해우소 解憂所

　이 시대를 살아가는 많은 사람들 중에는 하지 않아도 될 걱정 때문에 정신적 고민에 빠져 있는 사례가 많다고 한다. 얼핏 생각하면 돈이 많은 부자나 고위직에 있는 사람들은 서민들 입장에서 보면 아무런 근심 없이 잘살 것 같아서 선망과 부러움의 대상이 되기도 한다. 그러한 연유로 인하여 사람들은 허황된 횡재를 꿈꾸기도 한다. 복권방이 호황을 누리는 것도 못난 짓거리라고 나무랄 수는 없는 일이다.
　하루 살아갈 걱정을 해야 하는 가난한 사람이 현금 오만 원을 길에서 주웠다면 시장바구니에 한 끼 식사의 푸짐함을 생각하며 무엇을 살까 하고 고민을 한다. 몇천억 부자가 오만 원을 주웠다면 그들은 이 돈을 어떻게 굴려서 몇억 원을 만들 것인가를 고민을 하게 된다고 한다. 사람들은 자기가 소유한 재물의 많고 적음을 막론하고 횡재를 꿈꾸며 복권방에 드나드는 장면을 누가 목격한 사람이 있을까 봐 근심스러워하기도 한다고 한다.

여하튼 많든 적든 사람들의 욕심에는 한계가 없다. 가난한 사람들은 그렇다 치더라도 부자들도 돈에 대한 욕심은 끝이 없다는 것을 표현한 글을 자주 읽기도 하고 또한 주위에서 자주 느끼기도 한다.

인간의 욕심과 근심에 관한 이야기가 나오는 『열자列子』의 〈천서天瑞〉편을 보면 기杞 나라 사람이 하늘이 무너지고 땅이 꺼지면 어쩌나 근심하며 잠을 이루지 못했다는 기인지우杞人之憂 이야기처럼 재물이 있으면 있는 대로 없으면 없는 대로 쓸데없는 고민에 빠지는 것이 인간의 근본 심성이라는 것이다. 그래서 자잘한 일에도 근심이 많다는 것이다.

불기 2556년 부처님 오신 날을 맞이하는 5월에 한국 불교의 일부 지도층 승려들이 계율을 무시하고, 물질만능주의와 자본주의 사회화가 되면서 스님들도 물질만능주의에 통속화되었다고 연일 대중매체를 통하여 부적절함을 지적한다. 참삶의 근본을 어디에서 찾아야 하나 중생들의 공허한 마음이여!

옛날의 부처님 시대의 계율에 따르면 승려는 난삽한 음악을 들어서도 안 되고, 여자와 단독으로 만나서도 안 되고, 돈을 수중에 지녀서도 안 된다고 했다. 이를 뒷받침하는 예로 9세기경 중국 화엄종의 청량국사가 계율을 지키려고 속가의 늙은 어머니가 찾아와도 병풍을 치고 얼굴을 마주 대하지 않고 만난 사례를 들었다.

형식적 계율의 엄수는 그 시대의 계율을 잘 지키지 않는 풍토를 개선하려는 것이었다고 한다. 승려나 또 다른 종교의 지도자들보다 종교를 가지고 있지 않으면서도 남에게 조그마한 피해라도 입히지 않으려고 노력하며 생활하는 사람들을 우리 주위에서 많이 볼 수 있다.

그렇다고 해서 종교인들은 무조건 돌부처처럼 살아야 한다는 것은 아니다. 종교인 그들도 인간이기에 신의 범주에 드는 행동만을 할 수는 없을 것이다. 현대를 살아가는 모두는 자의든 타의든 간에 누가 더 선한 일을 하고 도에 어긋난 생활을 하는가 하는 정도의 차이가 문지방 높이만큼 다를 뿐일 것이다.

인공위성이 날아다니고 아이폰으로 만물의 지식을 손바닥에 올려놓고 사는 복잡해진 현대사회이기에 성직자들도 시대 상황에 맞는 새로운 계율이 필요하지 않을지, 불교계를 위시한 타 종교계도 심각하게 고민할 시점에 와 있다고 생각된다.

근심을 털어 버리는 방편에 대하여 생각할수록 입가에 미소를 짓게 하는 경봉 스님의 일화가 생각난다. 인간이 먹고 나서 배설하는 곳을 요사이는 좋은 이미지로 화장실이라 하지만 예전에는 측간 또는 변소라고 불렀던 것이 보편적이었다.

이 측간을 사찰에서는 절간의 청정을 위하여 경내를 벗어나 조그마한 산등성이 너머에 원두막처럼 세워 놓고 그 밑에는 바른 풀들을 깔아 놓고 볼일을 본 다음에 분뇨를 수거하여 거름을 만들어 채소 등에 비료로 사용하였다. 이러한 측간이라는 말과 변소라는 말이 절집에서 똑같이 부르기를 어색하게 생각하던 경봉 스님께서 그렇게 불러지던 이름을 바꾸기로 생각해 냈다.

변을 보는 곳은 근심을 털어 버린다는 뜻으로 해우소解憂所라 하고, 오줌[尿]을 누는 곳을 쉬면서 급한 볼일을 해결한다는 뜻으로 급휴소急休所라고 종이에 각각 써서 상좌 스님에게 입구에 갖다 붙이라고 했다. 그 후로 지금 우리가 쓰는 해우소란 말이 생겼다고 한다. 이렇게 우리 주위에 꼭 필요한 곳이면서도 대접을 받지 못하던 곳을 경봉 스님이 바꿔 놓으니 근심을 털어 내는 멋들어진 곳의 이름이 된 것이다.

스님들은 가사 장삼과 바릿대만 있으면 가질 것은 다 가졌다고 했다. 그러나 인간이기에 어쩔 수 없는 생리 현상 그것을 해결하고 나서 모든 근심을 털어 냈다고 생각했다.
  경봉 스님의 해우소의 가르침은 인간들끼리 속이거나 속아 가면서 근심 속에서 살아왔지만 모두가 마음을 열고 근심을 내려놓고 나면 이 세상은 해우소에 다녀온 후처럼 시원하고 편안한 아름다운 세상이 된다는 것이다.
  요즈음처럼 자고 나면 어른 아이 할 것 없이 근심 걱정이 앞설 때는 경봉 스님의 해우소와 같은 지혜가 우리들 마음을 흐뭇하게 정화시켜 준다.

신택환

움직이는 표적

원투, 원투, 스트레이트, 어퍼컷 마구 난타를 해도 시원치 않다. 날쌔게 잽을 구사해도 겹겹이 쌓인 분노가 폭발되지 않는다. 아마도 표적이 움직이지 않아서일 것이다. 샌드백이면 달랐을까? 낡은 매트를 둘둘 말아서 잎갈나무 등에 붙들어 매어 놓은 표적, 그 위에 폐비닐 커버를 덮씌웠다. 그러니 움직일 리 없다. 맨주먹으로 때리고 쥐어박아도 쉬쉬 헛바람 소리만 들린다. 퍽퍽 공음만 귀 뒤로 스쳐 간다. 아무리 주먹을 날려도 절정에 다다르지 않는다. 주먹이 꽂히는 클라이맥스는 어디쯤인가. 펀치를 넣는 사람의 마음속에 도사린 분노가 반드시 폭발해야 하는가. 분노를 사그린 무심으로 표적을 때려야 희열에 도달할 수 있는 것은 아닌가. 도시 뭐가 뭔지 가늠할 수가 없다.

중2 때 남산에의 일전, 눈앞에 운무가 자욱하다. 한기 군과 나는 글러브를 한 짝씩 나눠 끼고 대전하였다. 물론 한기 군은 오른손에 나는 왼손에 글러브를 끼었다. 흙바닥에 라인을 그은 링 위에서 선배의 호루라기 소리를 신호로 껑충껑충 뛰었다. 한기 군은 남남 클럽의 회원으로 지도를 받았는지 펀치를 날릴 때도 절도 있게, 호흡을 조절하며 펀치를 끊어 쳤다. 번번이 표적은 비켜나갔지만, 나는 마구잡이로 주먹을 휘둘렀다. 아니 발로 차고 주먹으로 때렸다. 복싱은 발로 차면 반칙이라고, 거친 항의가 들어왔다. 오랜 뒤에야 발로 차고 때리는 킥복싱도 있다는 것을 알고 쓴웃음을 지었다.

나를 한기의 스파링 상대로 예상하고 대전을 시킨 선배들을 무색하게 나는 공매는 맞지 않았다. 조금 체력이 앞섰는지 한기 군을 제압하였다.

메인 게임은 클럽의 회원인 종철 군과 영보 군의 대회전. 1회전에서 종철 군은 영보 군의 강 펀치가 콧등에 작열하여 녹아웃, 빅게임은 아주 싱겁게 끝났다. 한마을에서 자란 영보 군과 나는 보리밥을 먹었어도 집안일을 돕느라고 운동량이 많았다. 매일 반복되는 도보 통학 거리도 만만찮았다. 그러니 곱게 자란 읍내 애들이 우리를 당해낼 리 없었다. 역시 힘에서 그들은 우리에게 밀리었던 것이다.

다음 날 등교한 나는 한기 군의 빈자리를 보고 심적 부담을 느꼈다. 퉁퉁 부은 그의 얼굴이 연상되었다. 실실 웃음이 나왔다. 권투 구경을 처음 관전했을 때처럼 웃음이 나왔다. 50년대 여중학교 특설 링에서 개최된 권투 시합에서 많은 사람들은 실전을 처음 보았다. 드럼통 위에 널빤지를 깔고 각목을 세우고 로프를 친 링 안에서 반라의 사나이들이 때리고 맞고 맞으면서도 달려드는 인파이터의 처절한 얼굴 모습이 우스웠다. 내심으론 한없는 연민과 눈물을 흘리면서 승자의 쾌감을 내 것인 양 우쭐거리며 맛보았다.

쾅쾅 소나무 매트에서 울려 오는 소리가 유난히 크게 들리었다.

너무 쉽게 정복한 나의 전적은 아무래도 찝찝하다. 표적을 향하여 카운트 펀치를 날릴 때는 분노를 먹이어야 한다. 저것은 누구의 이마빡이다. 이것은 누구의 불량한 심장이다. 표적에 분노를 대입하면 너무 강렬한 욕망이 분출될 게 아닌가. 힘을 실어서 펀치를 날려야 하는데 도시 힘이 실리지 않는다. 복싱 해설가의 굳은 얼굴이 눈앞에 떠오른다. 최단거리로 펀치를 날려 보내야 한다. 훅을 먹이어 상대방 복부의 힘을 빼고 중심을 흔들어 놓아야 하는데 이건 영 아니다. 어깨에 너무 힘이 들어가서 펀치가 빗나간다. 힘을 싣기보다 힘을 빼야 할 때 힘을 넣는 빗나간 자세도 문제다.

만약 내가 지금 움직이는 표적을 향하여 펀치를 날린다면 자세가 너무 안이하다. 나는 제대로 한번 펀치를 뻗어 보지도 못하고 공매만 맞고 녹아웃되었을 것이다. 링에서 일어나지 못하고 물세례를 맞고 간신히 상체를 일으키는 비운의 복서가 되기는 싫다.

인생을 살아가는 것도 움직이는 표적을 향하여 대쉬하는 것이지 고정된 표적을 난타하는 것은 결코 아니다.

어디선가 5월의 아카시아향이 묻어오는 아침 나는 고착된 표적을 향하여 펀치를 뻗는다. 마음속으로 펀치에 힘을 실을 것인가. 분노를 덮씌울 것인가. 인생 역로를 생각한다. 복싱에는 공매가 있을지 몰라도 인생에는 공매가 없다는 것이다.

친구 한기 군은 지금 어떻게 늙어 가고 있을까.

복싱은 싸우는 기술이라기보다 자꾸 행위예술이라는 관념이 머릿속에서 떠나지 않는다. 기술과 예술의 합작―기예라고 해도 그 한계가 모호하긴 마찬가지다. 관전자의 위치에서 보면 맞고 때리고 받아치고 분명 싸움이지만 일정한 룰에 따라 감정을 배제하고 있으니 예술의 경지에 가깝다. 그러나 권투를 눈의 예술로 감상하는 것도 좋지만 소리의 예술로 감상하는 것이 더 감동적일 때도 있다.

라디오 한 대를 가운데 두고 네댓이 둘러앉아 원투, 원투, 스트레이트, 어퍼컷, 녹다운 아아, 한순간의 처절한 탄성 속에 심장이 딱 멈춰 버렸다. 모기 떼의 무차별 공격을 피할 여유도 없이 눈으로 볼 때보다 소리를 들을 때는 내가 마치 선수인 것처럼 전신에 힘이 뿌득뿌득 솟아올랐다. 격정을 억제하지 못해 옆의 친구를 발로 차기도 하고 주먹으로 살평상 모서리를 갈겼다. 그것이 여름밤의 향수였지만 아직 현재진행형이기도 하다. 프로권투의 인기는 시들어지고 권투 지망생도 없다지만 인간 심리의 내면에 잠재된 잔혹한 스트레스는 춤추고 있다. 헝그리 정신의 부활이 또 다른 의미의 승화로 가는 길이 아닐까.

한 시대를 주름 잡았던 알리나 타이슨의 핵 주먹을 떠올린다. "나비처럼 날아 벌처럼 쏜다."는 알리의 명언은 상대가 있는 도전을 승리로 이끄는 비방이 숨어 있다 할 것이다.

힘이 부치면서도 쉬이 물러날 수 없는 내 인생의 재기를 꿈꾼다.

심양섭

도서관에서 자라는 아이

　대한민국은 학원 공화국이다. 오늘 아침 신문에는 불황에 교육비가 줄고 대학수학능력시험이 쉬워지면서 사교육 1번지에서도 폐업하는 학원이 늘어난다는 보도가 났지만, 좀 과장해서 말하자면 한국에서 먼저 망할 것은 학교지 학원은 아니다. 내 아들 재현이도 중·고등학교 6년 동안은 기독교 대안학교를 다니면서 학교 방침에 따라 학원을 안 다녔지만 지금은 대입재수종합학원에 다닌다. 매우 안타까운 현실이지만 한국의 많은 아이들이 학원에서 자란다.
　바람직하기는 아이들이 도서관에서 자라는 것이다. 요즘은 도서관에도 컴퓨터가 많아서 아이를 도서관에 데려다 놓아도 책을 보지 않고 컴퓨터와 놀고, 각종 시험공부 하는 사람들이 도서관을 점령해 도서관이 고시원 내지 독서실로 변질되고 그래서 자리를 잡으려고 줄을 서서 기다리기도 하지만, 그래도 도서관은 학원과 다르다. 물론 아이를 학원에 보내는 것이 명문학교 진학에는 더 효율적이겠지만 아이의 인성과 지성과 영성의 삼위일체적 함양을 생각하면 역시 아이들은 도서관 문화를 먹고 자라야 한다.

　도서관은 단지 책을 대출하고 반납하고 열람하는 곳이 아니다. 정보를 검색하고, 토론하며, 아이와 학부모를 위한 다양한 강좌를 듣고, 각종 행사나 축제로 동네 사람들이 함께 즐기는 복합 문화 공간이다. 미국에 연수 가서 2년간 살면서 보고 느꼈던 도서관은 그러했다. 한국은 좁은 땅에 너무 많은 사람이 모여 살므로 그런 꿈을 꾸기가 쉽지는 않지만 불가능하지도 않다. 한국에서도 최근 많은 동네 도서관이 재밌는 기획과 서비스와 프로그램으로 아이와 학부모의 사랑을 담뿍 받는 공간이 되었다. 동네 사람이나 회사원이 자기 집에서처럼 마음대로 책을 뽑아 볼 수 있도록 아파트나 회사, 주민자치센터 같은 곳에 독서 공간을 확보하는 작은 도서관 운동도 활발하게 벌어진다. 그런가 하면 두메산골과 섬마을에서는 학교 도서관을 개방하여 주민들이 함께 이용하는 학교 마을 도서관 운동도 일어나고 있다.

　동네 도서관에 가 보면 젊은 엄마들이 늘 아이들을 데리고 와서 함께 책을 읽는다. 대형서점에 가도 비슷한 장면을 목격한다. 세상에서 가장 아름다운 풍경이다. 나는 여기서 대한민국의 밝은 미래를 읽는다. 그 엄마들이 지나친 교육열과 과열된 입시 경쟁의 탁류에 휩쓸려 어느 순간 아이를 학원에 맡겨 버리지 않고 계속 도서관에서 자라게 해주기를 간절히 기도한다.

　내 경우는 초등학교 2학년이던 재현이를 데리고 미국에 1년간 연수 갔을 때 재현이와 함께 동네 도서관에서 살다시피 했다. 이웃집에 살던 미국인 할아버지가 나를 도와주겠다면서 맨 처음 한 일이 나를 동네 도서관에 데려가서 대출증을 만들어 준 것이었다. 마침 재현이 학교에서 매일 읽기 숙제로 하루에 15분씩 영어책 읽어 주는 숙제를 냈기 때문에 동네 도서관을 내 집처럼 드나들었다. 도서관에서는 아이들이 매일 20분씩 20일간 책을 읽고 부모의 서명을 받아 오면 새 책 한 권을 골라 가지게 하고, 어린이를 위한 만화 그리기 강좌와 십대들을 위한 월례 독서 토론 같은 다양한 프로그램을 제공했다. 도서관은 지역 사회(community)의 빼놓을 수 없는 부분이다.

  한국에 돌아와서는 재현이가 초등학교 4학년 때까지 거의 매일 밤 책을 읽어 주었다. 재현이의 교육은 아내가 도맡았고, 아내는 직장 생활로 바쁘기 때문에 재현이는 학원 공부와 과외 공부에 많은 시간을 보냈다. 내가 할 수 있는 일이라고는 재현이를 가끔 도서관에 데려가고 함께 책을 빌려 오고 밤에 책을 읽어 주는 것뿐이었다. 책을 읽어 주면 재현이는 무척 재미있어 했다. 너무 오래 읽어 주느라 목이 아프고 졸려서 힘들 때도 있었지만 재현이를 키우면서 가장 보람 있었던 때도 그때였지 싶다. 책 읽어 주는 재미만 생각하면 지금이라도 아이를 하나 더 낳거나 입양하여 키우고 싶을 정도이다.

  그런데 재현이가 어느 순간부터 책을 읽기 싫어하는 것이 아닌가. 그전부터도 비디오나 게임을 즐기긴 했지만 갑자기 책을 거부하게 될 줄이야 꿈에도 상상하지 못했다. 두메산골에서 자라면서 책이 없어 못 읽었지, 책만 보면 닥치는 대로 읽어 치웠던 내 생각만 했던 게 잘못이다. 재현이는 이제 책이라고는 만화책만 보려고 했다. 서울 어느 고등학교의 사서 교사는 "대부분의 학생들은 주로 판타지, 무협, 만화 등의 책을 읽는 데 그치고 말기 때문에 독서 교육을 통해 다양한 분야의 책을 읽을 수 있도록 유도해야 한다."고 말한다. 내가 대학에서 강의하면서 만난 어느 남자 대학생은 대학교에 들어오기 전에 무협지를 만 권 이상 읽었다면서, 그나마 그 덕분에 대입 수능에서 언어 점수를 잘 받았다고 말했다.

　만화만 보는 재현이를 위해 내가 할 수 있는 일은 무엇이었을까. 나는 할 수 없이 동네 도서관 서너 군데에 나와 아내, 재현이 대출증을 만들어서 학습만화를 빌려다 주었다. 거의 매주 스무 권 정도를 몇 년간 빌려다 주었다. 아이들을 위한 만화책이 그렇게 다양한 줄은 그때 비로소 알았다. 동서고금의 위인전은 물론이고 셰익스피어의 4대 비극을 비롯한 세계문학과 한국문학, 전쟁 이야기, 그리고 학교에서 배우는 과목마다 학습에 도움되는 내용들이 만화로 나와 있었다. 내 딴에는 신경 써서 만화책을 골랐고 재현이는 신 나게 읽어 주었다. 그렇게나마 다양한 지식이 재현이 머릿속에 채워지게 되면 그것이 재현이의 한평생 삶에 있어서 자양분이 되리라고 기대했다.

　재현이가 고등학교 1학년일 때 다시 미국에 1년간 연수 갔는데 그때 재현이는 미국 공립고등학교 도서관에서 방과 후 시간을 좀 보냈다. 귀국 후에는 대학 입시를 준비하면서 동네 도서관에 한동안 다녔지만 책을 보는 것보다는 독서실로 이용했다. 앞으로도 기회는 있다. 대학에 들어가서도 도서관과 가까이 지낸다면 그의 인생은 매우 풍요로워질 것임이 틀림없다. 대학 졸업 후 사회에 나와서도 마찬가지다. 도서관과 함께하는 인생은 윤택하고 향기롭다. 재현이의 남은 인생에 늘 도서관 천사가 동행했으면 좋겠다. 맹자의 어머니는 자녀의 앞날을 위해 세 번이나 이사를 했다는데 한국 사람들도 좋은 학군과 아파트값 오를 곳만 찾아다니지 말고 좋은 도서관 옆으로 이사하면 어떨까. 도서관에서 자라는 아이는 마치 양서良書처럼 좋은 성품의 사람으로 성숙해질 것이다. 대한민국은 도서관에서 자란 사람이 이끄는, 크고 작은 도서관이 많은 나라가 되었으면 좋겠다. 우리 아이들을 '학원 아이'가 아닌 '도서관 아이'로 키우자.

심종은

유월이의 하루

   집에 당도했을 때 집 앞에는 유월이 말고도 낯선 검둥이의 모습이 보였다. 웬 놈인가 눈을 흘기는데, 김 미카엘은 이장네 개라고 했다. 그놈이 아무래도 유월이와 놀아나고 있는 중이라고 했다. 예전에도 유월이가 잉태를 해서 똘이가 태어났는데 저 녀석이 수상쩍다는 것이었다.
   유월이가 요즘 또 새끼를 잉태하여 미심쩍었는데, 저놈이 출현한 것을 바로 현장에서 목격한 것이다. 유월이 배에서 태어난 강아지가 모두 네 마리였다. 거의가 검둥이였고 다만 똘이만 하얀 바탕에 검정 얼룩이라 특별히 귀여워했는데, 커 갈수록 그 바둑이 형태의 무늬는 점차 사라지는 것이었다.
   머리 쪽만 남겨 놓고 검게 얼룩진 속살 위로 난 몸뚱이 털은 모두 하얗게 변색되면서 강아지 때의 매끄러운 모습은 어디로 갔는지, 털 색깔이 희멀게지면서 보기조차 싫었다. 그런데 어미 유월이가 또 새끼를 밴 것이다. 아무래도 검둥이가 분명한데, 우리 일행이 나타나자 얼른 도망을 쳤다.

검둥이는 주인집이 이장인데, 아무나 보고 찝쩍대는 행태가 꼭 이장과 닮았다는 생각을 하게 되었다. 아침에 눈을 뜨고 일어나 밖으로 나가 보면 유월이는 벌써 문 앞에 지켜 서 있는 것이어서 마치 우리 집 개처럼 느껴지는 것이었다.

똘이 어미가 우리 앞에 등장한 지 벌써 3년여가 지났다. 주인인 김 씨가 갓 눈을 뜬 새끼를 얻어와 우리와 첫 대면을 시켰다. 태어나 가져왔을 때가 유월이어서 이름을 유월이라고 지었다고 한다. 어미한테 떨어져서 한동안 깽깽거리긴 했으나 삼 일이 지나자 조용해졌다.

그 사이 주위 상황을 재빨리 판단하고 주인을 따르기 시작한 유월이는 발발이 종자였으나 잡견이라도 매우 영리한 면이 있어서 자기를 위하는 줄 알고 함께 이사 온 우리 세 가족을 모두 따랐다. 우리도 이 녀석의 신세를 톡톡히 졌다. 그것도 그럴 것이 세 가구 모두 집을 비우는 일이 많았기 때문이다.

비어 있는 세 가옥을 도맡아 지켜 주는 집지기 개가 되면서 집주인들이 안심하고 돌아다닐 만큼 단번에 주변을 장악했다. 쥐나 뱀, 두더지 종류를 가리지 않고 짖어 대며 맹렬히 쫓아다녔다. 때때로 고라니 떼가 산속에서 출몰하였으나 훨씬 작은 체구를 가진 유월이에겐 당하지 못하고 쫓겨 다녔다.

덩치 큰 녀석들이 서너 마리나 떼를 지어 다니면서도 유월이의 민첩한 대쉬에 놀라 쏜살같이 달아나기 일쑤라서 절로 웃음이 나왔다. 그만큼 영역을 확고히 했다. 이 녀석은 눈치가 너무 빨라 주인이 말하는 소리는 물론 행동까지 예리하게 파악하고 대처하는 것이었다.

주인집은 물론이거니와 우리 식구하고도 곧잘 따라나섰다. 산을 오르거나 마을 한 바퀴를 산책하며 돌아다녀도 늘 앞장서는 것이었다. 그만큼 그의 영역은 우리 발길을 따라 자꾸 확장 일로에 있었다. 매일 다니는 길이 능숙해지자 안내견이 되어 앞장서서 움직이는 것이었다. 자칫 길을 바꾸기라도 하면 어느새 돌아와 다시 앞서 나갔다.

우리 부부는 그런 유월이의 행동이 기특하여 틈만 나면 맛나는 음식을 갖다 주게 되었다. 덕분에 주인보다 우리를 더 따르는 눈치라 주인이 오히려 시샘(?)을 하였다. 음식점에 가면 일부러 갈비나 고기 등을 먹다 남겨 싸 갖고 와서는 유월이에게 먹여줄 만큼 정성을 들이기도 하였다.

언제부터인가 눈만 뜨면 달려와 우리 집 문 앞에서 서성대는 것이 아닌가. 아침 일찍 일어나 현관문을 열기라도 하면 언제 왔는지 유월이가 꼬리를 치며 반기는 것이었다. 그러니 무엇이라도 먹이고 싶은 마음이 절로 생길 수밖에 없는 것이 아니던가.

귀엽다고 해서 아무나 유월이한테 먹이를 주지 못한다. 워낙 영특해서 놀러 온 친구나 동네 사람이 와서 아무리 맛있는 먹이를 던져 준다 해도 달려갈 생각을 않고 쳐다보기만 한다. 간혹 킁킁거리며 어쩌다가 냄새를 맡는다 해도 먹을 생각을 않고 이내 물러섰다.

주인이 아니면 먹을 것도 가려 먹는 것을 보고 사람들은 칭찬이 대단했다. 명견이라고 해도 이와 다를 게 없지 않은가. 그 유월이의 영리한 면을 닮았으면 하여 얻어 온 새끼 얼룩이의 이름을 똘이라고 지어 주었는데, 기대와는 전혀 딴판이었다.

새끼 수컷은 오로지 먹는 것에만 정신이 팔렸다. 자나 깨나 먹을 생각밖에 없는 녀석 같다. 배창자가 다 차도록 큰 대접으로 한 사발이 넘쳐 나도록 가득 채워 갖다 주어도 단숨에 해치우는 먹성은 정말 알아줄 만했다. 끼니마다 주었다가 결국 탈 나기까지 했다. 아무래도 저 시커먼스를 닮지 않았나 싶다.

유월이는 배가 부르면 밥그릇 근처에도 가지 않는다. 그런데 똘이 녀석은 맹물에 밥만 말아 주어도 단숨에 달려들어 해치우는 것이 보통 식성이 아니었다. 집 주변에 요란하게 널려 있는 개의 배설물이 결과의 산물이다. 보통 많은 양이 아니어서 짜증 나서 치우는 문제로 아내와 말다툼까지 했다.

수컷에 비해 본능적으로 암컷이 더 영리한가 보다. 한꺼번에 세 채가 모두 집을 비우는 일이 허다했다. 그러면 유월이는 세 가구의 정중앙인 우리 문 앞에 앉아 사위를 내려다보며 주변을 경계했다. 허기가 질 경우 기본 영역인 세 가옥의 범주를 가끔 벗어나기도 했으나 이내 제자리로 돌아오는 것이었다.

우리가 뼈다귀를 갖다 주면 먹지 않고 아무도 보지 않는 곳으로 가서 파묻는 것을 보았다. 배고프면 나중에 다시 찾아 먹으려는 삶의 본능 이상의 면모를 보여주었다. 외지인들이나 낯선 차량이 나타나면 대번에 알아채고 달려나가는 그의 민첩함은 화살과도 같았다.

집 주변을 열심히 돌아다니며 샅샅이 훑어가는 그의 민활한 동작은 정말 알아줄 만했다. 어느새 짖어 대며 달려가는 유월이를 쫓다 보면 저만큼 도망치는 고라니와 토끼, 꿩 등의 모습이 한눈에 들어오는 것이었다. 그뿐이던가, 사람은 물론 차 소리만 들어도 주인과 이방인을 구별해 냈다.

우리를 알아채고 백여 미터를 달려 마중 나오는 그 민첩함에 단연 귀여움과 사랑을 독차지하게 만든다. 그런 유월이의 자랑스러운 행동에 변화의 바람이 불었다. 그 이상 증세는 때아닌 바람이었다. 유월이가 비로소 사랑을 시작하게 되었던 것이다.

그때쯤 유월이의 주인인 윗집 아저씨는 또 다른 강아지를 얻어 왔었다. 바로 검둥이였다. 이 검둥이는 새끼를 가져온 것이지만 유월이보다 큰 종자라 쑥쑥 자라서 몇 달 안 되어 유월이보다 키가 더 컸다. 처음엔 유월이처럼 개줄을 풀어 방사시켰지만, 유월이와 달리 개차반이어서 속을 썩였다.

말귀를 잘 알아듣는 유월이는 한번 혼내면 잘못된 행동을 범하지 않는데, 이 검둥이는 막무가내였다. 밭에 들어가지 않도록 혼찌검을 냈으나 그때뿐 주변의 밭을 모두 엉망으로 만드는 것이었다. 하도 말귀를 못 알아듣고 제멋대로 돌아다녀서 영원히 개목걸이를 채우고 말았다.

텃밭이라 한들 농사일을 헛것으로 만들면 쓰겠는가. 유월이는 현관문 바로 곁에 있었으나 검둥이는 산비탈 쪽 언덕에 붙들어 매었다. 검둥이의 덩치가 커지게 되자 아내는 겁이 나서 밥을 주러 가지를 못했다. 유월이조차도 그 근처에 얼씬거리지 않았다.

그곳에서 검둥이는 외로운 삶을 살았다. 검둥이 집 옆에다 주인이 닭장을 쳐서 닭을 서너 마리 키우는 바람에 닭장지기 개가 되고 말았다. 그러자 윗집에서 닭 몇 마리를 키우는 걸 보고 앞집에서도 어느 날 축사를 지어 놓고 토종닭과 칠면조를 키우기 시작했다.

그러던 유월이에게 엄청난 사건이 닥쳐왔다. 앞집에서 축사 밖 울타리 위에 그물을 쳐놓았지만 올라가기를 좋아하는 닭의 비행에 소용이 없었다. 그런데 울타리를 넘어 뛰쳐나온 닭을 유월이가 달려들어 냉큼 물어 죽였다고 하는 것이었다.

그것은 주인이 없는 사이에 일어난 사건이었다. 우리도 집을 비우고 멀리 출타 중이었다. 그 사이에 닭 몇 마리가 죽어 나갔다고 했다. 그 문제로 앞집과 윗집에서 언쟁이 벌어졌고, 개를 방사한 죄로 윗집에서 결국 변상을 하게 되어 이후 유월이마저 목줄을 매는 처량한 신세가 돼 버렸다.

 이후에도 계속 묶인 상태로 지내게 되었으나 그럼에도 불구하고 앞집 닭은 계속해서 거의 날마다 죽어 나갔다. 그 이상 증세는 땅을 판 자국으로 보아 유월이의 것이 아닌 닭 냄새를 맡고 쫓아온 족제비나 여우 같은 짐승의 사냥물이 된 것으로 보였다.

 땅속을 파고들어 와 목을 따간 흔적이 보였다. 앞집뿐이던가, 윗집 닭도 마찬가지로 하나둘씩 죽어 나갔다. 분명 들짐승 짓이었다. 이후로 앞집에서 말은 안 했으나 분명코 들짐승 짓이라는 걸 알아챘을 게다. 축사 안에도 개를 키우고 있었으나 소용이 없었다.

 유월이가 닭을 물어 죽이는 것을 직접 목도한 사람은 없었다. 있다면 물려 죽은 닭 근처에 가서 냄새를 맡는 등 얼씬거리다가 덤터기 쓴 것이리라. 앞집에 닭값을 물어줄 일도 없었던 것이 산짐승의 소행이라는 게 간접적으로 판명이 되는 것이었다.

 그래서 앞집은 자기네가 키우고 있던 애완견을 풀어놓고자 했다. 집을 비워야 하는데, 그러면 애완견을 집안에 놓아두어야 하는데, 너무 시끄럽게 울어 젖히는 통에 그 소음으로 인해 주위 사람들에게 끼치는 피해가 막심한 것은 물론이고, 보통 성가신 게 아니었다.

 이 개는 분명 값이 나가는 개였다. 흙색 바탕의 털로 얼굴 전체를 뒤덮은 애완견이었으나 잡견처럼 놓아 기르는 바람에 모양새가 유월이보다 더 형편없는 꼴새가 되었다. 선배격인 유월이를 쫓아다니며 흉내를 내다가 아무 데나 뒹굴어 몸 전체가 엉망진창이었다.

 유월이가 몸이 더러워지거나 가려운 걸 느끼면 잔디밭이나 모래밭에 몸을 뒹굴어 제어하는데, 유월이를 쫓아다니던 요놈은 따라서 흉내를 내보려고 논밭을 마구 쏘다니며 뒹굴면서 정작 논밭의 주인들에게 미움만 사는 개차반이 되었다. 하고 다니는 모습이 잡견만도 못한 형편이었다.

　유월이가 내 뒤를 쫓아 마실을 다니는데, 덩달아 뒤를 쫓아온 것은 바로 이 녀석이었다. 그게 습관이 되어 유월이가 없을 때도 나를 따라다니는 것이었다. 따라오지 말라고 겁을 주어도 어느 틈에 뒤따라왔다. 결국 동네 사람들에게 돌팔매질 당하면서 쫓겨 가는 신세로 전락해 버렸다.

　처음엔 내가 그 개의 주인인 줄 알고 오해하여 나를 혼내려던 사람도 있었다. 주인이 아니라고 하자 무섭게 쫓아 버리는 것이었다. 그 이후로 겁이 난 것인지 다시는 나를 따라오지 않았다. 그 덜렁이를 풀어놓고 난 이후에야 윗집에서도 유월이를 간헐적으로 풀어놓게 되었다.

　집을 사나흘 이상 비우는 경우도 있었다. 그럴 적이면 끼니를 스스로 해결하도록 개줄을 풀어놓았다. 그러다가 여름철에 접어들고 복중이 되어 갔다. 그런 와중에 유월이에게는 실로 엄청난 사건이 닥쳐왔다. 동료인 닭장지기 검둥이가 복날 희생이 되고 만 것이다.

　먹기만 잘하지 닭장의 닭은 매일 죽어 나가는 판국이라 있으나 마나 한 개가 돼 버린 것이 아니던가. 현실은 냉혹했다. 쓸 데 없는 개의 존재는 구조 조정의 희생양이 되고 만 격이 되었다. 그래도 유월이를 주인은 개집에서 멀리 떨어진 뒷밭에 매어 놓아 검둥이의 참혹한 현실을 알 수 없도록 조치했었다.

　그 현장을 목격했다면 엄청난 충격을 받았을 게다. 사건은 또 있었다. 주인이 통나무를 옮기려다가 근처에 얼씬거리고 있었던 유월이를 강타한 것이었다. 미처 유월이를 보지 못하여 잘못 휘두른 나무 몽둥이에 일격을 받고는 저만치 나가동그라진 것이었다.

　그래서 한동안 주인을 보면 지레 겁이 나서 도망쳐 다니기에 바빴다. 그러나 정작 문제는 그다음에 일어났다. 앞집에서 이사를 가면서 키우고 있던 가축을 모조리 잡아 버린 일이었다. 닭장의 남은 닭과 칠면조 그리고 그 곁에서 지키고 있던 진도견이었다.

가축이 죽어 가며 내지르는 비명을 유월이가 못 들었을 리 없다. 더구나 유월이의 주인 내외는 출타 중이어서 그 비극적 사실을 알지 못했다. 그날 이후로 못 볼 것을 봐서 그런지 겁을 잔뜩 집어먹어 주인조차도 경계를 하는 기색이 가득 담겨 보였다.

주인이 아무리 불러도 가까이 오지 않았다. 근처에 쫓아가면 냅다 도망을 치는 것이 보통 일이 아니었다. 주인이 장갑을 낀다거나 작업용 점퍼를 입고 얼씬거리면 무서워 그 근처에 접근조차 하지 않았다. 잘 무렵이 되어야 자기 집으로 돌아와 순응하듯 고개를 들이밀어 순순히 묶이는 녀석이었다.

유월이가 난 새끼 네 마리 중에 유독 똘이만 얼룩이였다. 아내는 검둥이가 싫다고 얼룩이를 탐내어 그놈을 선사 받느라 한턱을 냈었다. 하지만 이놈이 어미보다 못하다는 건 이미 증명이 됐다. 그런데도 저녁나절 유월이가 어미라고 아내가 혼을 내서 깨갱거리는 소리를 듣고 끙끙 앓는 소리를 냈다고 한다.

똘이가 이제는 어미보다 더 키가 커졌지만, 데려온 지 얼마 안 되어서는 유월이가 지 새끼라고 자주 똘이한테 와서 먹이를 토해 주고 가는 것이었다. 우리가 보기에는 역할 정도로 더러운 것이었으나 어미의 입장에서 보아 당연하다는 생각이 들었다. 집짐승도 그런데 하물며 사람은 어떠한가?

평상시 우리가 키우는 개가 어쩌면 사람보다 더 고마운 존재인지도 모르겠다. 옛날 화재 속에서 주인을 구하고 죽어 간 개를 널리 기리기 위해 세웠다는 비석이나 조각상이 엄연히 존재하지 않는가.

'플란다스의 개'나 뉴질랜드 남섬의 개 조각상에 등장하는 명견처럼 생각되는 유월이다.

  이 녀석을 물끄러미 바라보고 있노라면 플란다스의 개 말고도 우리나라의 진돗개가 생각이 난다. 팔려나갔으나 자기 주인을 못 잊어 천 리 길도 마다 않고 산 넘고 물 건너 살던 집 찾아 되돌아간 기특한 이야기를 새삼 머릿속에 떠올려 본다.

안경자

백년손님

어느 날 큰딸이 어마어마한 장미 바구니를 들고 왔다.
족히 300송이는 됨직했다. 놀란 눈으로 바라보자 딸이 배시시 웃었다.
"엄마, 나 오늘 프러포즈 받았어."
그동안 전혀 낌새를 보이지 않아 상상도 못한 일이었다.
"사귄 지는 4개월이고 알고 지낸 지는 8년이 넘었어. 그냥 결혼하려고."
워낙 깐깐한 딸이라 심사숙고했을 거라 생각했지만 너무 뜻밖이라 놀란 가슴이 진정되지 않았다. 듣고 보니 서클 선배인데 한동안 연락도 없이 지내다가 어느 날 전화가 걸려와 반가워서 통화를 하다 보니 서로 아직 싱글인 것이 신기해 만나게 되었고 어차피 결혼을 포기할까 생각하고 있던 차에 그것도 서로가 같은 생각이라 한두 번 만나다 보니 여기에 이르게 됐다고 했다.

어쨌건 결혼을 할 생각이 없어 보이던 딸인지라 결혼하겠다는 말만 들어도 황송해 무조건 찬성하기로 했다. 얘기를 듣고 보니 대기업 과장에 학벌은 연구원 생활을 하고 있는 딸보단 뒤졌지만 양부모 건재하시고 신체 건강한 청년이라니 그 정도로 만족하기로 했다.

워낙 양쪽 모두 적은 나이가 아니라 상대 집안이나 우리 집이나 하루라도 미룰 이유가 없다 하여 신속하게 혼사가 진행되었다. 딸이 먼저 인사를 다녀온 뒤 우리 집에 인사 오는 날이 토요일로 정해졌다. 아침부터 청소를 하고 장을 본 뒤 음식을 만들면서 어떤 총각일지 무척 궁금했다. 딸이 핸드폰에 저장된 사진을 보여주었다. 대강 큰 키에 체중이 많이 나간다는 얘기를 들은지라 푸짐해 보이는 총각의 얼굴이 이상하게 낯설지가 않았다.

딸 둘을 둔지라 집에 남자는 남편뿐이라 작은딸과 나는 새롭게 등장하는 남자라는 존재가 무척 흥미로웠다.

"엄마, 형부는 어떤 사람일까?"

둘째는 새로운 식구가 될 사람이 무척이나 보고 싶은 듯했다.

대강 상을 다 볼 무렵 인터폰이 울렸다. 앞치마를 벗으며 나가니 큰딸이 한 청년을 데리고 들어왔다.

꾸벅 절을 하는 청년은 덩치가 무척 큰, 큰 사이즈의 몸매를 한 청년이었다.

"어서 와요."

얼마나 기다린 사윗감이던가. 얼굴을 보는 순간 내 눈에 눈물이 글썽이었다. 이 총각이 그동안 오매불망 그리고 기다리던 내 사위란 말인가. 덥석 사위의 손을 잡으니 만감이 교차했다. 둥근 얼굴, 큰 눈, 오뚝한 코, 요새 갸름한 꽃미남은 아니지만 옛 어른들이 좋아하실 서글서글한 호남형이었다. 다행히 호감형 인상이라 성격은 무난해 보여 마음이 놓였다. 둘째도 형부 감이 마음에 들었는지 무척 좋아하였다. 이것저것 가리지 않고 음식을 먹는 모습이 옛날 남편이 친정에 처음 인사 간 날 어머님이 차려 주신 음식을 먹던 모습과 흡사해 잠시 지난날 추억에 젖기도 했다.

상견례 날, 설레는 마음으로 약속 장소로 가는 길은 무척이나 긴장되었다. 아침부터 끄무레하더니 장대비가 쏟아졌다. 혹시나 늦을세라 일찍 출발한다고 했는데 워낙 굵은 빗줄기라 속력을 낼 수가 없었다. 첫 만남에 늦기라도 할까 봐 노심초사했지만 다행히 제시간에 도착할 수 있었다. 사위가 식당 문 앞에 나와서 기다리고 있었다. 예약된 룸으로 안내하는 사위는 무척이나 조심스럽게 행동하였다. 요새 청년 같지 않음이 예절이 몸에 밴 듯하여 오히려 내 딸이 실수할까 봐 걱정이 앞섰다. 문을 열고 들어가자 반갑게 맞이하는 사돈 분들이 일어나서 앉기를 권했다. 딸에게 얘기 들은 대로 두 분 다 점잖고 인상이 무척 온화했다.

"먼 길 오시느라 고생하셨죠?"

음식이 나오고 이런저런 대화가 오가면서 어색했던 분위기가 차츰 부드러워졌다. 서로 부족한 자식을 부탁하는 똑같은 마음이었다. 되도록 빨리 날을 잡아 혼사를 치르기로 결정하고 나니 그제서야 한시름 놓였다. 혹시 유별난 집안이면 어쩌나 했던 근심이 사라지니 한결 마음이 가벼워졌다.

예물, 한복, 웨딩 사진, 예식장 선택 등 잡다한 일들을 한 가지 한 가지씩 해결해 나가는 일은 번잡하고 힘들었지만 결정될 때마다 기쁨 또한 컸다. 함 오는 날 떡집에서 함 떡을 맞추고 바가지를 구하면서 벌써 그 많은 세월이 지난 걸 생각하니 이제 남은 세월은 더 빨리 가겠구나 하는 아쉬움도 컸다.

결혼식 날, 성장한 딸의 모습이 대견하기도 했지만 이제 부모의 곁을 떠날 생각에 눈물이 앞을 가렸다. 딸의 손을 잡고 입장하는 남편은 무척 착잡해 보였다. 금방이라도 눈물이 쏟아질 것 같은데 잘 참고 꿋꿋이 신랑에게 인도를 하였다.

일주일간의 신혼여행을 끝내고 돌아온 딸과 사위의 큰절을 받으며 일가를 이루어 잘 살기를 바랐다.

당분간 딸의 직장 관계로 주말 부부로 지내기로 하고 딸이 내 곁에서 지내기로 했을 때 그래도 매일같이 딸을 볼 수 있어서 기뻤다. 주말이면 딸이 사위가 있는 서울로 가기로 했는데 신혼여행 갔다 온 뒤 바로 임신이 되는 바람에 사위가 주말마다 내려오게 되었다. 별로 객 손님의 출입이 없던 터라 매주 사위가 오는 주말은 나에게 큰 부담으로 다가왔다. 사위는 백년손님이라는 옛말이 현실이 되었다. 별로 식탁 차림에 신경을 쓰지 않고 있는 대로 간단히 먹던 터라 덩치 큰 식욕이 왕성한 사위의 출현은 주말마다 무엇으로 상을 채울지 걱정이었다. 똑같은 상을 매번 차릴 수 없어 이것저것 반찬거리를 고르느라 마트와 시장 출입이 잦아졌다. 상을 보고 나서도 괜히 소홀하지 않나 마음이 쓰였다. 친구들이 "얘, 사위는 백년손님인데 어떻게 매주 맞니. 힘들겠지만 딸이 올라가라고 해." 무심히 한마디씩 했지만 임신 초기라 그런지 조금 유산기가 있어 그럴 수도 없었다. 가끔 사위가 밖에서 외식을 하자고 해 식사 대접을 하기도 했지만 그것도 별로 마음이 편치가 않았다. 설상가상 사위가 지방 발령이 나 근처 시로 회사를 옮겼다. 이제는 딸이 서울 갈 일이 없게 되었나 했더니 야근과 출장이 잦은 관계로 힘이 들어 회사에 못 다니겠다고 딸이 사직서를 냈다. 그리고 출신 학교에서 회사를 그만둔 것을 알고 연구원 자리를 줄 테니 출산하면 학교로 복귀하라고 했다.

그럭저럭 두 달만 있으면 출산일이다. 이번엔 딸이 서울에 있게 되고 사위가 지방 근무를 하게 되었다. 태아도 이젠 안심할 정도로 자리를 잘 잡아 무거운 몸이지만 딸이 볼일은 볼 수 있게 되었다. 서울의 아파트를 조금 큰 평수로 옮기기로 하고 이것저것 준비하는 딸이 주말에 서울로 자주 가는 바람에 나의 주말은 조금 한숨 돌리게 됐다. 5월 출산이라 4월엔 이사를 끝낸다 하니 백년손님도 가끔 맞게 되었다.

딸의 이삿짐을 옮기는 날 빈방을 돌아보며 딸이 울먹이었다. 결혼식 날도 울지 않던 딸이 이제야 결혼이 실감이 나는 모양이었다.

"괜찮아, 엄마가 자주 갈 텐데 뭐."

내가 등을 토닥여 주자 딸이 소리 내어 울음을 터뜨렸다.

"그래도 왜 이렇게 마음이 슬프지."

딸을 안으며 내 눈에도 눈물이 흘렀다.

"이제 어른이 돼야지. 어떻게 아이처럼 살겠니."

옆에 서 있던 사위가 내 손을 잡았다.

"어머니, 잘 살게요. 걱정하지 마세요."

"자네만 믿네. 잘 부탁하네."

짐차가 떠나고 딸이 탄 차도 떠났다.

손을 흔드는 내 눈에서 눈물이 하염없이 흘렀다.

"잘 가라, 내 딸 그리고 백년손님도."

"엄마 왜 이렇게 할 일이 많고 복잡한지 모르겠어요.. 짐정리도 끝이 없어요. 내일모레 시댁 식구들 온다는데 무엇을 해야 할지 모르겠어요."

분가해서 처음으로 손님을 치르게 되자 딸은 하루에도 몇 번씩 전화를 했다. 달려가서 이것저것 거들어 주고 싶지만 시댁 식구들이라 그럴 수도 없었다.

"네가 몸이 무거우니 다 이해하실 거야. 장만 봐 놓으면 네 동서랑 어머니께서 알아서 하실 거야."

대강 장 볼거리를 일러주고 나니 마음이 편치가 않았다. 해주는 밥이나 먹던 딸이 어떻게 앞으로 살림을 꾸려 갈지 걱정이 태산이었다.

"엄마 장을 봐 놨더니 어머니와 동서가 요리해서 다들 잘 먹었어. 무사히 끝냈어."

밝은 딸의 목소리가 고맙기도 했지만 안쓰럽기도 했다.

'그렇게 세상을 배워 나가는 거란다. 이제부터 시작인걸.'

다음 주 시댁 식구처럼 친정 초대도 하겠다고 우기는 딸을 출산 후로 미루라고 간신히 달래고 밑반찬을 챙겨 올라가니 사위가 앞치마를 두르고 부엌에서 요리를 하고 있었다.

"자네가 무슨 요리를 한다고, 저리 가게."

내가 놀라 사위를 밀자 사위가 오히려 나를 밀었다.

"어머니, 오늘은 제가 대접할 테니 가만히 계세요. 그동안 저 해먹이느라고 고생하셨잖아요. 저 자취 오래 해서 요리 잘해요."

옆에서 딸이 거들었다.

"그래요, 엄마. 나보다 잘해요. 오늘은 그냥 계세요."

조금 있더니 식탁 위에 음식이 차려졌다. 불고기, 생선구이, 샐러드와 내가 가져온 밑반찬 등이었다.

"어머니, 드셔 보세요."

땀을 뻘뻘 흘리며 마주 앉는 사위를 보면서 나는 무한한 행복을 느꼈다. 사위는 백년손님이라더니 내가 손님이 될 줄이야. 딸과 사위와 나는 오랜만에 마주 앉아 즐거운 저녁 식사를 하였다.

엄원용

춘향아 길동아 고맙다

요즈음 경제가 말이 아니다. 미국에서 시작된 경제 위기가 온 세계로 확산되어 지구촌이 모두 앓고 있다. 물론 우리나라도 예외는 아니다. 내수內需가 잘 안 되어 공장은 문을 닫고, 회사가 부도가 나고, 그나마 있던 직장도 나가지 못하게 되었다고 한다. 그동안 잘살아보자고 허겁지겁 달려온 결과가 겨우 이런 것이었나 생각하니 허탈감마저 든다.

이런 위기 상황 속에서도, 나는 36년 동안 국어 교사로 있으면서 학생들을 가르쳐 오다가, 정년퇴직을 하여 매달 연금을 받는다. 다행히 생계에는 큰 걱정이 없게 되었다.

지금 생각해 보면 나를 교직 생활을 하게 한 '길동이'와 '춘향이'가 참으로 고맙다는 생각이 든다. 심청이도 고맙고, 『구운몽』의 성진이도 고맙고, 『사씨남정기』의 사씨도 교씨도 고맙다.

그런데 한때 춘향이, 길동이를 가르치면서 이런 생각을 해본 적이 있었다. 과연 이런 것을 가르쳐야 할 필요가 있는가? 의학醫學은 사람들의 병을 고쳐 주는 일을 하는 정말 없어서는 안 될 학문이다. 과학은 문명의 이기를 만들어 더 살기 좋은 세상을 만든다. 윤리나 도덕은 사람을 사람답게 살아가도록 알려 준다. 좋은 예술 작품은 인간의 정서를 아름답게 해주고 즐겁게 해준다. 그런데 『춘향전』, 『심청전』, 『홍길동전』은 어떤가?

어느 날 이 도령이 암행어사 출두하는 장면을 가르치다가 너무 재미있어 왜 요즈음 사람들은 이런 것을 안 읽는지 모르겠다고 말하니까, 학생들의 대답이 "에이, 요새 누가 이런 것을 읽어요. 재미있는 것이 얼마나 많은데요." "만화 읽어요." "저는 『개미』 읽어요." 라고 떠들어 댔다. 맞는 말인지도 모른다. 하기야 요즈음같이 살기가 바쁜 세상에 누가 한가롭게 앉아 이런 케케묵은 책을 읽고 있겠는가! 우리의 소중한 고전문학이라는 것을 떠나서는 솔직히 말해 요즈음 소설처럼 감칠나게 재미가 있는 것도 아니다. 정말 재미있게 읽을 수 있는 책들이 책방에 가면 널려 있다.

그런데도 좀 안타까운 생각이 든다. 아무리 현대에 산다 해도, 현대가 과거의 바탕 위에서 이루어진 것임을 모르고 어찌 산단 말인가? 아쉬운 것은, 요즈음 독서 경향을 보면 유명세를 탄 사람의 작품들은 그 내용이 좋고 나쁜 것을 떠나 하나같이 무조건 베스트셀러가 된다는 것이다.

고전은 그저 고전이 된 것이 아니다. 오랜 세월 동안 수많은 작품들 가운데서 거르고 걸러져서 남아 전해 온 것이 고전이다. 요즈음 유명세를 탄 작품들과 어찌 비교가 되겠는가!

오래전에 서울에서 세계 펜클럽 대회가 열린 적이 있었다. 그때 외국에서 온 문인들에게 『흥부전』을 번역해서 주었더니 한국에 이렇게 좋은 소설이 있느냐고 말했다고 한다. 『로미오와 줄리엣』을 『춘향전』과 놓고 비교할 때, 춘향이와 이 도령이 로미오와 줄리엣보다 못한 것이 하나도 없다. 홍길동이 로빈 후드보다 못한 것이 어디 있는가?

이제는 춘향이, 길동이에게도 관심을 좀 가져주었으면 좋겠다. 학생들이 읽는 교과서에만 실려 배우게 하지 말고, 온 국민이 즐겨 읽는 『춘향전』, 『홍길동전』이 되었으면 한다. 『심청전』을 읽고 눈물을 흘리고, 『흥부전』을 읽고 웃음을 자아내고, 사씨에게서 안타까움을 느끼고, 교씨에게서 분노할 줄 아는 이들이 많아졌으면 한다. 그러면 참으로 아름다운 세상이 될 것 같다.

이제 정년퇴직을 하고, 조용히 지난 교직 생활을 되돌아보면 아쉬운 것도 많고 후회되는 것도 많지만, 가르치는 그 과정에서 고전의 소중함을 알게 하였으니, 이보다 더 고마운 것이 어디 있겠는가! 춘향아 길동아, 그리고 심청아, 정말 고맙다.

오수열

산행山行의 즐거움

나이 들어 가면서 여기저기 아픈 곳이 나타난다고 한다. 흔히 성인병成人病이라고 불리는 당뇨병과 고혈압은 없는 사람이 그다지 많지 않고 그 밖에도 심장병이나 관절 계통의 질병 또한 동반자同伴者처럼 따라붙는 것이다.

식사 모임에 나가 보면 식후에 약봉지 꺼내는 친구들이 하나둘씩 늘어가고 심지어는 거의 한 움큼이나 되는 약을 입에 털어 넣으면서 겸연쩍은 웃음을 짓는 친구들이 많아지고 있다. 약과 함께하면서도 바깥출입을 자유롭게 하는 경우는 그래도 나은 편에 속한다. 어떤 친구는 아예 보행이 불가능해져서 모임에 나오지도 못하는 경우마저 없지 않다.

건강의 소중함은 그것을 잃어 보지 않은 사람은 잘 알지 못한다. 설령 안다고 할지라도 그 절실함에 있어서는 온도 차이가 있을 수밖에 없을 것이다.

나 또한 몇 해 전 건강에 이상 신호가 나타나 고생한 때가 있었다. 천하가 무섭지 않은 듯 종횡무진 바쁜 일상을 보내며 만용을 보였던 내가 아니던가. 그러나 과로에 장사壯士가 없었다.

드디어 건강의 소중함을 깨닫게 되었고, 나의 산행은 이때부터 시작되었다. 산행을 결심하는 데도 동기가 필요하듯이 실제 산행을 하는 데에도 혼자서 다니기보다는 동반자가 있는 것이 좋을 듯싶었다. '남도요산회南道樂山會'를 조직하게 된 동기이다.

"지혜로운 사람은 물을 좋아하고 어진 사람은 산을 좋아한다[智者樂水, 仁者樂山]."는 구절에서 따온 지혜롭기보다는 포근하고 우정을 나누는 사람들이 되자는 취지에서 내가 붙인 이름이다.

그 명칭에서 드러나듯이 남도요산회의 산행 목적은 알프스나 에베레스트와 같은 높은 산을 등정하면서 그 성공의 기쁨을 만끽하자는 것이 아니고, 그저 우리들 힘[力]에 맞는 산을 오르면서 그 자체를 즐기는 것이었다.

그렇다 보니 산행지는 해발 기준 500m 내외로 선택하였고, 산행에 드는 시간은 서너 시간이면 족하였다. 정례회를 위해 산행 날짜는 매월 두 번째 토요일로 정하였고, 이날이 되면 회원들은 가벼운 류색을 들쳐 메고 집결지에서 버스에 오른다.

산행에는 아무런 구속도 강제도 없다. 특별한 일이 있으면 못 나오는 것이고, 없으면 나온다. 그저 좋아하는 사람들끼리 한 달에 한 번씩 모여 산을 즐길 뿐이다. 산에 올라 적당히 땀을 흘릴 때가 되면 점심시간이 된다. 각자 준비해 온 도시락을 꺼내 둥그렇게 둘러앉아 서로 나누어 먹는 재미 또한 산행에서만 느낄 수 있는 특권이 아니겠는가. 식사 후 마시는 한잔의 커피 맛을 어디에 비교할 수 있을까. 심지어는 평소 커피를 즐겨 하지 않는 나마저도 그때만큼은 커피의 고

소한 향香 속에 빠져든다.

  산에 오르면 도시에서는 느낄 수 없는 상큼한 공기도 좋지만, 철 따라 다른 맛을 풍기는 산색山色을 만끽하는 것 또한 즐거움이 아닐 수 없다.

  똑같은 공간 속에서 계절에 따라 전혀 다른 산색을 보이는 데에서는 경이로움마저 느낄 수 있다.

  많은 문학 작품에서 높낮이가 심하지 않은 등급이 없는 완만한 산세山勢 때문에 민중의 삶과 연결되어 묘사되고 있는 무등산을 오르면서는 왜 광주 사람들이 휴일마다 이 산을 오르는지를 생각해 본다. 광주 시민에게 무등산이 없다면 어떻게 될까?

  이런저런 상념 속에 땀을 흘리다 보면 해는 이미 중천中天을 지나 기울어 가기 시작한다.

  오른 다음에는 내려와야 하는 법…. 힘들여 오른 산에서 내려올 때의 그 상쾌함을 어디에 비견할 것인가. 이미 몸속에서는 충전된 에너지가 발걸음을 가볍게 한다. 다시 한 달 뒤를 기약하며 헤어지는 산우山友들의 모습을 보는 것만으로도 우리 모두는 행복해진다.

우성영

임진년(2012)에 쓰는 오기병법 吳起兵法

6월 들어서면서 아파트 주위의 꽃밭에는 가뭄 현상이 심하게 나타나기 시작한다. 관리 종사자들이 우선 큰 나무를 중심으로 수돗물을 끌어다가 호스로 물을 주고 있다. 이 작업이 끝나는 대로 바로 잎이 말라 가는 작은 꽃나무에도 물을 주어야 한다고 했다. 늦봄부터 초여름 가뭄이 전국을 휩쓸고 있다.

이보다도 가뭄의 피해와 타격을 직접 받는 곳은 농촌이다. 농민들은 비가 내리지 않는 하늘을 원망할 기력조차도 없다고 한다. 아직 모내기도 못한 곳이 부지기수다. 저수지는 메말라 바닥을 드러내고 논바닥은 거북등처럼 갈라지고 있으니 그 심정인들 오죽하겠는가! 그 마음을 헤아릴 사람들은 도대체 누구란 말인가?

국민의 마음을 가장 잘 살피고 자기의 온몸과 마음을 던져 살신성인하겠다며 골목을 목이 쉬도록 소리치고 다녔던 사람들, 국민의 머슴이 되겠다던 선량 選良들 그들은 지금 이러한 사실을 아는지 아니면 알고도 모르는 척하면서 정부에만 모든 허물을 뒤집어씌우고만 있지나 않은지 현재의 우리 주위는 실의와 좌절로 가득 차 있다.

 민생은 뒷전이요, 정치꾼들은 자신들의 영달과 끼리끼리의 문화의 범주에서 벗어나지 못하고 이익만을 위하여 혈안이 되어 있는 느낌을 국민들은 표현을 하지 않아도 다 알고 있다. 그들의 입으로 외쳤던 오직 민생만을 위한다는 머슴론은 어디로 슬그머니 사라졌는지 눈을 닦고 귀를 후벼도 들리거나 볼 수가 없다.

 춘추전국 시대『손자병법』과 함께 병법의 대가 중 하나였던 오기吳起의『오자병법吳子兵法』

 제1편〈부국강병富國强兵〉편에서 오기가 위魏 나라 문후文侯를 만나 병법을 말하려고 하자 문후는 말하기를 "과인은 전쟁을 좋아하지 않소."라고 너스레를 떨자 오기가 말하기를 "저는 현재 드러나 있는 현상을 보면 뒤에 숨겨진 것을 짐작할 수 있고, 과거를 미루어 미래를 살필 수 있습니다. 군주께서는 어찌 자신의 속뜻과 다른 말씀을 하십니까?"라고 힐난하는 장면이 있다.

 "지금 군주께서는 사철 내내 짐승의 가죽에 옻칠을 하고 채색을 입히며 문양을 그려 넣고 있습니다. 이런 갑옷은 겨울에는 따뜻하지 않고, 여름에도 시원하지 않습니다. 또 창과 칼을 크게만 만들고, 수레에는 가죽을 씌우고 튼튼한 바퀴를 달게 하고 있습니다. 이런 창과 전차는 보기에 아름답지도 않을뿐더러, 사냥하기와 전쟁하기에는 적합하지 않습니다. 적을 공격하고 방어할 만한 군사력을 충분히 갖췄다 하더라도 이를 운용할 인재가 없다면 이는 마치 알을 품은 닭이 너구리와 싸우고 새끼 달린 어미 개가 호랑이에게 덤비지만 이들이 아무리 투지가 있더라도 결국 잡아먹히고 마는 경우와 같게 될 것입니다."라고 말하였다는 대목이 있다.

지금은 춘추전국 시대가 아니다. 인지人智와 과학 문명과 사회 제도가 헤아릴 수 없을 만큼 발전하였다. 이러한 시대에 우리 국민들이 전국 시대의 이야기를 떠올리게 하는 것은 선출된 고위공직자나 국민의 대변자인 선량들이 심각하게 한번 짚고 넘어가자는 충정에서다.

그러므로 영명한 지도층 인사들은 이러한 사실을 거울삼아 안으로는 문덕文德과 기술을 연마하여 국방을 튼튼히 하고 밖으로는 외교와 무비武備에 힘써야 할 것이며 적의 침략을 받고도 나아가 싸우지 않는 것은 의義롭다 할 수 없을 것이며 전쟁에 패하고 죽은 병사의 시신을 보고 슬퍼한다는 말만 하는 것은 어질다는 인자仁者와 치자治者의 도리와는 거리가 멀다 할 것이다.

지난 옛 시대의 사례가 아닌 현시대의 실태를 살펴보자. 민생과 국가를 위하여 법을 만드는 역사적 사명을 지닌 민선 국회의원들이 입법 활동의 기회를 합법으로 호도하여 1,000여 개의 특혜와 여러 명의 보좌관들을 거느리고 있으면서도 민생의 생존권과 국가의 위상을 높이는 법은 뒤로 미루고, 민선 선량이면서도 국민에게는 한마디의 동의도 구하지 않고 슬그머니 그네들은 하루만 국회의원을 해도 환갑을 지난 후에는 죽을 때까지 연금을 받는 법을 만들었다고 한다. 그마저도 언론매체가 아니었다면 국민들은 영원한 우민愚民으로 지났을 수밖에 없었다.

그뿐인가, 생계형 민생법은 먼지가 쌓여지다가 그대로 회기를 넘기면서 휴짓조각처럼 폐기되고 마는 것이 입법 취지라면 국회의 존재 가치는 무엇으로 설명할 것인가? 그들 나름의 변명도 분명 있을 것이다. 그렇지만 그 추상 같은 법들이 그들 자신에게는 서로 감싸며 그냥 넘어가지만 고달픈 국민들은 조금만 잘못이 있어도 무슨 형태로든지 위법에 대한 처벌을 받아야 한다. 이들에게 신성한 한 표를 찍어 준 손가락을 원망하는 일밖에 별다른 길은 없다.

군주 시대였던 조선 시대에 전 세계를 통틀어 성군이라 칭송되어도 조금도 손색이 없는 세종대왕을 생각해 보자. "나라말이 중국과 달라 나라말을 표현하고 쓸 수 있는 글자가 없어 내가 어리석은 백성을 불쌍히 생각하여 한글을 만들었다."고 했다. 부귀, 지위 고하를 막론하고 세종대왕의 이 거룩한 뜻을 바로 아는 국민들이 얼마나 있을까를 생각해 본다.

몇 해 전 사상을 달리한다는 단 하나, 그 이유만으로 동족의 가슴에 포탄과 총알을 날려 그 총에 맞아 젊음의 패기를 펼쳐 보지도 못하고 목숨을 초개草芥같이 버려야 했던 연평해전, 인생의 꿈도 펼쳐 보지 못하고 전사한 우리의 해병대 병사들과 죄 없는 국민들이 산화했을 때 그들의 영결식을 보며 온 나라 국민들은 눈시울을 붉혔다. 그리고 가슴을 치며 통곡했던 기억이 너무나도 생생해서 잊어질 수 없는 응어리로 남아 있다.

그날 우리는 모두 보았다. 모든 국민들이 통곡하던 그 자리에는 국민을 대표하고 국군 최고 사령관인 대통령의 얼굴이 없는 것을, 그와 더불어 직계 상관인 국무총리, 국방부 장관, 국군 참모총장의 얼굴들도 보이지 않았던 것을 우리는 보았다. 훗날 세계의 전쟁사에 무슨 말로 써질지 우리는 모른다. 이 두려움은 몇몇 사람의 두려움이 아니다. 대한민국 우리 모두의 두려움이다. 이 참담함을 우리는 후손들에게 무엇이라 변명해야 할지 모골이 송연할 뿐이다.

국가지도자의 평가는 역사학자들의 몫이지만 근간에 이루어졌던 일 중에, 언뜻언뜻 지나가는 아지랑이처럼 나타났던 장면 하나가 뇌리를 스친다. 6·25 사변 때 전사했던 국군 유해가 60년 만에 그것도 우리의 노력이 아닌 타국을 통하여 돌아올 때 대통령과 국군 수뇌들이 도열해서 거수경례를 하는 장면을 보고 가슴 뿌듯한 느낌을 가지지 아니한 국민들이 없었을 것이다. 국민을 신명 나게 하는 일은 조그마한 것에서도 찾을 수 있다. 우리는 큰 것만 바라는 욕심꾸러기 국민이 아니다.

 아주 보잘것없는 행위일지라도 국민들에게 정치政治보다 감동을 주는 정치正治가 되어 주기를 우리 모두는 바란다. 우리는 정의롭고 어질고 순박하고 감정이 풍부한 국민이기 때문이다.

유상옥

마루에서

 툇마루는 각 방과 대청에 연결하여 마당 쪽에 낸 마루다. 한옥의 구조는 여러 가지가 있지만 방과 마루와 마당이 하나의 공간으로 이어져 활용된다. 마루는 방과 마당, 부엌을 연결하는 중간에 위치한다. 툇마루는 방과 마당을 잇는 작은 마루 또는 쪽마루를 일컫는다. 음식 그릇이나 상을 놓기도 하지만 비누, 칫솔, 수건, 걸레, 빗자루 등 생활 소도구를 놓아두는 생활 공간이다. 더러는 사람이 걸터앉아서 마당이나 마당 가의 우물, 헛간, 방앗간의 사람들과 대화의 여유를 갖거나 사색의 공간으로도 이용되는 편의 시설이다. 의자가 없는 한옥에서 마루는 간편하게 앉을 수 있는 의자 역할을 한다.
 나는 콩밭 매는 아낙네와 산새들이 우지짖는 칠갑산 자락의 왜마루 동네 농가에서 자랐다. 안채에는 마루가 있었고 사랑채에는 툇마루가 있었다. 툇마루에 앉아 있으면 집 앞의 논밭에 자라는 농작물과 들판 건넛마을에 저녁연기가 피어오른다. 휘영청 밝은 달이나 별들이 속삭이는 밤 뒷동산의 솔바람 소리에 젖어들곤 하였다. 따뜻한 겨울 햇살이 툇마루에 비치면 초가집 추녀에 고드름이 녹아내린다. 그 낙수 사이로 방앗간에 내려앉은 참새들이 부리와 꼬리로 춤을 춘다. 그 아늑한 툇마루를 생각해 본다.

마루의 추억이 떠오른 것은 새삼스럽다. 6·25 때 나는 고향에서 중학교를 다녔다. 귀갓길에 아랫동네에 있는 큰댁 사랑채 툇마루에 앉아 계시던 할머니 생각이 난다. 학교 간 손자가 지나갈 때쯤이면 툇마루에 나와 계셨다. 나는 할머니를 부르고 손을 흔들었고 모시옷을 차려입은 할머니도 손짓으로 화답하시었다. 툇마루의 그 할머니가 그립다.

80년대 어느 해 여름, 김동수와 길동무하여 영주 부석사, 소수서원, 안동의 도산서원을 답사하고 하회마을에 갔다. 마을의 옛집들을 둘러보다가 한옥집 식당에서 백숙을 시켜 먹었다. 식후에 대청마루에서 낮잠을 잤다. 뒷문을 열어 놓으니 시원한 대청 바람이 솔솔 분다. 그 대청 바람의 맛이 잊혀지지 않는다.

추석이 지나고 벼 이삭이 고개를 숙이기 시작한 가을밤, 아산시 외암리 민속마을 옛 건재 대감 고택에 서울과 각지에서 고문예 회원과 손님들이 모여들었다. 이날 건재장健齋莊 사랑채 툇마루에서 아산 시장과 김 회장의 주선으로 전통음악 공연이 열렸다. 고즈넉한 고택의 정원수 사이사이에 의자가 놓였고,『심청전』의 심 봉사 눈 뜨는 대목의 창과 가야금 연주가 고요한 가을밤을 수놓았다. 높다란 마루에서 연기자들은 흥을 돋우고 객들은 큰 박수로 화답하였다.

내가 들먹이는 마루는 첫째, 한옥의 대청마루, 툇마루, 누마루 등 생활 공간의 구조를 의미한다. 둘째, 등성이를 이룬 지붕이나 산이나 언덕의 꼭대기다. 산마루, 언덕마루, 지붕마루로 쓰인다. 셋째, 물결의 가장 높은 부분, 풍랑의 마루는 뾰족하고 너울의 마루는 둥그스름하다. 끝으로 마루는 일이 한창인 고비를 말한다. "마루 넘은 수레 내려가기"란 말이 있다. 일의 진행이나 형세의 변화 따위가 매우 빠르거나 걷잡을 수 없는 형세임을 이르는 말이다.

어느 의미든 간에 마루는 위라든가 최고라든가를 의미한다. 나이 80이 된 삶에서 나는 인생의 마루를 지났는가. 지금이 마루인가, 아직 마루가 아닌가. 욕심이겠지. 나는 마루에 대하여 깊은 상념에 잠기곤 한다.

근래 만나는 사람마다 "건강하시죠? 연세보다 훨씬 젊어 보이십니다."라고 인사한다. 상대방은 좋은 의미의 인사말이어서 듣기는 좋지만 이제 나이가 드니까 나의 건강을 묻는가 싶어서 스스로 나의 건강을 생각해 본다. 종합병원의 건강 진단에서 큰 병을 고쳐 내고 회사에 출근하고 다시 모임과 외국에도 나돌아다니는 건강을 유지하고 있으니 행복하다고 생각한다. 하지만 이젠 체력도, 시력도, 청력도, 기억력도 떨어지고 행동도 둔해졌다. 혈압약과 건강 보조제도 챙겨야 하고 흰머리는 염색으로 커버하지만 주말에 면도를 거르면 턱수염도 희끗하고, 등도 구부정해졌다. 나이보다 얼굴이 십 년은 젊다고 하는 것은 규칙적으로 활동을 하고 화장품 회사를 경영하는 덕택에 좋은 화장품으로 자기 관리를 하기 때문일 게다.

2000년 초만 해도 회사의 매출이 우리나라 300대 기업에 들고 이익이 200대 기업에 들었다. 참여정부에서 여러 가지 정책을 폈지만 소비경제는 침체에 빠지고 화장품업계에 새로 참여자가 늘어 경쟁이 심해지니 실적이 전만 못하다. 그때가 마루였던가 싶긴 해도 새로운 마루를 만들고자 경영에 참견하고 있다.

오랫동안 월급 털어 전통문화 유물과 그림, 글씨, 조각들을 수천

점 모아 화장박물관과 미술관을 개설하였다. 국립중앙박물관, 덕수고등학교에도 나누어 주고 더 나눌 곳을 찾고 있는 중이다.

  글을 쓰기 시작한 것도 20년이 훨씬 넘었고 그동안 수필집도 몇 권 냈고 몇 군데 문학상도 받았으니 마루였다고 생각되지만 지금도 간간이 글을 쓰고 있으니 지금이 마루인가, 아닌가.

  동창회를 비롯하여 여러 사회단체의 책임도 맡아 왔지만 다 내놓고 남은 것은 회사의 직책뿐이다.

  기업가정신企業家精神, 정도경영正道經營, 청부낙업淸富樂業, 학이시습지學而時習之, 명품주의名品主義, 정병주의精兵主義, 고객주의顧客主義를 부르짖으며 행복을 나누는 코리아나 20년 마루 너머엔 찬란한 햇빛이 비치고 있다.

유인종

사랑의 빚

　교무실에 심심찮게 물건을 팔러 오는 사람들이 있다. 꼭 사고 싶어서가 아니라 그의 애절한 눈빛 때문에 그만 사게 된다.
　나는 고등학교를 막 졸업하고 출판사에서 아르바이트를 한 적이 있다. 자전거로 책을 배달하고 수금을 하는 일을 했다. 자전거 짐받이에 배본할 책을 높다랗게 쌓아 싣고 길을 나선다. 혹 약도를 잘못 찾는 날은 짐을 실은 채 높은 언덕과 좁은 골목길을 수도 없이 오르내리며 헤매야 한다. 찐빵 몇 개로 점심을 대신하고 종일토록 자전거에 시달리다 보면 엉덩이가 헐고 힘이 빠진 다리는 휘청거린다. 인생살이 몇십 년은 고개 넘어 또 고개인데 울고 가면 못 가는 길이니 웃으면서 넘어 보자는 유행가를 박자 삼아 자전거 페달을 밟았다.
　독자들은 월부 책값을 받으러 가면 공돈을 내놓기라도 하듯 억울(?)해하며 농담 아닌 진담을 한다.
　"당신 얼굴 좀 안 볼 수 없을까?"

그러나 독자가 오라는 장소와 시간에 맞추어 새벽과 밤중을 가리지 않고 뛰어다녔다. 얼굴을 마주치고 싶지 않은 나이 어린 수금 사원의 인격은 무시되기 일쑤였다. 권리자로서 "아니오!"라며 큰소리치는 독자 앞에서 오직 "예!"의 의무만 주어진 채 숨을 죽여야 했다. 어줍스런 촌놈이 멋모르고 사자 굴에 뛰어든 것이다.

일과를 다 마치고 밥집 아줌마가 챙겨 놓은 식탁에 앉으면 코피가 주르륵 흐르고, 잠자리에 들면 밤마다 다리에 쥐가 난다. 사무실 방의 붙박이 숙직원인 나에게는 자다가 가위가 눌려 허우적댈 때 흔들어 깨워 줄 사람이 없다. 새벽에 눈을 비비고 일어나 혼자서 사무실 청소를 하며 거울 속에 비친 초라하고 무력한 자신의 모습을 바라보는 일이 너무 힘들었다. 남들 못지않게 대학을 나와 출세하리라고 청운의 꿈을 키우던 호기와 자존심은 이렇게 골리앗 같은 삶의 벽 앞에 여지없이 허물어져 갔다.

그런 중에도 새벽마다 불렀던 노래가 있다.

> 아침 햇빛 찬란히 동쪽 하늘 비칠 때
> 지난밤 어두운 생각 어언 간에 사라지고
> 한량없는 희망이 다시 솟아오르면….

노래는 스스로를 지탱하는 강한 에너지였고 곁에서 위로해 주는 다정한 친구였다. 그때 나에게 노래가 없었다면 그 높은 언덕을 오를 수 없었을 것이다.

대구의 불볕더위는 아스팔트를 녹여 내리고 선풍기를 틀어 봤자 열풍에 오히려 숨이 턱턱 막혔다. 삼복에 어머니가 나를 낳으셔서일까, 더위에는 맥을 쓸 수가 없다. 그래서 대구의 여름을 난다는 게 여

간한 고역이 아니었다. 그러나 버티어 내야 한다. 쓰러지면 그뿐, 아무도 나를 부축해 줄 사람이 없다는 절박감에 주먹을 움켜쥐고 독하게 오기를 부렸다.

장천초등학교 선생님이 책을 주문했다. 대구에서 장천까지는 콩나물시루 같은 완행버스에 시달리며 두 시간 넘게 달려가야 한다. 정류장에서 학교까지 또 한참을 걸었다. 양손에 든 책 보따리에 어깻죽지가 쳐지고, 숯불을 정수리에 쏟아붓는 듯한 태양 아래 검게 탄 얼굴은 땀범벅, 물범벅이 되었다. 그러나 땀을 흘려 번 돈으로 대학 공부를 하니 이 길이 다만 슬픈 길만은 아니라는 것이 내가 마지막으로 움켜쥔 자존심이었다.

책을 주문한 선생님이 교무실에 없어 다시 책 뭉치를 들고 그의 자취방을 찾아갔다. 책을 받아 든 젊은 여자 선생님, 이제 그는 도서 인수증에 도장을 찍어 주면 그만이다. 그러나 그 선생님은 그러지 않았다. 얼른 마당 가 펌프로 달려가 시원한 물을 퍼 올려 미숫가루를 타서 한 대접을 건네어 준다. 그것은 갈증과 허기를 채워 주는 사막의 오아시스였다. 동정은 비열한 것이며 궁휼히 말라 버린 세상은 삭막한 사막일 뿐이라며 강퍅한 가슴으로 살던 나였다. 그러나 이 미숫가루 한 대접은 안경의 색깔을 바꾸는 참사랑의 르네상스였.

작은 정성에 감동하고 울고 웃으니 정녕 세상은 잔정으로 살아가는 것이다. 작은 사랑의 씨앗은 이미 큰 나무 그늘을 심는 것이다.

매년 무더위가 기승을 부리는 이맘때가 되면 "더읍지예에~." 하면서 미숫가루 타 주던 그 선생님 얼굴이 떠오른다. 이런 날 어느 잡상인이 문을 밀고 들어서면 얼른 달려가 보따리를 들어 주며 반가운 미소로 맞이할 것 같다. 정감 어린 경상도 사투리의 그 선생님에게 진 사랑의 빚을 이제 그렇게라도 갚고 싶어서이다.

이기돈

동선님 전상서

　아름다운 마을 백월산에 떠 있는 달빛을 바라보며 새봄을 맞이하였습니다. 칠갑산 시인 대학자, 국문학자이신 동선님 더더욱 건강하시고 행복이 충만한 날만이 거듭되시기를 기원합니다.
　날으는 새도 해가 저물면 집을 찾는다고 했으니 이제 저에게도 금년 8월 말이면 36년 5개월을 끝으로 몸담았던 홍익의 직장 조직을 떠나 명예로운 정년을 마치고 새로운 삶을 준비해야 할 시점인 듯싶습니다.
　지금부터 45년 전 그 해 6월 8일, 동선님 사모님의 부르심에 초등학교를 거쳐 중학교를 마친 어린 나이로 향리를 떠나 상경하여 낯설은 서라벌을 시작으로 오늘의 홍익전당에 이르렀습니다. 인천대학을 마치고 남들이 말하는 저의 이 성공이 있기까지에는 오직 동선님의 용단이 있었기에 제 인생관이 확 바뀐 것임을 늘 잊지 않고 있습니다.

낳아 주신 부모가 있고 기쁨과 슬픔을 같이해 준 형제가 있는가 하면 삶의 터전이 되어 준 지도자가 있습니다. 그러기에 도움 받은 위치에서 길러 주시고 이끌어 주신 은혜에 보답하는 좌표의 꿈이 있어야 할 줄 알면서도 그러하지 못하는 저의 마음은 늘 죄송스러운 마음뿐입니다. 인간이 세상에 태어나서 20여 성상을 살아가면서 서로 다른 남녀가 하나의 가정을 이루는 것이 결혼이듯이 가치관과 의식이 전혀 다른 남남이 서로 만나 가정을 이루어 살아가다 보니 때로는 난관으로 평탄한 길만은 아니었습니다. 직장이나 사회 조직에서도 그러하듯이, 이러한 난관을 극복하는 길이야말로 이성을 가지고 감정을 조화하여 애정으로 승화시켜 서로 이해하고 인내하는 지혜가 절실하고 또한 존경하는 마음을 아끼지 않았을 때 오늘의 교양 365일 부부간도 합심하여 사랑하지만 물불의 성격 차이, 교양 문화 제도가 상반된 잣대로 달콤한 세상사는 여의치가 않았습니다. 남자는 집을, 여자는 가정을 가지며 자자손손 가화만사성을 꿈꾸며 서로를 사랑하는 길임을 잘 알고 있습니다.

하지만 저는 항상 이런 생각을 하고 있습니다. 본인의 노력도 중요하지만 여건에 따라 이끌어 주고 지도해 주는 인도자가 있을 때만이 성공이 가능하다고 생각하고 있습니다. 노력성도努力成道, 인간승리人間勝利, 각고인내刻苦忍耐, 영록대성永綠大成, 동선님의 좌우명을 익히며 삶의 명배우가 되어 배운 것을 늘 익히며 사람이 할 일을 다하며 살려고 노력하고 있습니다. 세월은 사람을 기다리지 않는다는 진리 앞에 참마음을, 참맛을 안다는 고난과 기도를 안고 살려고 노력을 다하고 있습니다.

감히 저로서는 생각조차도 할 수 없는 상황에서 동선님 사모님의 보살펴주신 큰 힘이야말로…. 생아자生我子도 부모요, 양아자養我子도

부모라 했습니다.

　아낌없이 가르쳐 주신 대덕大德으로 직무 수행하는 기간 종합대학의 학생복지과장, 교학과장, 취업지원센터의 총괄과장의 중책을 맡고 업무를 수행하는 과정에서 학교에도 많은 업적을 남기게 되었다고 말합니다. 육군 헬기를 동원, 대학 캠퍼스 항공 촬영(2회) 실시, 학교 주변 지역 우량 주택을 선정하여 학교 지정 기숙사로 운영하는 학교 지정 기숙사제를 도입하여 생활이 어려운 자취, 하숙생들에게 경제적 부담을 절감시키고 또한 학교와 지역 주민과의 유대도 강화하는 등의 성과로 각종 언론(전국 TV 네트워크 방영 및 KBS의 성우 배한성과 윤영미 아나운서가 진행하는 '가로수를 누비며' 라디오 생방송 전화 인터뷰를 포함, 각종 일간지 게재 등), 매체 매스컴을 타기도 하고, 지역 주민 자녀의 결혼식 주례도 서 보고 하다 보니 이목이 집중되는 화제가 되기도 하였습니다. 그러다 보니 대내적으로는 근속 표창(3회) 및 대외적으로는 학생회를 중심으로 불우이웃돕기 모금운동을 전개하여 한국기능장애인협회장 감사장, 연기군수로부터 재학생 연기군 주민등록 갖기 운동 연기군 추진위원회 부위원장 위촉 등 성과를 거둬 연기군수 표창, 안보와 직결되는 병무 행정 발전 기여로 병무청장 표창, 경찰 업무 이해와 협조 관련 경찰청장 감사장, 대학 발전과 학생 지도 공로 교육부 장관 표창 등 다수의 수상 경력과 국가상훈편찬위원회의 원고 수록 요청으로 출원하여 『빛을 남긴 사람들』 역사 편집 발간, 책자에 기록된 바도 있는 영광을 안았습니다.

　홍익학원에 첫발을 딛고 대학의 행정 요원으로 근무하기까지 36년이란 세월도 주마등처럼 스쳐 흐르고 있습니다. 홍익학원 이사진, 학교 교직원, 학생 그리고 시설 관리 및 미화원 등 정든 홍익 가족 여러분들의 지난날 따뜻한 손길, 진정 고마웠습니다. 이제 자부심과 명예만을 가지고 여력이 있으면 사회 봉사와 문필 생활로 은로에 젖은 집필과, 우인전, 예술 작품 그리고 동선님의 문학 작품 저서를 많이 익혀 좋은 글을 짓고 쓰고 음미하며 작품 생활로 남은 여생을 창작 활동으로 보낼까 합니다. 툭툭 털고 "고백은 마음을 즐겁게 한다."는 말이 떠올라 왔습니다. 위엄 속에 인격과 성품이 겉으로 떠올라 온다 했습니다.

옳고 바른 처세론도 상대를 높인다고 했습니다만 갈 길, 지킬 길, 살 길을 찾아 문학 활동을 하겠습니다.

직장 내에서는 대인관계가 원만하여 상하관계, 타부서와의 업무 협조 등 추진력이 있다 하여 대학 책임자로부터 신망이 두터운 대상이 되기도 했습니다.

가난 없고 그늘 없는 그런 세상이야 없겠지만은 저로서는 배운 만큼 아는 만큼 나름대로 노력하다 보니 오늘의 기반이 서고 제 나이도 벌써 육십하고 중반을 향하고 있으니 이 모든 것은 절대적인 동선님의 철저한 가르침과 지도력, 그리고 비가 오나 눈이 오나 바람이 부나 늘 아낌없는 사모님의 보살핌 때문임을 잊지 않고 있습니다.

어떤 일이든 시작했으면 끝까지 초지일관으로 몰고 가야 하고 성공시켜야 한다고 했습니다. 창업創業도 어렵지만 수성守城이 더욱 더 어렵다는 말씀도 이 시점에 간절하게 산울림처럼 메아리쳐 오고 있습니다.

저의 일생은 교육 행정으로부터 시작해서 교육 현장으로 아쉽게 큰 마감을 하고 교육상담자로서 자책의 거울을 비쳐 보는 갑년 넘은 안타까운 가슴을 울렁거리게 하고 있습니다. 인생은 이제부터다, 다시 모두 체험한 것을 재조명하면서 젊음의 광장, 지성의 등불을 밝히고 밝혀 창작 생활에 신명을 바쳐 몰두하고자 합니다.

후회 없는 건전한 생활, 건강한 생활로 남은 여생을 나라 사랑, 겨레 사랑 그리고 가정 생활을 최우선으로 돌보며 나라에 꼭 있어야 할 사람으로 남겠다는 다짐도 해보겠습니다.

저와 유년기를 함께 보냈던 기해 형은 국립 맹아학교로 취업을 해서 34여 년간 공직 생활을 모범적으로 마치고 국민훈장(옥조장)을 받았습니다. 참 장한 일입니다.

사모님은 노후를 멋지게 선심행 불교합창단에서 활동하신다니 얼마나 다행이십니까? 그리고 동선님은 이번에 보훈요양 녹색복지 참사랑 전시회를 주관하시고 육이오 60주년 기념시와 묵향 잔치를 베풀고 있다 하시니 얼마나 뜻깊은 행사입니까? 많은 분들이 동참하는 가운데 지금도 저는 산수 기념 시문집을 읽고 읽으며 보리 술 한잔에 취하여 내일의 작품을 구상하고 있습니다.

이기종

응급실과 중환자실

　중계동 작은딸 집에 갔다가 가슴이 답답하여 산책이나 하려고 나와서 조금 걸으니 아침부터 약간씩 오던 통증이 심해지고 가슴을 쥐어뜯는 것 같고 걸음을 걸을 수도 없고 허리도 펼 수 없었다. 나는 몹시 나쁜 병이 생겼다고 느껴졌다. 큰 병원으로 가야 할 병이라 생각하고 자동차로 가서 운전을 하려고 앉았으나 도저히 운전을 할 수가 없고 가다가 사고라도 나면 안 될 것 같아 큰아들한테 연락하니 119 구급차를 즉시 불러 주어 신속하게 응급실에 도착했다. 중계동 삼성아파트에서 을지병원까지는 가깝고 차가 복잡하지 않아 빨리 올 수 있었다. 즉시 응급조치를 하고 조금 있으니 아들이 왔다. 내가 다니는 병원은 며느리가 있는 병원이고 그곳에 나의 모든 기록이 있고 집에서 너무 멀어서 다니기 불편하여 그 병원으로 옮기기로 했다. 다시 차를 타고 병원 응급실에 와서 보니 응급 환자가 너무 많아 이동침대는 초만원이고 이십여 명은 바닥에 자리를 펴고 누워 있었다.

나도 어쩔 수 없이 이불을 하나 얻어서 바닥에 깔고 누웠다. 혀 밑에 니트로글리세린 성분의 응급약을 넣고 혈관에 주삿바늘을 꽂고 의사의 문진에 답하고 나서 침대에 누울 수 있는 순번을 기다렸다. 나중에 안 일이지만 이 병은 심근경색으로 발병 시에는 시간과의 싸움이므로 얼마나 빨리 병원에 와서 응급처치를 했느냐가 대단히 중요한 일이었다. 그런 점에서 아들이 구급차를 빨리 불러준 것이 대단히 잘했고 고마운 일이다. 젊은이들 생각이 빠르게 잘 돌아간다. 바닥에 깐 이불이 얇아 냉기가 올라오지만 참고 여섯 시간 정도 지나니 침대에 눕게 되었다. 많은 환자에 더 많은 보호자가 왕래하니 응급실 안은 매우 복잡하고 소란스러웠다.

　아프다고 소리 지르기도 하고 신음 소리도 들리고 침대 이동에 따른 소리도 들린다. 어떤 분은 이불을 머리까지 씌운 침대 뒤를 따르며 소리도 못 내고 슬피 운다. 어떤 할머니는 남편이 누워 있어 생긴 흐트러진 머리를 빗겨 주며 이마에 가볍게 입맞춤하는 모습을 보니 정겨워 보인다. 저물어 가는 인생의 황혼 길에서 병을 사랑으로 치료하는 것 같아서 좋은 느낌을 갖게 한다. 온종일 긴장하고 신경 쓰고 걱정하느라고 고생한 안식구를 집에 보내고 조용히 생각해 본다. 항상 나의 건강을 염려하는 아내가 있어 행복하고 어려울 때 신속히 돌봐주는 아들이 있어 나는 대단히 행복했다. 분주하게 움직이는 천사의 모습은 아름다웠다.

　나는 심근경색의 환자이므로 중환자실로 가서 수술을 받게 된다. 중환자실에 자리가 없어 응급실에서 하룻밤을 지내고 갔다. 토요일, 일요일이 끼어 있어 월요일에나 수술을 하게 되어 중환자실에 오래 있게 되니 많은 생각이 떠오른다. 심장의 수술을 받고 퇴원하면 사물을 보다 깊고 넓게 볼 수 있고 모두를 사랑할 수 있는 마음의 눈을 크게 뜰 수 있기를 빌어 본다. 나 자신의 굴레도 벗어 버리고 아집을 과감히 버릴 줄 아는 사람으로 변했으면 좋겠다. 그렇게 되도록 최선을 다할 것을 다짐해 본다.

손녀들에게 할아버지 힘내시고 건강하시라는 메시지가 와서 안식구와 함께 읽으면서 행복의 미소도 지었다. 이런 행복감은 내가 이 병을 슬기롭게 극복하는 데 큰 힘이 될 것이라 생각하며 가족들에게 고맙게 생각했다.

얼마나 큰 수술인지 잘 모르는 나는 문안은 이승이지만 문밖은 저승 같고 저승 가면 어떨까 하는 생각도 들고 어디 가나 그곳의 율법만 따르면 될 것 같은 생각도 든다. 그토록 멀리 있던 저승이 조금씩 가까워지는 것 같다. 이승에서의 후회는 보다 많이 아껴 주고 더 용서하고 더 많이 칭찬해 주고 더 많이 배려할 것을 많이 못했다는 생각이 든다. 그리고 사랑하는 데 너무 인색했다는 생각이 든다. 아직도 마음과 열정은 청춘 그대로라고 외쳐 왔는데 내 의지대로 움직이지 못하는 마음은 쓸쓸하기만 하다. 2006년 5월 1일 아산병원 중환자실 창밖의 나무들은 매일 푸른 잎들을 만들어 내어 날이 갈수록 잎이 무성하고 생기가 넘친다. "한번 비 온 뒤엔 땅이 더 굳어진다."는 속담이 있듯이 내가 이 시련을 견디어 건강이 회복되면 정신적으로나 육체적으로 성숙해지고 건강해지기를 기원한다.

심장에서 나가는 혈관이 세 개가 있는데 그중 두 개가 좁아진 상황이다. 다리의 정맥에 내시경을 넣어서 그물망 두 개를 끼워 넣는 시술을 했다. 시술 중 들려오는 소리는 내가 임은영 간호사의 시아버지라는 것이다. 며느리가 수술하시는 의사 선생님께 잘해 달라는 부탁을 한 것 같아 고맙게 생각했다. 수술실 문 위에 있는 TV 화면에는 수술하고 있는 모습을 가족들이 볼 수 있었다. 중환자실 면회는 불편하다. 그래서 면회를 오지 말라고 했으나 중환자실 넓은 방에 혼자 누워 있으려니 오 분 만이지만 가족들이 보고 싶다. 병원에서 주는 약은 여섯 종류나 되고 이 약은 죽을 때까지 먹어야 한다고 말씀하신다. 경과가 좋으면 약의 종류는 줄일 수 있다고 한다. 병원 창밖으로 보이는 저 하늘의 끝은 어디고 얼마나 높으며 얼마나 클까? 얼마나 많은 세월이 흘렀을까 생각하며 먼지보다 작은 인간 그 짧은 삶이 어떤 의미를 갖고 있는지 생각이 많아진다. 조금씩 회복이 되면서 다시 삶을 살 수 있게 되었다는 생각이 들면서 나의 삶의 방향을 생각해 보게 되었다. 이제는 아무 욕심 없이 더 많이 사랑하고 좋은 작품 하나 만들면서 상처로 얼룩진 아픈 가슴을 다독이며 정신을 가다듬어 내 영혼을 바로 세우는 데 최선을 다하기 위해 새로운 생활로 여생을 다하리라. 병원 문을 나서니 아주 해맑은 햇빛이 온 누리에 내리고 시원한 바람이 내 발걸음을 가볍게 해준다.

이난영

행복 공간

지난 5월 28일 300여 개의 화분이 있는데도 아름다운 홍매, 벽공, 가련을 새 식구로 맞았습니다. 사스끼가 집에 없는 것도 아닌데 특이한 꽃 모양이나 희귀한 색상을 보면, 구입하지 않고는 못 배깁니다.

남편이나 자식들에게 꽃에 묻혀 살겠다고 잔소리를 들으면서도 꽃 하나 살 적마다 얼마나 행복한지 모릅니다. 밥을 먹지 않아도 배가 부르고, 답답하고 힘든 일이 있어도 얼굴엔 미소가 떠나질 않습니다.

너무 행복해하면 신이 시샘을 하는 모양입니다. 마음에 쏙 드는 사스끼 3점을 구입하여 행복한 마음을 가족들과 공유하고 싶어 평소 가족들이 좋아하는 음식을 서비스하기로 했습니다.

저녁 식사 후 즐겁고 행복한 마음으로 재래시장을 다녀오다 그만 넘어지고 말았습니다. 넘어지는 순간 몸이 분리되는 느낌이었고, 통증이 심해 조금도 움직일 수가 없었습니다. 나이 육십이 되면 온갖 병마가 춤추며 일어서고, 잎을 떨친 겨울 나목처럼 가느다란 바람에도 가지를 떨며 추위를 느끼기 때문에 굳건히 마음을 다잡아 이겨 내지 않으면 그대로 주저앉는다더니, 살짝 넘어진 것 같은데 대리석 모서리에 부딪혀 대퇴가 완전 골절되는 큰 부상을 입었던 것입니다. 눈 깜짝할 사이에 너무나 큰 부상으로 119에 실려 그날 저녁부터 병원 신세를 지게 되었습니다. 다음 날 철심을 3개나 박는 수술을 하였으나 다행히 수술은 잘되었다고 합니다.

일주일 동안 꼼짝달싹 못하고 누워 있는데 당장의 아픔보다 앞으로가 걱정되어 하염없는 눈물이 쏟아졌습니다. 더군다나 시어머니 대소변을 8년 동안 받아낼 때 대학생이었던 딸이 내가 출근하거나 밤에도 피곤해서 제때에 못 일어나면, 엄마 고생한다며 대소변 다 받아 내고, 목욕까지 깨끗이 씻겨 주어 늘 안타까웠습니다. 그런 딸이 고맙고 불쌍해서 나는 절대 자식들에게 짐이 되지 말아야겠다고 다짐을 했었습니다.

그런데 어머니보다 20년이나 먼저 딸에게 같은 고생을 시킨다고 생각하니, 내 아픔보다는 딸에게 미안하여 더 눈물이 쏟아졌습니다. 그러면 생글생글 웃으며 "엄마! 괜찮으니 빨리 볼일을 보세요."라고 하지만 의식 있는 엄마로서 자식 앞에서 할 노릇이 아니지요.

수술 후 보름 동안은 딸에 대한 미안함과 이대로 영영 걷지 못하면 어찌하나 하는 불안감이 짓눌렀습니다. 누구보다도 열심히 살았는데 왜 이런 일이 생겼나 원망스러워 하루하루 버티기가 힘들 정도로 육신과 심신 모두 괴로웠습니다.

더군다나 골절된 부위가 인체 중에서 가장 **뼈**가 생성되지 않는 부위라 정상적인 생활을 하려면 수개월 걸리는데다 철심 박은 것도 다른 부위는 일 년이면 제거한다는데 이 년이 되어야 제거를 할 수 있다니 모든 것이 걱정이었습니다. 두 달 이상 입원 치료 후에도 계속

물리치료를 받아야 한다고 합니다.

그래 병실이라는 작은 공간에서는 행복은 찾으려야 찾을 수 없고, 고통과 한숨만 있다고 생각했습니다. 눈물과 한숨으로 밤을 지새울 때 "생각을 바꾸면 즐거운 인생이 시작된다."는 '마리안 반 아이크 매케인'의 말이 생각났습니다. 그동안 7남매의 맏며느리로서 직장일, 집안일 열심히 했다고 신께서 휴가를 주셨다 생각하니 마음이 한결 편안해졌습니다.

쉰다는 것은 인생의 여정에서 숨을 돌리고 지나온 일을 뒤돌아보기도 하며 미래의 삶을 다시 시작할 수 있는 힘을 주기도 합니다.

이순이 되도록 직장일, 집안일로 동분서주하다 보름 동안은 뭣도 모르고 지나갔고, 그다음 10여 일은 휴가 잘한다고 생각했습니다. 내 평생 이렇게 편안하게 쉬어본 적이 없어 정말 홀가분한 마음으로 푹 쉬었습니다. 그런데 시간이 지날수록 좀이 쑤셔 죽을 지경이었습니다. 집안일은 둘째치고 300여 개나 되는 화분 관리를 어찌해야 할지 걱정이 태산이었습니다.

조바심낼 때마다 남편과 아이들이 왕비 마마처럼 잘 모시고, 화분도 잘 돌볼 테니 아무 걱정 말라는 위로와 격려 덕분에 처음의 고통과 슬픔은 점차 행복으로 바뀌어 가고 있었습니다. 생각해 보니 가만히 있어도 때맞추어 나오는 식사에, 말하기가 무섭게 시중들어 주는 가족들, 내 생애 최고의 호강을 누리고 있었습니다.

행복은 가족이라는 울타리 안에서 서로 다독이며 살찌우는 것, 마음먹기에 달린 것이지 결코 크고 웅대한 다른 어떤 곳에서 찾아내는 것이 아니라는 것을 실감했습니다.

처음에는 넘어져서 크게 다쳤다는 것이 창피하여 누구 알까 봐 쉬쉬하고, 옆 사람이 말 거는 것조차도 불편했는데 나중에는 관심 가져

주는 것이 고맙고 감사했습니다.

  그리고 병실 식구 모두 한 가족처럼 음식 서로 나누어 먹고, 저녁이면 수박, 참외, 복숭아, 찐빵, 생선회, 족발, 닭발 등을 시켜 먹는 것도 재미있었습니다.

  작은 공간의 병실에서 나이도 20대에서 70대까지 세대 차이도 많이 나지만, 직업 또한 다양하여 잘 어우러질 것 같지 않았습니다. 하지만 젊으면 젊은 대로 생기발랄해서 좋았고, 할머니들의 삶에서 길어 올린 지혜를 듣는 시간 또한 유익하고, 즐겁고 재미있어 하하 호호 하다 보면 하루가 어떻게 가는 줄 모르게 빨랐습니다.

  처음 수술했을 때 어떻게 두세 달을 입원해 있나 걱정했는데 벌써 석 달이 되어 퇴원할 때가 된 것을 보면 병실에서 육신은 아팠지만 심신은 즐겁고 행복하게 보낸 것 같습니다. 물론 가족들의 헌신적인 사랑 덕분입니다.

  지금까지는 행복 공간 하면 햇볕이 잘 드는 창가에 마음에 드는 아름다운 화초 몇 그루와 자그마한 탁자에 향이 좋은 차와 마음을 따뜻하게 하는 수필집 그리고 흥얼거리기 좋은 음악이 있는 곳이거나 누구나 선호하는 아름다운 곳인 줄만 알았습니다.

  하지만 작은 공간의 병실에서도 따사로운 여유 그리고 이완을 느낄 수 있다면 행복 공간이라고 생각합니다. 행복은 볼 수 없지만 느낄 수 있습니다. 공간은 비워 놓아도 넉넉하게 존재하는 것처럼 말입니다.

이당재

여운餘韻과 여백餘白의 아름다움

'세상'은 사람들의 마음이 밖으로 나타난 모습이다. 한데 지금 물질적으로 풍요롭고 살기도 편해졌으며 아는 것도 많고 똑똑한 인물도 많아졌는데 세상은 갈수록 나빠져만 가는지 모르겠다. 우주에 가득 찬 에너지가 기氣인데 그것은 우리가 믿는 마음에서 나온다고 한다. 신념에서 나온 그 기운이 우리 몸과 세상의 변화를 일으킨다. 현대 과학에서 사람들의 생각이나 감정은 진동수를 지닌 파동이고 에너지가 있는 물입자라고 한다. 사람들이 바른 생각과 바른 마음을 지니면 그 파동이 이웃에 밝은 진동을 일으킨다. 하지만 나쁜 생각을 하면 어두운 진동을 일으키며 주변을 나쁘게 만든다. 우리들은 커다란 생명체에서 나눠진 지체肢體들이다. 우리들이 이기적인 생각에 갇혀 생명의 신비인 '마음'을 나누지 않기 때문에 우주에 가득 찬 에너지가 흐르지 않고 막혀 있어 세상은 병들어 가고 있다. 지금의 세상은 이 세상을 사는 우리 자신들이 만들어 놓은 결과다. 사람들이 어떤 마음과 생각을 가지느냐에 따라 세상은 얼마든지 달라질 수 있다는 것이다. 요즘 사람들은 자신들의 마음과 생각을 스스로 돌이키려 하지 않고 밖으로만 찾아 헤매기 때문에 세상은 더욱 나빠질 수밖에 없다. 지금 사람들은 절제하지도 자제할 줄 모르고 뭐든지 가득가득 채우려고만 하고 있다. 그래서 더욱 불행해지고만 있는 게 아닐까!

　요즘 같은 어려운 세상이지만 여운과 운치 있는 삶을 산다면 어떨까 싶다! 옛 중국 동진 때 서예가로 유명한 왕희지王羲之의 다섯째 아들인 왕휘지王徽之가 산음山陰에서 살던 때다. 한밤중에 잠에서 깨었는데 밖에는 많은 눈이 내려 온통 흰빛이었다. 그는 일어나 뜰을 거닐며 좌사左思의 〈초은시招隱詩〉를 외우다가 갑자기 한 친구 생각이 났다. 그 친구는 멀리 섬계라는 곳에 살았는데 서둘러 작은 배를 타고 밤새 저어 가서 날이 샐 무렵 친구 집 문전에 당도했다. 그러나 그는 문득 무슨 생각에선지 친구를 부르지 않고 그 길로 돌아서고 말았다. 누군가 이상하게 여기고 그 까닭을 묻자 그는 "내가 흥이 나서 친구를 찾아왔다가 흥이 다해 돌아가는데 어찌 친구를 만나야만 하겠는가." 흥은 즐겁고 좋아서 저절로 일어나는 감정이다. 흥은 합리적이고 이해타산적인 득실을 따지지 않고 일어나는 것이다. 문득 일어나는 순수한 감정이 소중할 따름이다. 마음에 일어나는 흥겨움을 다 즐기지 않고 절제하는 운치가 아름답다. 시와 산문의 세계가 다른 점이다.

　왕휘지가 지방에 있을 때 얘기다. 전부터 환이桓伊라는 사람이 피리의 명인이라는 걸 알았지만 만나지 못했는데 마침 수레를 타고 둑 위로 지나가는 것을 보았다. 왕휘지는 배를 타고 지나던 중 동료가 알려 주어 사람을 시켜 알고 지내기를 바라며 피리 소리를 한번 들려

주기를 청했다. 피리의 명인 환이도 왕휘지를 익히 들어 알고 있던 터라 즉시 수레에서 내려 의자에 걸터앉아 세 곡조를 불었다. 그리고는 바로 수레에 올라 그 자리를 떠났다. 그들은 말 한마디도 나누지 않았다. 피리 소리를 듣고 싶어 하는 이에게 피리 소리를 들려주고, 듣고 싶었던 피리 소리를 듣는 것으로써 두 사람의 교감은 충분히 이뤄졌던 것이다. 서로 번거롭게 수인사를 하지 않고 자리를 뜬 환이의 산뜻한 거동이 피리 소리의 여운처럼 우리의 가슴에 울려 오는 기분을 느낄 수 있지 않은가.

 우리의 옛 서화書畵에서 여백의 아름다움을 볼 수 있는데 추사 김정희 선생의 '세한도歲寒圖'가 아닐까! 차가운 겨울 하늘 아래 쓸쓸하고 청아한 송백의 지조를 기리는 깨끗한 마음을 하얀 여백에서 느낄 수 있다. 이 여백의 아름다움은 서화뿐만 아니라 우리들의 인간관계에서도 나타날 수 있다. 요즘 사람들은 만족을 모르고 넘치도록 채워야 하기 때문에 여백의 아름다움을 느낄 수 있을까 싶지 않기 때문이다.

 우리가 이 풍진 세상을 무엇 때문에 사는지, 어떻게 사는 게 내 몫의 삶인지 망각한 채 덧없이 하루하루를 보내고 있지 않은지 돌아볼 일이다. 행복은 밖에서 오는 것이 아니라 우리 마음 안에서 꽃처럼 피어난다. '소욕지족小欲知足', 작은 것으로 만족할 줄 알아야 한다는 말이다. 행복은 결코 크고 많은 것에 있지 않다. 크고 많은 것을 원한다면 그 욕망을 다 채우는 데는 끝이 없을 것이다. 옛사람들은 검소하게 살면서 복을 누리는 것을 행복의 조건으로 여겼다. 세력은 끝까지 누리려 하지 말고, 일도 절대적일 정도로 너무 완벽하게 하려 하지 말고, 복도 끝까지 다 누리려 하지 말라고 했던가! '절대'란 모든 언어가 그 앞에서 주눅이 드는 초월의 세계다.

다정한 친구끼리도 하루 종일 치대고 나면 만남의 신선한 기분은 사라지고 피곤하고 시들해지기 마련이다. 전화를 붙들고 시시콜콜 시간이 길면 길수록 우정의 밀도가 소멸된다는 점도 기억해야 할 일이다. 바람직한 인간 관계는 그리움과 아쉬움이 받쳐 주어야 한다. 덜 채워진 여백으로 인해 보다 살뜰해질 수 있고 그 관계는 생동감 있게 오랜 세월 동안 지속될 수 있을 것이다. 가득 차 넘치는 것은 덜 찬 것만 못하고 절제에 행복이 깃들어 있음을 깨달아야 할 일이다. 우리 진정 행복해지고 싶다면 지금 차지하고 있는 것, 지니고 있는 것만으로도 얼마든지 행복할 수 있음을 알아야겠다. 그 밖에는 여백으로 그냥 놔두어야 거기에 행복이 머물 수 있을 것이다. 저녁노을에 창공을 한가롭게 나는 기러기 떼에 드넓은 하늘의 여백이 아름답고 행복감이 느껴지는 이유다. 모자라고 텅 빈 여백에서 넉넉한 충만감을 느끼는 날, 내 근원에 도달할 수 있을 것이다.

이무웅

흔들림

여느 때보다 긴 겨울에 움츠리고 있던 앙상한 가지에 새잎이 돋아났다. 화사한 봄꽃이 떨어진 자리에도 연녹색 새싹이 돋고 있다. 산과 들이 연녹색 향연으로 물결친다. 꽃을 바라보며 아름다워야 하는 봄은 총선 뒤끝이라 사회 문제가 만연하다. 대형 비리 사건에는 흔히 미술품이 등장한다. 영업 정지된 저축은행 대주주들도 고가의 미술품을 좋아할 주제 파악이 되어 있는지. 게다가 조계종 간부 승려들의 도박 사건을 보고 터질 게 터졌다 하는 불신자, 시민들의 격앙은 불교 언론 관계자도 도박 사건 기사에 즈음하여 올 것이 왔다며 "목탁과 염주 대신 플러시 보살마하살 풀 하우스 보살마하살 포커 보살마하살 몰래 카메라 보살마하살." 풍자만화가 등장할 정도로 100일 동안 108배 총무원장 참해정진을 약속한 것도 땅에 떨어진 공신력을 대처할 수 있을지. 통합진보당은 몰래 카메라 보살마하살 하면 될까?

세월은 기다려 주지 않는다고 말하고 싶다.

광우병 조사단 비육우 이력 추적 확인도 못하고 미국 소한테 사료 얻어먹여 보고 와서 고기 먹어도 안전하다는 것인지.

헤어날 길 없는 경기 침체의 늪에서도 자연은 우리에게 희망을 꿈꾸게 한다. 오월은 4살짜리 내 손자의 얼굴을 닮았다. 흔들리고 고단해도 손자의 얼굴을 바라보면 가슴이 명랑해지고 웃음이 절로 생긴다. 그 아이를 내게 보내 준 막내아들과 며느리가 참으로 고맙다. 손자를 바라보면 온갖 시름이 사라지며, 오월은 가족들 모두에게 생기를 부른다.

한 송이 꽃은 그 꽃을 피우기 위해 모진 바람, 추위에 떨면서 꽃눈을 키워 왔다. 이제 잎은 나날이 푸르름을 더하고 침체된 우리 경제도 봄기운같이 꿈틀거릴 때가 오지 않을까? 아직도 잘라 버릴 묵은 가지와 잎이 남아 있는 걸까? 떨어진 숱한 잎과 가지가 썩어 부토를 만들듯 그들의 희생이 꽃피울 때는 언제가 될는지. 거리마다 넘쳐 나는 실업자 노란 얼굴들. 이 거리에도 신록의 오월이.

바라보면 내가 살아 있다는 사실이 참으로 즐겁다. 내 나이를 세어 무엇하리. "나는 지금 오월 속에 있다."라고 수필가 피천득 님은 오월을 예찬했다. 유난히도 춥고 길었던 지난겨울을 힘겹게 이겨 내고 우리는 지금 오월 여수 엑스포 박람회의 성공을 염원하며 세계인의 기억 속에 영원하리라 기대하고 있다.

이방수

칭찬의 위력

경상남도 새마을회에서는 칭찬의 주인공을 발굴하여 널리 홍보함으로써 서로 사랑하며 아끼는 마음을 전 도민에게 심어 주고 밝고 명랑하고 따뜻한 사회를 만들고자 칭찬하기 운동을 전개하였다. 본 사업은 경상남도 새마을 부녀회가 주관하고 있다고 한다. 때늦은 감은 있지만 적절한 착상인 것 같다.

남을 폄훼하고 남의 흠집 내기를 자신의 우월감으로 생각하는 세태 속에서 남을 칭찬하고 배려하는 도민으로서의 의식을 전환한다는 것은 어려운 일이지만 그래도 꼭 해내어야 할 우리 모두의 과제임에는 틀림이 없다.

세상에 칭찬을 들어서 좋아하지 않는 사람이 어디 있겠는가?

칭찬이 인생의 진로를 바꾸기도 하고 새롭게 진로를 결정하기도 하는 위대한 힘을 가졌다는 글을 읽은 적이 있다. 어느 학부모님이 초등학교 학예 발표회에서 노래하는 자기 아이를 보고 "너는 앞으로 음악에 전력투구하면 참으로 훌륭한 음악가가 되겠다."는 선생님의 칭찬 한마디가 그 아이의 장래를 결정하는 동기가 되었다고 하였다.

이처럼 선생님의 칭찬 한마디가 그 아이를 음악에 대한 관심을 가지게 해주었고, 음악에 대해서는 남보다 잘할 수 있는 소질이 있다는 자신감을 가지게 해주었고, 자기의 무한한 가능성을 키워 나갈 용기를 얻게 해주었다는 것이었다.

칭찬에 대해서는 나도 이런 경험을 해본 적이 있었다. 내가 합천군청에 근무하고 있을 때였다. 그때 열린 어느 강연회의 강사 선생님께서 친절은 무엇보다도 마음속에 사랑과 정성이 깔려 있어야 한다면서 마음속에서 우러나는 친절을 베풀자고 강조를 하시며 마지막에 예를 들기로 군청에 있는 이 모 씨처럼 정성과 애착으로 모든 사람을 대하면 될 것이라고 하였다는 것이었다. 며칠 후 나는 그 칭찬의 이야기를 듣고 더 친절해야겠다는 각오를 가지게 되었고 내가 만나는 모든 사람들에게 마음에서 우러나는 정성과 사랑을 쏟아 주는 그런 칭찬을 베풀어야겠다는 힘과 용기를 얻었고 앞으로 아낌없이 칭찬을 하면서 살아야겠다는 각오를 하게 되었다.

어느 때인가 이런 일도 있었다. 직장에서 가장 가까운 동료에게 불이익을 주어야 하는 상황에 처한 적이 있었다. 나는 고민도 하고 걱정도 하였다. 그러나 그 친구는 내가 제 친구니까 도와주겠지, 불이익을 주지 않겠지 하고 접근해 왔다. 하지만 친구라고 해서 원칙이 없이 도와줄 수는 없었다. 그 후 친구는 나만 보면 고개를 돌리고 먼 발치에서도 나를 보았다 하면 발걸음을 돌리고 하였다.

『명심보감』에 "수원讐怨을 막결莫結하라. 인생하처人生何處에 불상봉不相逢이니 노봉협처路逢狹處에 난회피難回避니라: 원수를 맺지 마라. 사람이 살면서 어느 곳에서든지 만나지 않겠느냐. 좁은 길에서 만나면 피하지 못할 것이니라. 그래서 원수와 원한을 맺지 말라."고 하였다.

나는 그 친구와 우정을 새롭게 하기 위해 길사나 흉사에 빠짐없이 찾아보고 친구네 아이들의 선행도 칭찬하고 그 친구의 장점도 다른 사람을 통하여 칭찬을 해주는 등 온갖 정성을 다하였다.

어느 날! 그는 마음의 문을 열고 나를 이해해 주기 시작했다. "말 한 마디에 천 냥 빚도 갚는다."는 속담처럼 내가 상대방에게 정성을 다하여 칭찬을 해주었을 때 그 칭찬은 맺혀진 원한을 풀어 주고 우정으로 따뜻한 모습으로 다시 돌아온다는 것을 알았다.

켄 블랜차드는 『칭찬은 고래도 춤추게 한다』는 책에서 이런 말을 하였다. 거대하고 무시무시한 바다의 포식자, 무게가 수천 파운드나 되는 범고래가 조련사의 지시에 따라 수면 위로 솟아 있는 줄을 넘어 점프도 하고 멋진 모습으로 묘기를 펼칠 수 있는 힘은 조련사가 항상 고래를 칭찬하고 긍정적인 관계로 이끌어 가는 전환 방법을 사용했기 때문이라고 했다. 이처럼 칭찬의 위력은 대단한 것이었다.

칭찬은 인생의 진로 방향도 새롭게 결정하고 바꾸기도 하고, 칭찬은 맺혀진 원한도 선으로 풀고, 칭찬은 의식을 바꾸고, 진실하게 살아가는 동기 부여의 계기를 마련해 주는 힘도 있었다.

이런 위력을 가진 칭찬은 나부터 내 주위부터 먼저 생활화해야겠다. 착한 일에는 열심히 칭찬하자! 진심 어린 눈빛으로 칭찬하자! 긍정적인 생각을 강조하고 칭찬하자! 결과보다 과정을 칭찬하자! 그리고 구체적으로 칭찬하자!

칭찬의 작은 씨앗이 넓고 큰 세상을 밝고 따뜻하고 포근한 세상으로 만드는 위력을 다시금 생각해 본다.

이상옥

인연의 수레

　삶이 힘들 때는 한생도 긴 것 같아 한생으로 끝나면 얼마나 좋을까 이런 생각을 한 적도 있다. 죽고 나고 죽고 나고 한도 끝도 없는 윤회의 삶이 무섭다. 각자 자기 주어진 대로만 만족하며 살아간다면 좋으련만 나보다 나은 듯하면 시기하고 무너뜨리려고 경쟁을 하는 사회가 싫다.
　세상에서 가족보다 더 중요한 인연이 어디 있을까. 옷깃만 스쳐도 오백 생의 인연이 있어야 한다고 했고, 구천 생을 한 가족으로 지낸 인연이 있어야 이생의 가족이 된다고 했다. 그러니 가족의 인연이 얼마나 지중하고 소중한가. 그런데 그렇게 소중한 인연 속에서도 마음이 안 맞아 아웅다웅하고 사는 가정이 많다. 세상이 변해 충효 사상도 멀리 갔고 부모가 자식을, 자식이 부모를 떠밀며 등을 돌리고 사는 세상이 되어 가고 있으니 이 어찌 슬픈 일이 아닐까.
　며칠 전 모임에서 들은 이야기다. 어떤 어머니가 아들 3형제, 딸

하나를 명문 대학까지 졸업시키고 박사까지 만들었는데 어머니가 병이 들자 4남매가 못 모신다고 하여 요양원으로 모셨다고 했다. 그 어머니는 재산이 많아 자기가 다니는 사찰 주지스님께 절 지을 적에 몇 억대를 보시하겠다고 약속을 했다는 것이다. 절 건물이 다 끝날 무렵 막상 돈을 스님께 드리려고 생각하니 아까운 생각이 들어 약속을 어겼다고 한다. 보시금을 내놓는다고 하여 주지스님은 건축을 시작했을 텐데 얼마나 황당했을까. 주지스님의 마음고생이 보이는 듯해 마음이 아팠다.

  그 후 그 어머니는 병이 점점 깊어져 죽음을 맞이하여 요양원에서 자식들 4남매 주소를 수소문했으나 찾을 길이 없어 며칠 만에 화장해서 뿌렸다는 이야기를 들었다. 그 후에도 자식들은 한 번도 찾아오지 않았다고 한다. 남의 일이지만 화가 났다. 자식들도 못됐지만 그 어머니도 지혜가 없는 분이었다. 평상시 자식들의 마음 쓰임도 헤아리지 못했고 어쩌자고 스님과의 큰 약속을 어겼는지. 그것은 그분이 덕이 없고 지혜도 없었고 그리고 인연의 수레를 잘못 탔기 때문이다.

  사람이 살아나가는 데 복도 중요하고 혜도 중요하지만 인연도 역시 중요하다. 한 사람의 잘 지은 인연으로 세세생생 극락정토에서 행복을 누릴 수도 있고 한 사람의 잘못 지은 인연이 세세생생 지옥을 면하지 못할 수도 있다. 부부 인연, 형제, 친구, 이웃이 다 그렇다.

  누가 나에게 하는 말이 여사님은 가는 곳마다 좋은 사람들만 만난다고 부러운 말을 건넸다. 글쎄 요즈음 만나는 분들이 내가 생각해도 맑고 깨끗한 분들 같다. 그래서 나는 행복하다고 했다. 그런데 지금까지 살면서 인간고를 나같이 많이 겪은 사람도 흔치는 않을 것이다. 현재도 집안에서도 겪고 있다고 말하면서 가슴 한편이 씁쓸해

왔다. 육신이 아프면 약으로 치료를 하지만 마음이 아픈 건 약도 없다. 그래서 마음으로 치료하고 있는 중이다. 금생에 안 좋은 인연은 금생으로 끝내려고 어떤 억울한 일에도 밝히려고 하지 않는다. 불법을 몰랐다면 오해로 받는 마음의 상처 헤어날 길이 없었겠지만 전생의 업으로 달게 받으며 기도로 이겨 낸다.

  나는 내생의 좋은 큰 인연을 위하여 아침저녁으로 불보살님들께 지극 정성으로 발원을 올린다. 그리고 가장 아끼고 사랑하는 내 혈육과 같은 사람이 옆에서 큰일을 하고 있어 보는 것만으로도 흐뭇하고 행복하다. 그 사람은 현재 마음고생을 많이 하고 있지만 얼마 안 있어 반드시 풀릴 것이다. 그 사람이 바로 미타사 밝은언덕 요양원을 운영하고 있는 우담화다. 우담화는 큰스님의 사제로 속세에서 결혼하여 두 남매를 낳고 가정생활을 하며 어떤 인연으로 건설 사업을 하게 되었는지는 모른다. 그곳에서 우담화는 큰 사업가가 된 것이다. 큰스님의 권고로 15년 만에 건설 사업을 정돈하고 오직 아이들 뒷바라지하며 큰스님께 많은 도움을 드린 것을 알았다. 우담화가 젊은 나이에 건설업을 시작하여 돈을 벌게 된 동기는 어떤 신의 힘이 분명히 있었을 거라는 생각이 든다. 언니인 큰스님의 기도가 그런 기도가 아니었을까. 꼭 필요할 때 쓰이기 위하여 그런 가피를 내리신 것이 아닐까 하는 생각이다. 우담화가 아니면 누가 그렇게 원하시던 요양원을 크게 지어 열반하신 큰스님의 원력을 이루어줄 수 있을까. 속인으로 몸도 약한 사람이 많은 돈을 사찰 터에 투자해서 고생한다는 것은 어려운 일이다. 우담화는 『금강경』에 나오는 어느 곳에도 머무름 없는 순수한 보시를 하고 있기 때문에 요양원은 날로 번창하여 늙고 병든 많은 사람들의 요람이 될 것이다. 큰스님과 우담화의 좋은 인연으로 우리들까지 정말 행복한 노후로 회향할 조짐에 나의 노후는 걱정이 없다.

  나는 생각했다. 인연은 스스로 짓는 업의 수레가 아닐까. 자기 몫의 생에서 그것만큼 확실한 증표가 없을 것 같다. 그래서 오늘 하루도 조심스럽게 하심으로 살고자 노력한다.

  새벽 첫 태양이 밝은언덕 요양원을 밝게 비추듯이 미타사가 극락정토가 되고 모든 아픈 중생들이 밝은언덕 요양원에 와서 편히 쉬고 아름다운 회향을 맞이하게 될 것이다. 우담화는 아픈 이들에게 희망이 되어 주기 위하여 숨 가쁘게 인연의 수레를 타며 오늘도 바쁘다.

이순이

귀여운 남편

며칠 만에 날씨가 개어서 그런지 파란 하늘과 소나무 사이에 붉게 타는 저녁노을이 무척이나 아름답다. 인생의 석양 앞에 서고 보니 요즈음은 해가 지고 어둠이 내릴 때면 괜스레 허전하고 무엇을 먹고 체한 사람처럼 가슴이 미어지고는 한다. 저녁 운동을 하며 어떻게 황혼을 만들어 가야 할지 늘 미로를 가는 사람같이 걱정이 된다고 했더니 노후에는 취미가 있어야 된다고 딸이 이야기한다.

그리고는 도자기와 오랫동안 희로애락喜怒愛樂을 함께했으니 엄마는 문학을 하면서 노후를 아름답게 만들고 아버지는 음악을 통해 새로운 예술 세계를 만들어 보라고 한다.

통기타가 유행하던 시절, 20대에 그렇게 갖고 싶었지만, 경제적 여건이 허락하지 않아 남이 버린 것을 얻어 조금 쳐 보았다기에 늦게라도 갖게 해주고 싶어서 딸에게 생신 선물로 사 드리라고 했다.

서울 악기점에서, 세상에 태어나서 처음으로 기타를 장만했다는 즐거움에 어깨에 메고 으스대는 모습이 어린아이 같아서 뒷모습이 너무나 귀엽다고 했더니 싫지 않은 듯 웃는다.

그러기에 한술 더 떠 마치 엄마가 자식이 좋아하는 것을 사 주고 난 후에 뿌듯한 기분이 되어 하모니카를 선물을 했다.

요즈음 어린아이가 된 양 시간만 나면 기타와 하모니카를 연습하며 어릴 때 못 해본 추억을 만들고 있는 모습을 바라보면 내 어린 시절 악기는 감히 만져볼 수도 없었기에 대리만족으로 신이 나서 박수로 응원을 해주고는 한다.

부부로 만나서 어려운 시절을 극복하고 얻은 노후라서 그런지 이제는 태어날 때부터 남편과 함께 산 것 같다.

기쁨과 슬픔도 모두 하나가 되어 버린 지금의 우리 부부를 보고 딸이 부부란 다 그런 줄 알았다며 며칠 전에 고백을 했다.

그리고는 지난번 내가 지은 〈부부〉라는 시 "비우고 비워서 하나 되는 푸른 바다"라는 마지막 구절을 보고는 늦었지만 결혼을 결심했다고 한다.

만들어 가야 하는 긴 여정을 이해한 모양이다.

부디 좋은 인연이 나타나기를 기도하고 있다.

오늘은 악보를 보며 '아름다운 것들' (방의경 작사) 연습을 하는데 너무나 시적이라서 몇 번이나 같이 따라 불렀더니 아예 나에게 녹음이 되었는지 저절로 입에 붙었다.

    꽃잎 끝에 달려 있는 작은 이슬방울들
    빗줄기 이들을 찾아와서 음~ 어디로 데려갈까
    바람아 너는 알고 있나 비야 네가 알고 있나
    무엇이 이 숲 속에서 음~ 이들을 데려갈까.

갑자기 노래를 부르다 나의 어린 시절이 떠올라 해가 뉘엿뉘엿 넘어갈 때 "해는 져서 어두운데 찾아오는 사람 없어 밝은 달을 쳐다보니 눈물이 납니다."라는 노래를 부르며 산등성에서 혼자 울곤 했다는 이야기를 했다.

남편도 옛날 생각이 나는지 신문팔이 시절 갈 곳이 없어 그 노래를 부르며 울었다면서 기타를 치는데 왜 그리 슬프던지….

그런 공감대의 기억 때문인지 둘이서 외국 여행을 장기간 했을 때에 저녁때가 되면 이상스럽게 쓸쓸해져 빨리 집에 가고 싶어 안달을 했던 것 같다.

음악은 자기를 표현하는 것이기에 기왕이면 좋은 파장이 있는 것을 부르도록 해서 밝은 기운을 불러들여 행복한 노후를 만들어야 된다고 하니 동감하며 좋은 곡을 배우고 싶다고 한다.

어제는 볼일이 있어서 시내에 간다고 하니 기타 악보를 사 오라고 해서 '당신은 사랑받기 위해 태어난 사람'이라는 악보를 구입했다.

어쩌면 그 노래처럼 우리는 세상에 태어날 때에 사랑받기 위해 태어났는지도 모른다. 사랑을 받고 싶으면 먼저 주어야 하는데, 주지는 않고 받기만 원하면 메아리만 부딪치는 이치를 알고 있다.

하지만 주는 데 왜 그리 인색한지 마음 챙김을 열심히 해서 사랑을 주는 사람이 되어야겠다.

기타 연습에 빠진 수염이 허연 남편이 귀엽고 사랑스러운 것을 보니 내 눈에 콩깍지가 아직도 안 벗겨진 모양이다.

그런데 갑자기 남편에게 물어볼 말이 생각났다.

35년 만에 처음 문학 모임에 배우러 간다며 책가방을 들고 나가던 날, 단 몇 시간이지만 나만의 시간을 갖게 되었다며 기뻐할 때에 나도 그렇게 귀엽고 사랑스러웠느냐고….

이승철

망향가 望鄕歌

"고향이 그리워도 못 가는 신세." 고향을 그리워하는 노래다. 고향은 어릴 적에 동심의 꿈을 키우며 살던 곳이다. 온갖 추억들이 산과 들에 그림처럼 꽃피워 향기를 피운다. 그 향기는 세월이 갈수록 연민의 정으로 그리워진다. 누구나 고향은 다 있다. 그러나 고향 생각에 빠져 사는 사람들이 있다. 고향을 가까이에 두고도 가지 못하는 실향민들이다.

1950년 6월 25일 한국전쟁이 일어나면서 북한에서 많은 사람들이 자유를 찾아 남한으로 피난을 왔다. 전쟁이 끝나면 곧 돌아가겠지 하는 생각을 하고 정든 고향과 가족을 둔 채 월남하였다. 그중에서도 10만이 넘는 흥남 피난민들이 있다. 이들은 1·4 후퇴 때 급하게 피난을 나오면서 아무것도 가지고 나오지 못했다. 빈 몸으로 왔지만 그들의 소원은 이루어졌다. 그 소원인 자유를 찾은 것이다. 공산 치하에서 겪었던 시련과 아픔은 모든 것을 다 버려도 자유 하나만 얻은 것이 큰 행운과 기쁨이요, 그들의 바람이었다.

휴전이 되자 고향 가까운 곳으로 가야겠다는 심사로 부산, 서울 등지로 떠났다. 그 가운데서도 잠시나마 정이 들었던 거제도를 떠나기 싫어서 정착하고 사는 사람도 있었다.

고향을 떠나와서 낯설고 물선 타향 객지에 전전하면서 온갖 난간과 어려움이 있어도 참고 견디며, 꿈을 버리지 못하고 억척같이 일을 해서 성공한 사람이 있다.

모든 것을 버리고 떠나온, 텅 빈 몸과 마음속에는 새로운 희망과 포부의 씨를 뿌린다. 그 씨는 메마른 토지 위에서 강인하게 자라나서 어떤 어려움도 이겨 내고 성장, 발전하게 되었다. 그래서 대부분 성공을 한다. 경제적, 사회적으로는 성공을 하였지만, 마음은 항상 외롭고 허전하다. 그 공허함을 메우기 위해서 현실에 더욱 분마奔馬 하면서 고향 생각을 잊으려고 하지만, 세월이 가면 갈수록 그리움은 더해 간다.

어느 때나 통일과 평화가 오려나 하는 기대는 극한 대립으로 양분된 갈등이 좀처럼 사그라들 기미를 보이지 않는다. 한 나라 안에서 같은 민족끼리 쉽게 이루어질 수 있을 것이란 생각은 세월이 가면 갈수록 멀어져 간다.

그들이 처음 정착한 곳이 거제도의 외딴 섬이었다. 휴전이 되고 고향으로 돌아가겠다는 꿈은 말짱 허사였다. 남북이 아직도 양분된 채 사상적인 이념은 좀처럼 수그러들지 않는다.

남북 통일에 대한 말들이 정치인을 비롯하여 종교인 등 많은 사람들이 들고 나오긴 하지만, 통일에 대한 근본적인 논제가 합의가 되지 않은 채 입만 벌리면 통일 운운한다. 먼저 민주주의 방법이냐 공산주의 방법이냐 하는 것부터가 논의되어야 한다. 북한에서는 어떤 일이 있어도 민주주의 통일을 원하지 않을 것이다. 북한에서는 남한을 선동하여 민주주의가 자멸하기를 원하고 있다. 그런 속셈도 모르고 지금까지 북한의 의도에 끌려다녔고, 정권 쟁탈의 파쟁만 일삼고 있다.

공산주의가 싫어서 목숨을 걸고 월남한 사람들은, 평화적인 통일은 절대 이루어질 수 없다는 것을 너무 잘 알고 있다. 북한의 속셈을 잘 알고 있기 때문이다. 통일은 되지 않더라도 납북拉北자와 월남越南한 사람들이 고향을 서로 오고 갈 수만 있다면, 통일의 기쁨을 느낄 수 있을 것이다. 올해나 내년이나 서로 왕래라도 할 수 있는 길이 트이겠지 하는 기대와 희망을 안고 살아가는 실향민들, 그런 꿈과 희망을 가지고 살다가 많은 사람들이 세상을 떠났다.

흥남 피난민 가운데 거제도에 정착하여 사업을 하면서 살던 사람이 있었다. 자주 만나서 고향 이야기를 듣곤 했다. 지난여름 바닷가에서 고향을 그리워하는 망향가를 부르면서 북쪽을 향해서 하염없이 바라보고 있는 그 모습이 너무나 쓸쓸해 보였다. 몸은 가지 못해도 마음은 항상 고향에 가 있던 그분이 얼마 전에 타계했다는 소식을 들었다. 빈소에는 평소 좋아하던 "고향이 그리워도 못 가는 신세"의 망향가가 조용히 울려 퍼지고 있었다. 그 노래는 향불을 타고, 자나 깨나 그리워하던 고향으로 날아가고 있었다. 가을 바람결 따라 고향으로 달려가는 영혼과 함께 망향가를 부르던 바닷가에는 파도 소리만 애잔하다.

이외율

그리운 금강산

　조국 분단 반세기 만에 금강산을 찾아갔다. 태백산맥 북부에 최고봉인 비로봉(1,638m)을 중심으로 기봉奇峰, 암주岩柱, 암대岩臺, 단애斷崖의 기암괴석과 일만 이천 봉으로 이루어진 금강산. 부산에서 고성까지 동해선 철로가 완공되면 5시간 30분이면 도착할 수 있는 거리를 지인 30여 명과 함께 14시간이나 걸려 장전함에 도착했다. 너무 많은 시간을 허비하고 찾은 탓인지 어두움이 깃들어 잠을 청하려는 듯 다소곳한 금강산, 동해의 푸른 물결이 일궈 낸 운무까지 곁들였으니 마치 청순한 신부 같았다. 그 어둠 속으로 희미해지는 금강산과 설레는 첫날밤을 보냈다.
　아침에 눈을 뜨니 비가 오고 있었다. 첫날에는 관음폭포, 육화암, 삼선암, 귀면암, 절부암으로 오르는 만물상 코스로 갈 예정이었지만 우천 관계로 금강문, 옥류봉, 연주담이 있는 구룡폭포 쪽으로 정해졌다. 원래 금강산은 내금강, 외금강, 해금강으로 구분되어 있지만 일

쩍이 서산대사는 금강산은 아름다우나 웅장하지 못하고 묘향산은 아름답고 웅장하다 했고, 시인 이태백은 〈춘야연春夜宴〉이라는 시에서 "천지는 만물이 깃드는 여인숙이요, 광음은 벽대를 지나는 영원한 나그네."라고 노래하면서 풍찬노숙과 한운야학의 낭만을 벗하여 한때 시와 술로 즐겼다니 금강산의 아름다움을 굳이 크고 작은 사찰 8만 9 암자를 소개하지 않아도 짐작할 수 있다. 가을은 회상과 사색의 계절이요, 우수의 계절에다 묘한 구름과 신비로운 안개까지 가렸다 열렸다를 반복하고 있으니 노자의 무위자연의 고귀한 철학이 어찌 실감 나지 않으리.

금강산 이름 자체가 불경의 『금강경』에서 유래했음인지 빗속의 진흙 길은 굽이굽이 절경의 연속이었다. 로키 산맥이나 요세미티 바위처럼 웅장하지는 못하나 섬세와 우아미 그리고 총총히 들어선 기암괴석은 천하의 일품임에 틀림없다. 비를 흠뻑 맞았음인지 온정리의 온천욕은 피로를 깨끗이 풀어 준다. 사육신의 한 사람인 매죽헌 성삼문의 시가 생각난다. "이 몸이 죽어가서 무엇이 될꼬 하니 봉래산 제일봉에 낙락장송落落長松 되었다가 백설이 만건곤할 제 독야청청獨也靑靑하리라." 삶의 의지와 신념을 노래한 봉래산의 낙락장송이 이곳 노천탕 주위에 즐비하다. 그래서 그의 이름은 여태까지 우리 민족의 가슴속에 푸르게 살아서 향기롭게 숨 쉬는지 모를 일이다.

이튿날 찾아간 오만 가지 형상이 있다 하여 붙여진 만물상 코스. 단풍잎이 꽃보다 붉은 것을 보고 탄성이 절로 나왔다. 중국의 진시황이 장생불사를 구하기 위해 봉래산에 사람을 보낼 만했다는 생각이 든다. 특히 수백 수천 개의 물줄기가 한 고을로 모여들어 수많은 폭포가 일대 장관을 이루고 있는 만폭동萬瀑洞은 주마간산走馬看山으로 어찌 평할 수 있으리. 산행에서 경건과 엄숙의 마음을 배운다고 했던가. 시인 괴테는 알프스 산을 넘으면서 그 웅장한 미美에 감동하여 모자를 벗고 절을 했다고 한다. 구룡폭포 앞에 설 때 김삿갓(김병연)이 쓴 시가 떠오른다. "소나무는 소나무, 잣나무는 잣나무, 바위는 바위끼리 돌아들고 물과 산과 만나는 곳 기상천의로구나[松松柏柏 岩岩廻 水水山山 處處奇]. 손이 한 자만 길었다면 만질 듯한데 돌은 천 년을 굴러도 속세에 이르지 못하는구나." 그는 홍경래의 난 때 조부를 질책한 시를 쓰고 조상에게 죄를 지은 몸이라 하여 속죄하는 마음에서 일생을 삿갓을 머리에 얹고 삼천리강산을 술과 시로 방황하다 전남 화순에서 57세로 일생을 마감한 이 땅의 이태백이랄까.

셋째 날은 날씨가 꽤 쾌청했다. 해금강과 외금강은 현대그룹이 맡아서 운영하고 내금강은 북한 주민들에게만 개방되어 있다. 이왕 간 김에 천 년의 한을 품고 잠들었다는 마하연 마의태자 능이라도 보았으면 했으나 못 본 것이 못내 아쉬웠다. 그러나 구룡현 가는 길의 좌우에 청룡과 백호는 하나같이 만학천봉의 기암절벽으로 병풍을 이룬다. 비단 명주처럼 힘차게 내리붓는 구룡폭포. 한 굽이 오르면 열두 계단. 오르면 오를수록 청룡이 굽이치는 호탕한 일망무제의 기분은 백문이 불여일견이었다. 이렇게 아름다운 절경을 두고 우리 민족은 왜 둘로 갈리어 서로 애통해하는지 생각하면 할수록 가슴 답답한 일이다.

이제 금강산까지 육로가 열리고 개성공단이 특구로 개방되면 마음대로 드나들 수 있을 것으로 생각했는데, 아직까지 길은 멀기만 하다. 불과 3일간의 일정이었지만 그때의 감흥을 잊을 수 없다. 멀리 고성평야와 삼일포를 배경으로 했던 금강산의 모습이 생각하면 할수록 그립기만 하다.

이우재

60년 그린 아리랑 정선 가다
―정선 아우라지의 아리랑 가락

눈이 올라나 비가 올라나 억수장마 지려나
만수산 검은 구름이 막 모여든다.

　이번 봄이 끝나기 전에 정선으로 떠날 생각을 한 것은 아라리 가락 때문이 아니었다. 남들은 정선아라리 가락만 들어도 가슴 밑바닥에서부터 소용돌이치는 알지 못할 회한과 동경, 정처 없이 떠나고 싶은 역마의 충동을 느낀다고 한다. 하지만 난 그런 정서를 찾기 위함이 아니었다. 산수 나이에 인생을 돌아보면서 각 지방의 산수갑산山水甲山을 추억해 보면 살면서 겪어 온 고비만큼 산수傘壽 갑산의 굽이굽이엔 사연이 없고, 낭만과 사랑, 열정과 고뇌, 보람과 회한이 묻혀 있지 않은 곳이 없다. 마음 가는 대로 발이 이끄는 대로 돌아다녔던 곳이 많았던 이유도 있지만 그 어느 한 곳도 마음 가지 않은 곳이 없고, 마음 머물지 않았던 곳이 없었기에 더욱 그러한 듯하다. 숨 가쁘게 일에 파묻혀 살다가도 산이 부르고, 계곡이 부르고, 파도가 부르고, 흙 내음, 꽃 내음, 바다 내음이 부르는 소리를 저버릴 수 없는 날이면 지체 없이 은항의 나그넷길을 떠났었다. 그러나 이제는 예전처럼 움직여지지 않는다. 세상 구석구석을 돌아다녔기 때문이기도 하지만 이제는 자연이 부르는 소리대로 무작정 움직이기보다는 내 마음이 움직이는 대로 발길을 옮기기 때문이다. 매일 북한산을 두 번씩 오르는 이유도 내 마음의 움직임이요, 산을 애인 삼은 이유도 내 마음의 움직임이다. 이렇게 열심히 움직이는데도 어느 때부턴가 막연한 그리움이 일기 시작하더니 강물처럼 불어나고 있었다. 내 젊음의 뼈가 한번 땅에 묻혔던 곳을 기억을 더듬어 가 봐야 한다는 그리움이 불어난 것이다.

 1950년 8월, 혈혈단신 피난 생활 길에 울산역 광장 앞 육군사관 학생 모집 광고. 초급 지휘관을 모집하는 간부 후보생 응모 광고를 보는 순간 나라가 위태로운 지경에 놓인 걸 보고 무엇인가는 해야 한다는 뜨거움이 솟았었다. 비록 소모품 소위를 모집하는 광고였지만 그것이 젊음을 불살라 나라를 구하는 길이라면 해야 한다는 애국심은 어쩔 수 없었다. 나라를 위해 내가 바칠 수 있는 것이 피와 노고와 눈물과 땀밖에 없다는 마음에 나의 젊은 기백과 강한 패기는 그야말로 굳고 찬란하였으며 어려운 관문 속에 13기생으로 종합학교를 입학했다. 지피지기면 백전백승한다는 『손자병법』을 깊이 새겨 1951년 1월 7일에 졸업, 임관하여 대구 육군본부를 찾아 신고를 마치자마자 무턱대고 불붙은 중동부 전선 백마부대로 들어갔다. 집도 천막도 하늘을 가리는 아무것도 없는 허허벌판 백설고지 위에 몰려오는 추위와 총탄 세례를 받으며 삶과 죽음 앞에 전투 임무를 수행하기 시작했다. 날짐승, 들짐승도 얼어 죽어가는 하얀 꿈에 젖은 추위에 포성과 총성만 울려 퍼지는 기가 막힌 현실에서 죽고 사는 걸 운명에 맡기고 싸움을 이어 갔다. 모든 걸 겨레와 국가를 위하여 숭고한 사명감만 불태우고 있었다. 이기는 이도, 지는 이도 없는 일진 일패 싸움만 계속되는 가운데 포성과 함께 사라져 가는 젊은이들의 수만 늘어가고 그렇게 4월 중순으로 접어들 무렵 전세가 악화 일로에 놓였다. 전쟁터에서 하루해를 바라보며 총알을 피하여 능선을 타고, 총검을 마구 휘두르며 내일의 역사를 조명하는 산증인이 되었음을 자랑삼아 고달픈 싸움에만 열중하고 있었다.

그러던 1951년 4월 24일, 고지 이름도 알 수 없는 곳에서 생사의 혈전은 계속되었고, 3대대 박격포 소대장이 되어 높은 고지에 올랐다. 불굴의 용사도 마음이 조여 왔다. 포성이 머리 위에 울렸고, 수류탄 파편이 날았다. 이어서 총탄이 비 오듯 쏟아졌다. 결국 두부 파편 관통상에서부터 팔다리, 척추, 허리 등 전신을 멍들게 한 뼈저린 전상을 입고 정신을 잃었다. 꿈쩍할 수 없는 육체와 함께 영혼은 그 순간 피 흘린 상이 장교가 되었다.

그런 몸으로 내가 지금 이렇게 산수를 맞이하리라고는 그 누구도 알 수 없었으리라. 해마다 사월이면 온몸이 총탄으로 만신창이 되었던 그때가 생각나 까닭 모를 '앓이'를 한다. 그리곤 그곳을 가 봐야 한다, 총탄을 맞고 순간 영혼이 묻혔던 그곳을 한번은 다시 가서 온전하게 살아온 내 모습을 다시 발견해야 한다는 생각만 간절해진다. 이번에 강원 일원을 더듬어 하얀 꿈을 매만지며 정선을 가게 된 것은 순전히 이러한 '앓이' 때문이다. 정선 아우라지에서 지난 추억을 마무리해야 해마다 앓아 온 마음 앓이를 상상 속에 그칠 수 있을 것 같다는 깊은 생각에 열차를 예매한 것이다.

아내와 함께한 정선 여행은 청량리에서 열차를 탔을 때까지만 해도 순탄하게 느껴졌다. 창밖으로 연둣빛이 시작되는 산야를 보면서 많이 변했을 정선을 마음으로 그려 보았다. 그러나 강원도의 이곳저곳 아름다운 곳을 다 들러 가는 열차는 종착 아우라지역에 오후 4시에나 우리를 내려놓았고, 도착하자마자 쏟아지는 억센 비는 결국 노부부의 여행을 불편하게 만들어 버렸다. 아내는 정선에서 열리는 재래식 장터에서 갖가지 자연 특산물을 사고, 토속 음식을 맛보고 싶었던 소박한 바람을 이룰 수 없었고, 나는 비바람에 제대로 눈을 뜰 수 없어 정선 산간 마을의 정취를 볼 수 없었다. 상상했던 여행과는 달리 저절로 '아리랑~' 타령에 한숨부터 나왔다. 순수한 국산 황우 불갈비 고기를 놓고 아내와의 육식과 채식 식사 문화 차이를 실감하며 옥수수 막걸리 맛맛자랑, 그리고 보리술타령과 함께 포식도 빚었다. 이런 생각 저런 생각과 미지의 궁금증도 더해지면서.

그러나 여행의 참맛은 예상하지 못했던 곳에서 만나게 된다. 정선군청으로 연락하니 정선문화예술회관 공연장에서 '정선아리랑 극 공연'이 있으니 택시를 타고 얼른 오란다. 일제 치하, 한국전쟁 등 격동의 세월을 넘나든 우리 민족이 아리랑을 통해 한(恨)과 상처를 달래 가는 과정을 구수한 아라리 가락으로 풀어내는 구성진 공연이었다. 옛 정취가 잘 묻어나 있는 무대장치와 배우들의 분장을 보는 순간 마음이 편안해지면서 감상에 몰입할 수 있었다.

이야기의 시작은 한국전쟁이 발발하기 직전인 1950년 늦은 봄날이다. 정선골 사람들이 곤궁한 삶을 이겨 내고자 아리랑을 부르며 언젠가 아리랑 고개를 넘는 날을 기원한다. 정선골에는 아리, 달이, 별이라는 세 자매가 있었고, 일제 시대 때 첫째 아리는 고향에서 살았지만 둘째 달이는 하와이로, 셋째 별이는 연해주로 떠났다가 해방이 되면서 세 자매가 고향에서 만난다. 그러나 세 자매는 이데올로기로 서로 갈등을 겪고, 마을 사람들 역시 이념과 사상 문제로 분열과 갈등을 보여준다. 아리는 두 동생과 마을 사람들 간의 갈등을 넘어 보려 하지만 결국 막동이 동생 손에 죽임을 당하게 된다. 결국 사람들은 아리의 죽음을 통해 아리랑의 의미가 상생의 평화에 있음을 깨닫고 국토 통일, 사상 통일, 민족 통일로 모두 아리랑 나라를 부르며 통일을 기원한다. 아리는 아리랑으로 환생하여 두 동생을 그리며 마을 사람들과 함께 아리랑을 부르며 막이 내린다. 정선아리랑의 구성진 가락과 우리 장단의 흥겨움에 젖다 보니 오일장을 골고루 둘러보지 못한 아쉬움도 잊혀지고 정선 아우라지의 매력에 푹 빠져들지 않을 수 없었다.

오늘날 정선 아우라지가 강원도의 새로운 명소로 이름을 넓히고 있는 데에는 정선군청이 지역적 특징과 정서, 역사적 의미의 문화성을 잘 살려서 꾸준히 문화관광지로서의 품격을 높여 온 결과라 여겨진다. 앞으로 정선군의 문화성이 새로운 강원도 문화 아이콘으로서의 기능을 십분 발휘하고 지역 주민과 힘을 모아 꾸준히 발전을 꾀하게 된다면 세계인들도 주목할 수 있는 독특한 문화의 명소로도 빛을 발할 수 있으리라 기대된다.

　아우라지 뱃사공아 배 좀 건네주게/ 싸리골 올동박이 다 떨어진다.
　(중략)/ 정선에 조양강물은 막을 수가 있어도/ 지는 해 가는 세월은 막을 수가 없구나.

아우라지는 천오백 리 굽이굽이 한강 줄기의 시원이 되는 깊은 골이다. 동으로는 태백의 검룡소에서 발원한 한 잔의 물이 임계를 거치며 골지천이 되어 여기에 이르고, 서북으로는 황병산에서 시작한 물줄기가 횡계와 배나드리를 돌아 송천을 이루어 아우라지에서 골지천과 합류된다. 두 개의 물줄기가 아우러진다 하여 아우라지.

아우라지가 비단 정선뿐이겠는가. 임진강과 한탄강이 합수되는 곳도, 북한강과 남한강이 만나는 '양수리' 역시 '두물머리' 다. 뿐인가, 유관순의 고향 '아우내' 병천도 마찬가지다. 여기까지는 냇물이고 여울이나, 아우라지부터는 물의 양이나 그 흐르는 폭이 강을 이룬다. 이름 하여 조양강이 시작되는 곳이다. 조양강이 정선 읍내를 지나면 동강이 되고, 영월에 이르러 서강을 만나면 남한강이 되니, 아우라지야말로 한강이란 이름의 시원이라 해도 좋다.

정선은 일대를 골골이 휘돌아 흐르는 물이 정답고 첩첩한 연산의 두메산골이어서 더욱 좋다. 강줄기를 따라 떠도는 나그넷길은 유창하게 흐르는 물처럼이나 한없이 유정하다. 비바람에 이 정경을 유유한 마음으로 바라볼 수 없었으나 전통와가와 굴피집, 너와집, 저릅집, 돌집, 귀틀집의 전통가옥으로 조성되어 있는 아라리촌의 분위기가 촉촉함 속에서 오장육부를 편안하게 해주었다.

강원도 무형문화재 제1호 '정선아리랑'. 아우라지엔 여전히 남쪽의 여량리와 북쪽의 유천리를 건네주는 나룻배가 있다. 이 나룻배를 보면 아리랑 노랫말이 갖고 있는 운치가 저절로 몸으로 느껴진다.

조양강물 가운데서 골지천과 송천의 두 물줄기를 바라보면 아우라지를 실감할 수 있다. 두 물이 만나는 건너편 삼각점엔 여송정餘松亭이라는 정자와 아울러 '애정편'의 주인공인 '아우라지 처녀상'이 강줄기를 하염없이 내려다보고 있다. 장마로 물이 늘어 만날 수 없는 임이며, 멀리 떠나가 소식이 없는 야속한 임을 기다리는 처녀의 애절한 표정은 그 누가 보더라도 애처롭기만 하다.

정공채 시인의 시 〈아우라지〉에 작곡가 변훈 씨가 만든 노래가 이 정경을 잘 보여주고 있다.

1. 아우라지 강가에 수줍은 처녀/ 그리움에 설레어 오늘도 서 있네./ 뗏목을 타고 떠난 임 언제 오시나/ 물길 따라 긴 세월 흘러 흘러갔는데.(후렴) 아우라지 처녀가 애태우다가/ 아름다운 옥동백 꽃이 되었네.
2. 아우라지 정선에 애달픈 처녀/ 해가 지고 달 떠도 떠날 줄 모르네./ 뗏사공이 되신 임 가면 안 오나/ 바람 따라 흰 구름 둥실둥실 떴는데.

정선이 자랑하는 것은 아름다운 풍경과 애절한 사연이 깃든 아우라지만이 아니다. 우리 문화를 이어 가는 이들의 마음으로 지어진 '정선아리랑 전수관'을 보면서 정선이 아름다운 건 향토를 사랑하는 소박한 마을 주민들이 있기 때문이라는 걸 알 수 있었다. 아우라지 처녀상이 바라보고 있는 방향에 전망이 탁 트인 아리랑 전수관이 있다. 이곳에 매주 수요일이면 일반인 희망자들이 모여 전수기능보유자의 지도로 정선아리랑을 배우고 있다고 한다. 시대의 흐름에 따라 인간사를 꾸밈없이 노래한 것으로 잘 알려진 아리랑이 향토를 사랑하고 우리 문화를 이어 발전시키려는 마을 사람들의 노력으로 계속 다듬어지고 있음이 흐뭇하고 고마웠다.

정선문화예술회관 공연장에서 듣던 아리랑의 웅장하고 흥겨움과 달리 정선아리랑의 소박하면서도 구수한 멋과 맛을 느낄 수 있었던 건 '옥산장'에서였다. 공연장에서 연극을 보고 택시 기사에게 머물 곳을 안내해 달라니 단숨에 '옥산장'에 데려다 주었다. 얼핏 보기엔 여느 여관과 다를 바 없어 보이는 소탈한 곳이었으나 안으로 들어가 여주인공 내외분을 만나면서 수산복해壽山福海의 행운을 담은 그곳이 얼마나 특별한 문화공간인지를 느낄 수 있었다.

　오랜 세월 모진 풍파를 겪으면서 삶 전체를 성찰하고, 고통스런 세상을 오히려 살맛 나는 세상으로 만든 여인이 그곳 안주인이었다. 자신의 삶을 기록한 책을 수줍게 내놓으면서 자신이 걸어온 길이 옥산장과 인연이 된 사람들에게 아름다운 길로 조명되기를 바라며 풀어놓는 아리랑을 듣다 보니 아, 이게 여행에서 만날 수 있는 뜻밖의 즐거움이요, 인연이구나 싶었다. 여행객들에게 아우라지에 깃들어 있는 애절한 사연을 구수하게 풀어놓으면서 살면서 중요한 것은 서로 사랑하고 섬기며, 겸허한 마음을 잃지 않고 살아가는 데서 기품을 일구는 것이라는 가르침을 체험에서 얻은 화두로 던지는 모습이 인상적이었다. 왜 많은 여행객들이 '옥산장'을 얘기하고 사랑하고 그곳에 그 집이 있음을 감사하게 여기는지를 이해할 수 있었다. 산색山色 고금동古今同이요, 인심人心은 조석변朝夕變이라 세월은 60년이 흘러간 마당이다. 거친 비바람이 오히려 그 여인의 영혼을 갈고 다듬어 주었고, 그 영혼으로 모은 돌들이 들려주는 이야기는 또다시 사람들의 영혼을 보듬고 다듬어 줄 것이라 여겨진다. 덕분에 맛나는 여행을 마칠 수 있었다.

　이제 수년간 사월이면 까닭 없이 앓아 온 마음도 다 풀렸다. 전쟁의 포연 속에서 보던 정선이 아니라 아름다운 사연들과 정다운 사람들과 고운 노래가 살아 숨 쉬고 있는 아리랑 나라를 보고 온 감격이 크다. 이 자리에서 정선 아우라지에서 담아 온 꿈에 그린 새로운 기운으로 '정선여덕旌善旅德' 겨레시상을 가다듬어 긴긴 노래를 불러 본다. 바르게 살아야 한다는 마음 다짐도 세워 본다.

　'견리사의見利思義 견위수명見危授命' 나에게 이로운 것을 보거든 의로운 것인가를 깊이 생각하고, 나라의 위태로움을 보거든 목숨을 아낌없이 바쳐야 한다는 공자의 말씀도 힘주어 새겨 본다.

이재중

호놀룰루 국제공항에서 있었던 일

 호놀룰루 국제공항 입국장은 방금 도착한 비행기에서 내린 승객들로 붐비고 있었다.
 입국장을 가로질러 설치해 놓은 여러 곳의 입국 심사대마다 승객들은 길게 줄을 서서 차례를 기다리고 있었는데, 나와 아내는 외국인용 심사대 줄에 가서 섰다.
 이번 여행은 일생 동안 인생의 길동무가 되어 주었고, 어려울 때마다 기댈 수 있었던 아내가 어느덧 칠순을 넘어 다리가 불편하기 때문에 많이 걷지 않도록 휴양지인 이곳을 택해 여행을 오게 된 것이다.

 잠시 후 내 차례가 되어 심사대 앞에 섰다. 먼저 여권과 입국 신청서, 비자 등을 확인한 후에 심사관은 양손의 둘째손가락을 약품에 적신 스탬프에 찍게 한 다음 지문 채취기에 올려놓으라고 했다. 그리고 고개를 끄덕이더니 촬영기 앞에 서서 얼굴 촬영을 마친 후 통과해도 좋다고 손짓을 했다.

　나는 심사대를 통과하자 그 자리에 서서 아내를 기다렸다. 그러나 아내는 무엇인가 문제가 생긴 듯 손짓 발짓을 해 가며 설명하기에 바빴다.

　나는 다시 심사대로 돌아가 사정을 들어 보니 아무리 해도 지문이 채취되지를 않는다는 것이다. 그래서 "심사대를 통과시켜줄 수가 없다."고 했다.

　나는 그에게 우리들의 상황을 열심히 설명해 주었다. "저 여자는 나의 아내인데 금년에 70세 중반이고 젊었을 때 일을 많이 해서 지문이 마모된 것 같으니 이해해 주었으면 고맙겠다." 사정을 했다. 그러나 몸무게가 100kg을 훨씬 넘을 것 같은 심사관인 그녀는 한숨만 내쉴 뿐 "OK"를 하지 않는다.

　잠자코 듣기만 하던 그녀는 머리를 짚고 고민하더니 "노―굿" 한마디를 하고는 일어서서 자기를 따라오라면서 옆 사무실로 데리고 들어갔다.

　그곳은 이민국 재심사실이었다. 25평쯤 되는 사무실에 직원들이 근무하고 있었는데, 재심을 받기 위한 7~8명의 승객들이 대기용 의자에 앉아 있었다. 그중에는 파나마인도 있고 멕시코인도 있었다.

　우리를 데리고 온 여자 심사관은 상사인 듯한 남자에게 일건 서류를 넘겨 주면서 경위를 보고하는 것 같았다. 서류를 건네받은 남자는 어디론가 나가 버렸다. 추측하건대 주한 미국대사관에 확인하거나 상부에 보고해서 그 지시를 받으러 간 것 같았다.

　할 일 없이 우리도 대기석에 앉아 기다리다가 아내가 "화장실에 다녀오겠다."면서 문을 열려고 했으나 문이 열리지를 않는다. 그때 카운터에 앉아 있던 직원이 "어디를 가려 하느냐?"고 묻고 카운터에서 버튼을 누르니 그제야 "덜컥" 하면서 문이 열렸다.

그리고는 아내가 화장실에 가는 동안 직원 1명이 감시를 했다. '이제 우리는 꼼짝 없이 감금당했구나.' 하는 실감이 났다. 그와 동시에 걱정이 태산 같았다. 외부와 단절된 이역만리 타국에서 우리 편을 들어줄 사람은 아무도 없었다.

어떻게 하든지 입국 심사대를 통과해야 화물로 탁송한 짐을 찾고, 공항 입구에서 현지 가이드와 미팅을 할 텐데…. 짐은 어떻게 됐는지, 현지 가이드는 어떻게 만날 것인지, 앞으로 관광은 어떻게 될 것인지 모두가 답답하고 한심스러웠다.

그렇게 한 시간쯤 지났을까? 서류를 들고 밖으로 나갔던 상사인 듯한 직원이 문을 열고 우리를 불렀다. 그는 아내를 다시 심사대로 데리고 가더니 흰색 크림 같은 약품을 손가락에 바르게 한 후 지문 채취기에 올려놓으라고 했다.

그래도 결과가 만족하게 나타나지 않는 듯 고개를 갸웃거리다가 그 사유를 서류에 기재하고 사인을 하더니 우리에게 수고했다면서 심사대를 통과시켜 주었다.

그곳을 통과하자 우리는 짐 찾는 곳으로 부지런히 걸어갔다. 그곳에는 현지에 주재하고 있는 대한항공 여직원이 우리들 짐을 찾아 놓고 기다리다가 반색을 하며 맞아 주었다. 그녀는 "그런 곳에를 무엇하러 가셨어요." 하고는 다행이라고 웃으며 말했다. "이곳 현지 가이드 분이 한참 동안을 기다리다가 다른 분들의 관광 스케줄을 위해 출발했는데, 휴대폰 전화번호를 남겨 두고 갔으니 연락하면 이곳으로 돌아올 거예요."

조금 있으니 차량 한 대가 관광객 몇 명을 태우고 돌아와서 우리 앞에 멎었다. 문을 열고 들어가니 모두들 박수를 치고 환영을 해주었다. 따뜻한 동포애를 느낄 수 있는 순간이었다.

　이번 호놀룰루 국제공항에서의 경험을 통해 나는 두 가지를 느낄 수 있었다. 첫째는 약소국의 비애였다. 우리가 러시아나 중국과 같은 강대국이었어도 그런 대우를 받았을까?

　둘째는 심사관인 관리들의 체계 있고 합리적인 업무 태도였다. 우리 공무원들이 그들과 같은 근무 자세로 일을 했다면 국민들에게 불량식품을 먹이지는 않았을 것이다.

이창규

서부 영화의 고향

　아열대 기후의 화창한 날씨, 먼 길에 있는 모뉴먼트 밸리(Monewment Valley)를 만나러 간다.
　엘에이(LA) 중심가에서 아침 일찍 출발하여 끝도 없는 곧은길을 종일 달려서 바스토(Barstow) 시를 지났다. 라스베이거스(Las Vegas)를 통과하여도 산이 보이지 않더니, 시에라네바다 산맥을 만나고서야 겨우 산을 볼 수 있었다. 산봉우리는 한대여서 하얀 눈이 쌓였고, 태평양 연안 산타바바라 비치에서는 해수욕을 즐길 수 있는 나라, 동북부 유타 주를 들어갈 때까지 모하비(Mohave) 사막의 길은 평탄하였지만 열기 속에서 하루가 소요되어 피로한 채로 달려와 이곳 케남에 도착하였더니 저녁이었다. 엘에이에서는 너무 먼 길이었다.
　종일 달려와 실로(Shilo) 여관에서 묵고 다음 날 아침 5시에 나선 우리 부부는 먼저 신비의 파웰(Powell) 호수를 건너기로 했다. 80%가 애리조나 주, 20%만이 유타 주에 걸쳐 있다는 이 거대한 호수는 글렌 댐으로 인해 호수가 형성된 것이라 한다. 수심이 겨울에는 10m 쯤 내려갔다가 여름에는 다시 상승한다는 파웰 호수를 건너서 인디언 주거지로 가는 길 도중에 있었다. 이 호수의 넓고 긴 몸뚱이 전체를 보기 위해서는 3박 4일 동안 호수 주변을 돌아야 하는데, 그럴 시간이 없어서 유람선으로 중심부만 둘러보았지만 신비와 의문만 남길 뿐이었다. 겨울 혹한과 여름 폭서만이 있다는 파웰 호숫가에는 은퇴한 노인들이 와서 며칠을 두고 쉬었다가 낚시도 하며 즐기다가 가는 휴양지 같았다.

다양한 모습을 보이는 것으로도 세계에서 희귀한 곳이라 한다. 붉은 사암석으로 둘러쳐져 있는 파웰 호수는 후버 댐보다 200m 낮은 글렌 캐니언(Glen Canyon) 댐의 파웰 호수 아래쪽에서 발전하여 전력을 공급하고 있었다. 아치교의 우아한 자태에 '메디슨 카운티의 다리' 영화가 재현되는 느낌을 받았다. 겨울에는 주변이 얼어도 얼지 않는 호수, 전체 길이만 해도 3,150km의 한 부분만 보고 갈 수밖에 없었던 호수였다.

서둘러서 목적지인 아메리칸 인디언 원주민의 주거지였던 모뉴먼트 밸리로 향하였다. 때문에 인디언 보호 구역이기도 하지만 서부영화의 고향이라 할 만큼 영화 촬영의 배경이 된 곳이다. 새벽 맑은 하늘, 산뜻한 공기 속의 파웰 호수를 뒤로하고 달리는 도로 주변에는 띄엄띄엄 흩어져 있는 인디언 마을이 보이기 시작하였다. 아메리카 원주민의 기나긴 삶의 흔적이 곳곳에 배어 있었다. 이곳은 콜럼버스가 인도인 줄 알고 '인디언'이라 한 원주민이 이곳에 부족 245개 200만 명, 300여 개 언어를 다양하게 사용하며 생활한다는 안내인의 이야기를 듣고 나서야 그중 나바호 원주민이 우리 민족과 닮은 점이 많다는 것을 알았다. 머리 길게 땋거나 기르기, 아기 등에 업고 다니기, 머리에 물건 이고 나르기, 엉덩이에 몽고반점이 있는 것이 한국, 몽골, 이곳 원주민 나바호 족과 공통점이라는 것이다. 우리나라의 2/3 넓이에 180만 명 중 17만 명 유목민이 나바호 원주민이라고 한다. 우리와 비슷한 점이 많은 민족, 나바호 족 마을을 뒤로하고 그들의 원주민이 살았다는 모뉴먼트 밸리에는 여기저기 흙으로 지은 집이 몇 채 보였는데, 원래 모양을 본떠 새로 지어져 있을 뿐 그 외 집이나 시설은 없고, 돌기둥과 언덕이 광활하게 펼쳐진 삶의 흔적뿐이었다.

아직도 백인의 보호 지역에서 초라하게 빅토빌 사막을 지키고 있는 나바호 보호 구역을 지나면서, 이 지역은 그들 자치제로 운영하고, 학교가 세워져 있어 아파치보다 우월한 민족이라는 것을 알았다. 예부터 이 지역 전체가 백인과의 싸움으로 피로 물들은 땅이라 하여 흙이나 돌의 색깔이 모두 검붉은 색으로 채색되었다는 전설이 전해지고 있을 만큼 온 산과 들이 검붉게 보였다. 그런데 이 나바호 족은 태평양 전쟁 때 미국 백인을 승리로 이끌게 하였기 때문에 미국이 보호하는 지역이기도 한 곳이라는 것이다.

이윽고 기야인 빌리지를 3시간 지나 이곳 나바호 인디언 성지 모뉴먼트 밸리에 도착하였다. 너른 지역을 둘러보도록 인디언 후손들이 운영하는 지프차가 여러 대 준비되어 있었다. 이 광활한 지역에는 붉은 바위산, 기묘하게 생긴 흙 바위, 특수한 지형을 이용하여 그들이 살았다는 흔적을 배경으로 하여 '레드 리번', '백 투 더 퓨처', '레비트로' 등 수많은 영화 촬영이 이루어지고 있다는 유일한 곳이다. 뿐만 아니라, 수십만 개의 바위산, 크고 작은 바위가 융기하여 우산, 모자, 동물 모양 등 갖가지 모습으로 유적지를 이루고 있는 지형 때문에 원주민 삶의 흔적을 보러 가족을 동반한 세계 관광객이 끊임없이 오간다는 곳이다. 이곳에서 사암석으로 붉은색의 바위기둥과 덩이가 우뚝우뚝 솟았다가 어떤 곳은 병풍으로 둘러 아무리 보아도 끝이 보이지 않은 원주민의 성지 모뉴먼트 밸리에 쌓인 인디언들의 역사와 삶의 흔적을 보면서 인류 역사의 시작과 끝을 보는 것 같아 석양이 드리워지면 그 찬란함과 아름다움이 교차되는 아이러니를 비길 데가 없었던 것이다. 해가 지는 쪽에서는 인디언의 말발굽 소리가 요란하게 들릴 것만 같았고, 또 다른 곳에서는 백인들과의 치열한 싸움이 연상되는 배경을 보고 모두들 신기한 자연의 모습에 즐거워하고 있었다.

할리우드 잔 폴 감독의 대작 '굳딩'을 보는 것 같아 모든 환경이 촬영지 같은 느낌이기도 하였다.

산이라고는 벌거숭이 아니면 억지로 자란 1미터 가량의 향나무로 푸른 모습을 채우고 산 밑으로 네댓 마리 양 떼와 인디언 말들이 풀을 뜯고 있었다. 그 중심지에도 흔적만 있을 뿐, 후손들이 만든 둥근 흙집이 네댓 채 관광객을 맞이하고 있었다. 인디언들이 사용했다는 유물과 중심 유적지에서는 그들의 노래와 춤을 재현하여 보여주고 있었다. 원주민들의 애환과 질곡의 삶을 보는 듯 그들의 초라하고 암울한 움막집이 말해 주는 듯 여행객들을 붙잡고 있었다. 여기에서 이들의 삶이 자연과의 투쟁으로 개척 정신이 움트기 시작하였고, 부족 보호를 위한 백인들과의 싸움으로 인간과의 투쟁을 겪었다는 생각을 하였다. 그렇게 하여 수세기를 자기와의 싸움으로 후세에까지 살아남아 종족 보존으로 역사를 이어 나올 수 있었다는 생각을 하였다.

그냥 동서남북이 끝없이 펼쳐진 황야의 한 부분에 그들 인디언들 삶의 궤적에서 미개인들의 문화를 딛고 오늘의 찬란한 아메리카의 문화를 꽃피웠다는 생각을 하면서 수많은 외침에 시달리고서도 꿋

꾿이 세워 오면서 오늘의 경제 대국의 저력을 돌아보았다.

모뉴먼트 밸리를 뒤로하면서 그들의 야망과 꿈을 안고 약 한 시간을 달려나오면서도 그대로인 너른 지역이 신기하게 보이기만 하였다. 모압(Moab) 마을까지 3시간 달려서야 비로소 이 지역을 벗어나게 되었으니, 그들의 생활 근거지로서 활동 영역을 짐작할 수 있었다. 그들의 개척 정신과 희생이 따르는 도전과 용기가 삶을 조명해 주는 듯 미국에 와서 인디언 원주민이 살았다는 곳을 보는 것으로도 나의 삶에 큰 의미를 부여하는 일이라 생각했었다.

이태희

고통과 환희

고통 없이 되는 일은 세상에는 없다. 누워서 떡 먹기다. 아주 쉽다는 말이다. 편안하게 누워서 맛있는 떡을 먹으니 이 얼마나 입이 즐겁고 마음이 행복하랴! 거기에도 복병이 있다. 잘못하면 떡고물이 눈에 들어갈 수 있다는 위험 부담을 안고 있다. 눈에 콩고물이 들어갔다면 심각한 문제이다. 눈을 잘 씻어서 문제를 해결할 수도 있겠으나 잘못하면 안질을 초래할 수 있기 때문이다.

그리고 누워서 떡을 제대로 씹어서 잘 넘기지 않으면 체할 수도 있다. 식체에 걸리면 소화제로 해결하거나 한동안 위를 잘 다스려야 한다. 세상에는 이렇듯 쉬우면서도 어딘가 위험 부담을 내포하고 있다는 말이 되겠다. 고통과 전혀 무관할 수는 없다는 뜻이다.

인간의 기쁨 중에서 최고의 가치는 탄생이다. 새 생명이 태어나는 것이다. 지구 상에서 인구, 식구가 한 사람 늘어나는 것이고 그 탄생이 세계를 평화롭게 할지 황폐하게 할지는 아무도 모른다. 어쨌든 탄생은 큰 사건이다. 그때부터 먹어야 하고 입어야 하고 잠재워야 한다. 소위 의식주를 마련해야 한다. 그런데 탄생하면서 반드시 울고 나온다. 슬픈지, 산도를 벗어나면서 고통스러워 괴로웠던지 나오자마자 바로 울음을 터뜨리면서 세상 공기와 접한다.

반면에 어머니는 사경의 고통을 겪으면서 새 생명을 얻는다. 세상에서 그 무엇과도 바꿀 수 없는 금이야 옥이야, 자기의 분신을 맞이한다. 그것은 기쁨, 환희의 극치이다. 아름답고 귀엽고 자랑스러운 대성공의 작품을 내놓은 것이다. 이 얼마나 위대한가! 장차 커서 성인聖人이 될지 나라님이 될지는 전혀 예측할 수 없는 무한한 가치의 보물을 얻은 것이다. 10개월의 잉태의 고통, 출산의 아픔이 따랐지만 그 산물은 어떤 성공과도 비교될 수 없는 대성거물大成巨物을 얻은 것이다. 이 아름다운 기쁨, 환희는 단연 그 어떤 고통보다 힘든 인내 속에 얻어진 것이지만….

고통과 기쁨은 늘 같이 붙어 다니는 연결성을 생각하게 된다. 인간은 살아가면서 수많은 어려움을 겪으며 이겨 내야 한다. 고통과 인내를 견디면서 무언가 이루어 낸다. 수많은 시험을 치르고 통과하고 합격하는 환희를 맞는다. 대학수능시험, 대학 입학 합격, 각종 국가고시 합격, 취직 시험 합격, 석·박사 학위 통과, 연구 논문 통과, 발명·발견, 인간들이 이루어 내는 성공적인 온갖 작품들, 그 어느 하나 그냥 쉽게 된 것은 하나도 없다. 소위 땀과 피를 말리는 노력, 고통 없이 된 것은 있을 수 없다. 작든 크든 그에 수반되는 고통은 없는 게 없다. 그만한 성공에 그만한 노력과 고통이 따른 것이다. 참으로 값진 고통이었으리라.

나의 고향 초등학교 4학년 담임선생님 P님은, 내가 중학교에 입학하니 국어 선생님으로 다시 만나게 됐다. 매우 반가웠다. 그 사이 중등학교 교사자격증을 따서 부임한 것이다. 그리고 또 부산의 고등학교에 진학했을 때는 부산의 모 명문고의 선생님으로 또 가셨다. P선생님은 머리도 수재였을 뿐만 아니라 각고의 노력 또한 남달랐다.

내가 상경하여 대학을 다니면서 어느 날 《고시계^{考試界}》란 잡지를 보았더니 P선생님의 보통고시 수석 합격 성공담이 특집으로 수록되어 또 한 번 놀라고 감명 깊게 읽었다. 낮에는 고등학교 교사로, 밤에는 독학을 하였다고 했다. 정신적, 육체적 에너지 손실의 영양 보충을 위해서는, 당시 1950년대라 어려웠던 가정 경제 속에서도 하루에 계란 한 개와 우유 한 잔씩은 반드시 먹었다고 했다. 계란은 병아리가 나올 영양분을 내포하고 있으며, 우유는 아기가 자랄 수 있는 영양을 가지고 있기 때문이라고 했다. 지당한 말씀이었다.

보통고시에 합격하면 오늘의 7급 공무원 즉 주사보(주무관)에 보임될 수 있는 국가공무원 임용 자격이 부여되는 자격증이 주어진다. 오늘날에는 그 제도가 없어졌고 대신 7급 공채가 시행되고 있다.

그 후 P선생님은 이에 만족하지 아니하고 중단 없는 도전을 계속했다. 얼마 후 P선생님의 고등고시^{高等考試} 사법과 합격기가 또 실렸다. 소위 6법 전서를 깡그리 외웠다는 것이다. 얼마나 기억력이 우수한 수재이며 그 노력 또한 얼마이겠는가! 보통고시에 수석 합격하고 이어서 고등고시에 합격했다면 그 노력, 그 고통이 얼마였겠는가. 머리가 좋으니 그냥 되었다고 보겠는가. 아무리 머리가 좋다 한들 그냥 그저 쉽게 될 수는 결코 없을 것이다. P선생님은 이제 교편 생활을 접고 부산지방법원 판사가 되어 정의의 판결, 약자의 편에 서서 명판결로 이름난 P 명판사로 사법계에서 우뚝 서게 된 것이다.

내가 서기관으로 승진하여 고향 부근 진해우체국장으로 재직 시인 1984년도에 부산고등법원 부장판사로 계시는 은사님, P부장판사님

댁을 방문하여 30여 년 전 담임선생님께 인사를 드린 것이 29년 전으로 거슬러 올라간다. 작은 키에 대꼬챙이 같은 성격에도 어릴 때 초등학교 선생님 당시의 나를 알아보시고 매우 반가이 맞아 주시었다. 이 얼마나 아름다운 광경인가! 지금 생각해도 그 기쁨을 계량할 수가 없다. 지금은 고인이 되셨겠지만 만일 살아 계신다면 다시 찾아뵙고 따끈한 정종 한잔이라도 올리고 싶다.

세상의 중요사 역시 반드시 큰 고통과 대가를 치러야만이 값진 결과를 얻을 수 있다. 독재자 이라크 후세인을 제거하고 이라크 국민의 자유를 찾아주기 위해 미국은 천문학적인 전비와 수많은 미국 병사의 희생이 따랐으며, 아프리카의 장기 독재자 이집트의 무바라크 대통령과 리비아의 카다피 대통령을 축출, 제거하는 데 그 나라 백성들의 희생이 얼마였으며, 또한 6·25 남침으로 입은 우리 민족의 희생과 비극이 얼마며, 16개 UN 참전국 젊은이의 희생, 오늘까지 우리 국방을 도와주고 있는 동맹국인 미국 병사의 당시 전사자만 54,000명이나 전사하였을 뿐만 아니라 막대한 전비를 쏟아부어 공산화를 방지하고, 오늘의 대한민국의 눈부신 번영, 선진 대열 진입을 가능케 하지 않았던가! 수일 후 맞이할 6·25 동란 기념일을 맞아 영령들을 위로하면서, 우리는 그 고통과 희생 속에 얻어낸 값진 성과에 대하여 확실히 인식하고 감사를 결코 잊지 말아야만 할 것이다.

임갑섭

기쁨과 즐거움을 주는 사람

　법정 스님의 책 『아름다운 마무리』 중 '새해부터 나쁜 버릇을 고치겠다.'고 하는 내용을 살피면 만나는 사람들에게 보다 따뜻하고 친절하게 대할 것을 거듭거듭 다짐하고 있다. 이어서 "어느 날 내가 누군가를 만나게 된다면 그 사람이 나를 만난 다음에는 사는 일이 더 즐겁고 행복해져야 한다. 그래야 그 사람을 만난 내 삶도 그만큼 성숙해지고 풍요로워질 것이다."라는 스님의 글을 읽으면서 큰 울림을 주는 교훈을 얻었다.

　누군가 나를 만나게 된다면 그 사람이 나를 만난 후에는 더욱 즐겁고 행복해져야 한다는 사고를 한다는 것이 인격이 높고 오랜 수도 생활을 하신 스님이기에 가능한 것이라 여겨진다. 또한 남을 위한 보시로 평생을 보낸 훌륭한 스님이 생각해낼 수 있는 철학이 아닌가 한다.

　스님의 가르침에 따라 나도 나를 만나게 되는 사람들에게 도움이 되는 사람이었으면 행복할 것 같은 마음이 일어난다. 그러나 법정 스님처럼 인격적으로 훌륭하지 못하여 마음의 양식이라도 전하여 주면 좋겠지만 그렇지도 못하고 또한 가진 것 역시 넉넉하지 못하여 베풀 여력도 없으니 안타까운 일이 아닐 수 없다. 하지만 돕는다는 것이 큰돈만이 아닌 작은 정성이라도 베푸는 마음이 중요할 것이며, 대단한 교훈이 되는 말이 아니라도 일상적으로 쓰고 있는 '감사하다. 고맙다.'란 말 정도라도 경우에 따라서는 남의 마음을 위로하고 즐겁게 하지 않을까.

오늘도 지하철을 타고 내리며 계단을 걸어 오르는데 꼭 도와주고 싶은 사람이 있었다. 지하계단 한 모퉁이에 얼굴은 주름투성이며 허리가 많이도 굽은 할머니 한 분이 점심시간이 한참 지났는데 시들어 가는 나물 두 다발과 상추 한 다발을 팔 물건으로 바닥에 늘어놓고 있었다. 한 다발에 1,000원이면 모두 3,000원일 것이고 2,000원씩이라 하여도 도합 6,000원으로 점심 한 끼 값도 안 될 것 같다. 오고 가는 사람들을 살피는 간절한 눈빛이 너무나 애처로웠다.

집으로 바로 들어가는 길이었다면 쓸모없는 것을 또 사 왔다는 집사람의 투덜거림을 받을지라도 사 들고 가면 좋을 것이나 그럴 처지가 아니었고, 마음 같아서는 천 원짜리 한두 장이라도 슬그머니 물건 앞에 놓았으면 하는 뜻만 있지 시행을 못했다.

나란 사람은 많이도 인색한 것인지 또는 남을 돕는 습관이 덜 되어선지 지하철에서도 구걸하는 사람을 보게 되면 도와주었으면 하는 마음만 가지지 선뜻 돕지 못한다. '남을 돕고 지내자.'하는 뜻은 마음만이지 남의 눈치 등을 보면서 실제로는 못한다. 많이 부족하고 마음이 넉넉하지 못하며 용기도 부족한 사람이다.

또한 생활 속에서 웃어른이고 어려운 처지에 있는 사람들에게 안부라도 자주 전해 마음의 위로라도 해야 하는 것인데 그 역시 정성을 다하지 못하여 괘씸한 사람으로 치부되기도 한다.

나의 사회생활 기본이 '가장 가까운 사람에게 잘해야 한다.' 라고 내세우며 주장을 하고, 실행하자 하면서도 말뿐이지 오히려 가까운 이웃이 가장 편안하게 여겨지기에 뒤로 쉽게 미루기 일쑤이다. 그 소홀함에 탓을 받게도 된다. 지금도 그런 일이 계속된다. 딱한 일이다.

이와 같은 나의 소홀함과 부족함을 늦게나마 반성하면서 마음의 앙금을 풀어 보려고 노력하나 받아들여지지 않는 수도 있다. 그렇다고 상대에 대한 탓이나 서운함이 느껴지지 않는다. 단지 나의 세심한 배려심의 부족에서 오는 것이란 자책을 해보면서 또한 상대편이 나를 질타하여 나무람이 당사자에게 조금의 감정 풀이가 되고 위로가 된다면 그 역시 그 사람을 작게나마 돕는 일이 아닐까 여겨 보면서 언젠가는 나의 본심을 알게 되겠지 하면서 기다려 보기도 한다.

내가 대단한 것은 아니었으나 현직에 있을 때는 나의 조언이나, 조금의 격려라도 받고 싶은 사람이 있었을 것이다. 그러나 지난 과거 일들을 하나하나 떠올려 보면 일감이 많고 바쁘다는 핑계 등으로 이웃사람들에게 별 도움이 되지 못한 사람이었을 것이며, 가벼운 언행으로 실망도 주고 더 나아가서 마음을 아프게도 했을 것으로 크게 반성하면서 지금이라도 모두에게 위로의 기회가 주어졌으면 한다.

이제 늦은 감은 크나 지금부터라도 법정 스님의 생각처럼 나를 만나게 되는 모든 사람들에게 작은 기쁨이나 즐거움을 갖게 하는 사람이 되도록 힘써 보겠다는 다짐을 해본다.

임종선

버마재비

  2년 전 취임 초에 창설해서 추진 중인 나주 임씨 광주장학회가 미완성의 숙제처럼 잊혀지지 않는다.
  굳은 땅에서 연약한 뿌리처럼 장학회가 자라나는 데 도움이 필요할 것 같아서 자의 반 타의 반으로 나주 임씨 광주화수회장 재임을 수락했다. 회장의 연회비 150만 원은, 자녀들의 용돈에 의지하고 있는 우리 형편에서는 부담이 되기 때문에 불평하는 아내의 생각을 충분히 이해한다.
  화수회의 기금이 현재 9천여만 원 외에 1억 원을 더 모금키로 하고 모금이 활발하게 진행되고 있다. 회장으로서 장학금 모금에 솔선수범해야 하는 책임으로, 그동안 저축해 뒀던 비상금 일부를 장학 기금으로 기부했다.
  인간으로 태어나서 보람 있는 일을 해야겠다는 평소 신념을 성취해 보려고 노력해 오던 차에 금번 장학금에 조그마한 기부로 보람을 느꼈다.

　법정 스님의 무소유의 정신이나 성철 스님의 나눔의 정신은 우리 사회에서 가난한 사람들의 목메인 부름이다. 산골에 단신으로 염소 사육을 하신 K할머니가 1억 원의 거금을 장학금으로 기부하셨다는 아름다운 소식은 메마른 우리 사회에 단비가 되었다.
　"당신 회장의 임기가 다 끝났지요?"
　"적당한 사람이 없어 재임하기로 승낙했어."
　자녀들에게는 조금이라도 피해를 주는 것을 싫어하는 아내의 말은 예상대로였다.
　"버마재비 같은 사람, 한 푼도 벌지 못하면서 또 연회비를 내고 회장을 해야겠어요?"
　재임까지 하면 600만 원의 회비를 납부한다는 생각에서 안타까워한다.
　아내는 막내여식 약국에서 조제할 때마다 약값을 지불하고 있어, 자녀들에게 부담을 주지 않으려고 한다. 자식들을 길러서 공부시키고 결혼까지 시켰으니, 부모에 대한 보답의 차원에서 당연한 도리라고 하는 나의 생각과는 정반대다.
　명색 문학 공부를 하는 나도 생소한 단어인 '버마재비'라는 낱말은 들어보지도 못하고 전연 생각이 떠오르지 않았다.
　'아마도 돈도 없는 주제에 남에게는 펑펑 쓰고 다니는 소갈머리 없는 건달 같은 사람을 빗대어 하는 말이겠지.'라고 생각하고 사전을 뒤져 봤다. 눈알이 다 차지한 삼각 대가리에 날카로운 양손은 흉측한 톱 모양인 옅은 초록색의 '버마재비'는 '사마귀'와 같은 뜻이라고 표현되어 있어서 황당했다.
　하필이면 이 세상에서 하나밖에 없는 남편을 미물인 곤충과에 속하는 '사마귀'에다 비유시켜 버리는지 도저히 이해가 되지 않았다.
　보잘것없는 회장이란 위치라고 해도 문학을 하면서 '멋진 사람'이라고 대접받고 있는 나에게 도무지 어울리지 않는 바가지다.
　'내가 버마재비면 당신은 버마재비의 아내니까 당신도 버마재비가 아니요?'라고 한바탕 언성을 높여 볼까 생각을 했으나 간경화로 투병 중에는 스트레스가 해롭다고 하니 더 이상 대꾸를 하지 않았다.
　화수회장과 장학회장이란 명예를 얻는 기쁨보다도 버마재비라는 오명을 쓰고 말았으나, 버마재비 같은 사람에게 "회장님~"하면서 반겨 주고 있는 회원들의 모습을 보면 어쩐지 씁쓸하면서도 의젓하다고나 할까. 내 나이 팔십에 덤으로 살아가는데다 헛고생만 한다고 비꼬는 게 아닌가 한다.
　버마재비라고 바가지를 또 긁으면
　"보기 흉측한 양손으로 사마귀가 혼을 내줄 것이니 조심해요."

장희자

달항아리

 높이가 40cm가 넘는 백자 대호를 달항아리라 부른다.
 달항아리는 백토로 만든다. 백토는 찰기가 적어 한 덩이의 흙으로 만들면 굳기 전에 밑으로 처져 제 모습을 유지할 수 없다. 같은 크기의 호를 두 개 만들어 가운데를 맞붙인다. 잇는 부분이 둥그스레한 곡선을 이루기 때문에 너그러운 맛이 있다. 보름달같이 둥그렇지 않고 조금은 일그러진 열이렛날의 달의 모습이라 더 정감이 간다.
 우리나라에만 있는 순백의 달항아리는 손잡이도 없고 번잡한 무늬며 장식 또한 생략이 되어 있어 정갈하면서도 멋스럽다. 검소함을 생활신조로 삼고 사는 선비의 생활 태도와 선비다운 지조와 결백함이 그윽하게 담겨 있다.
 1,300도가 넘는 가마 안에서 한 점 흩어짐 없이 구워진 간결한 결정체, 흙으로 빚어 유약을 입히고 높은 온도에서 구워 낸 자기는 천년의 세월이 가도 변함이 없다.

달항아리라고 똑같은 빛은 아니다. 조금은 따뜻하고 안온해 보이는 빛, 우유같이 뽀얀 항아리, 만지면 손이 시릴 것 같은 푸른빛이 감도는 항아리도 있다.

달항아리에는 가정마다 그 비법이 대대로 전해 오는 술을 담아야 제격이다. 술이나 차… 등 내용물이 가득 담기면 두 팔로 끌어안아야 들 수 있다. 항아리 안에는 넉넉한 마음이 담겨 있다.

분청이 넉넉한 시골의 아낙이라면 달항아리는 세모시로 곱게 단장한 여인과도 같은 모습이다. 예의범절은 물론 학문까지 높은 경지에 있어 자세가 반듯하고 한 점 흩어짐이 없는 여인 같다.

티 한 점 없이 깨끗한 달항아리 안에는 모시 적삼을 곱게 차려입으신 어머니의 모습이 들어 있다. 어머니의 성격은 바늘로 찔러도 피 한 방울 나오지 않을 만치 차갑고, 맑은 소주같이 잡스러운 향이 없는 분이셨다. 어떤 일이든 대충 넘어가는 일이 없이 완벽한 것을 좋아하셨다. 무 한쪽을 썰어도 자로 잰 듯 반듯했다. 넓은 대청마루는 옆으로 비춰 보며 얼룩이 지지 않게 싹싹 무릎이 저리도록 닦아야 마음에 들어 하셨다. 화려한 색이나 번잡한 무늬가 있는 옷도 싫다, 목이 파진 옷도 싫다. 까다로워 딸한테 평생 옷 한번 얻어 입지 못하셨다. 시집가서 책잡히면 안 된다고 다그치는 어머니 앞에서는 늘 긴장을 하고 살았다.

달항아리에 대한 평도 많이 전한다. 단순한 백자 달항아리를 신령으로 모셨다는 이우복 선생의 일화도 전해 온다. 해가 떠오르기 전 어슴푸레한 여명이 사위를 감싸고 있을 때 그 자태가 몹시 장엄하고 황홀하여 순간 벌떡 일어나 큰절을 올렸다고 한다. 조선인의 맑은 심성과 온화한 서정을 남김없이 담아낸 조선의 맛이 가장 잘 배어 있는 명품이다. 기품이 넘칠 뿐만 아니라 단순 간결한 형태와 그윽한 조화가 뛰어나서 한국 도자기의 대부격이라 했다. 최순우는 잘생긴 부잣집 맏며느리를 보는 듯하다 했고, '백자송'을 지은 미술 애호가는 당당하지만 교만스럽지 않고 부드러우나 알차고 권위에 차 있으나 내세우지 않는 인격의 완성을 읽을 수 있다고 했다.

달항아리의 인기는 계속 치솟고 있다. 일본인이 소장하고 있다가 크리스티 뉴욕 경매에 내놓은 18세기 작품 달항아리가 조선 시대 백자사상 가장 비싼 12억에 낙찰되었다. 무엇보다 반가운 것은 외국인이 아닌 한국의 호텔 경영자가 구입하여 호텔 로비에 전시할 예정이라고 한다.

달항아리를 보면서 생각한다. 물이 너무 맑으면 고기가 살지 못하고 경우가 너무 바르고 똑똑해도 주의에는 정을 나눌 사람이 모이지 않는다. 완벽함보다는 조금은 넘치거나 모자라 보이는 것이 만만하여 좋다. 백톳물에 덤벙 담갔다가 비로 휙 돌리거나 쓱쓱 긁어 모양을 낸 분청자같이 수더분한 사람이 더 정이 간다. 따지지 않고, 자신의 것을 폭 덜어줄 줄 아는 넉넉한 마음을 가진 사람, 목젖이 보일 만큼 웃는 사람, 김칫국이 옷에 묻어도 훌훌 털어 내고 일어서는 털털한 사람, 그런 사람이 좋다. 외모는 단순하고 깔끔한 달항아리를 담고 성품은 분청자를 닮아 수더분하다면 더욱 좋겠다.

전시실 안의 달항아리가 티 한 점 없이 맑게 살라고 속삭이고 있다.

전용찬

나의 치아 관리법

"썩은 이는 제가 갖고 새 이는 좋은 이로 다우!"

세상이 아무리 변했다 해도 지금 성년의 나이 이상이라면 누구나 몇 차례씩은 들어보았음직한 말이다. 눈가에 그렁그렁 눈물을 머금은 채 입을 앙다물고 있을 아이의 모습과 자그마한 이빨을 움켜쥐고 지붕 위로, 혹은 아궁이로 집어던지며 이 정겨운 주술 같은 말을 반복하던 우리네 어머니, 할머니들의 모습이 그려진다. 이빨을 뽑는다는 것이 왜 그리 공포스러웠던지, 지금도 당시를 생각하노라면 절로 어깨가 움츠러든다. 시쳇말로 아픈 만큼 성숙해진다고 했던가? 그것은 성장을 상징하는 의미심장한 의례와도 같았다. 특히 윗니는 지붕으로, 아랫니는 아궁이로 향하던 철칙이 있었던 것을 보면 확실히 예전의 이갈이는 요즘 아이들이 마취 속에서 순식간에 해치우는 것과는 분명히 다른 의미를 지니고 있었음이 틀림없다. 이가 흔들리기 시작하면서부터 벌어지는 실랑이는 물론이고 완전히 뽑혔을 때 어머니나 할머니의 품으로 와락 달려들어 울음을 터뜨리던 기억들. 그때는 무엇이 그리 서럽고 원망스럽던지 밥까지 걸러 가며 하루 종일을 허비했던 게 바로 우리들의 유년이요, 빛바랜 추억이었다.

그런데 이제는 정말 세상이 많이 변한 듯싶다. 언제부턴가 우리 젊은이들 사이에서 치아 사이를 금이나 백금으로 치장하고 다이아몬드나 루비, 사파이어 등을 표면에 부착까지 한다니 말이다. 이것을 소위 '이찌'라고 하는가 본데 한편으로 생각해 보면 살짝 입술을 열 때마다 눈부시게 반짝거리는 이를 볼 수 있다는 것은 꽤 유쾌한 일일 듯도 싶다. 더구나 이러한 치아에 대한 치장이 서구에서는 이미 오래전부터 유행되어 온 일이라 하니 그리 염려할 일도 아닌 것 같다. 고대인도 여성은 치아를 연꽃 색으로, 아프리카 여인들은 빨강, 파랑, 자주색으로 물들이기도 했다고 한다. 심지어 이탈리아 여성들은 남성들의 유혹에서 벗어나고자 치아를 검정색으로 물들였다는데 혹시 신비의 미소로 알려진 모나리자가 조금만 더 입을 벌리고 웃었던들 지금처럼 세계적인 명화로 남아 있었을까 하는 다소 엉뚱한 생각마저 든다. 그리고 급기야 직업은 못 속인다고 이렇게 치아에 관한 관심이 계속해서 증폭된다면 앞으로 혹시 사람들의 입안을 노리는 절도범 검거에 경찰이 더욱 바빠지는 날이 오는 것은 아닐까 하는 데까지 생각이 미치고 보니 나 스스로 실소를 금치 못할 일이다.

우리는 예로부터 건강한 치아를 갖는 것을 오복 중의 하나로 여겨왔다. 오래 사는 것, 부유하게 사는 것, 건강하고 편하게 사는 것, 덕을 베풀며 사는 것, 임종을 조용하고 편하게 맞는 것 등이 바로 그것이다. 그런데 이상한 것은 언뜻 보아도 위에 열거한 오복 중에는 치아와 연관된 것이 하나도 없다는 사실이다. 그런데 왜 우리 선조들은 건강한 치아를 갖는 것을 오복 중의 하나라고 했을까. 오복의 의미를 조용히 음미해 보면 우리는 그 깊은 뜻을 어렵지 않게 찾아낼 수가 있다. 건강해야 오래 살 수 있고 좋은 음식을 잘 먹어야 하는데 그러려면 튼튼하고 건강한 이를 가져야 함은 당연한 이치가 아닌가. 또 이러한 연유로 해서 우리는 수명과 식복을 상징하는 치아에 관한 이야기를 일상에서 얼마나 많이 찾아볼 수 있는가!

우선 치아에 관련된 꿈을 살펴보자. 꿈속의 거울에서 자신이나 다른 여자의 덧니를 보면 그날은 부인 이외의 다른 아름다운 여인과의 만남이 이루어지거나 수중에 돈이 들어온다고 한다. 또 자기 이가 아프거나 이를 뽑는 꿈을 꾼다면 오래지 않아 재산을 얻거나 풍년을 맞을 운이라 한다. 대신, 이가 빠지는 꿈은 주위 사람 중에 누군가가 죽거나 생이별을 하게 될 운이므로 몸가짐을 조심해야 한다고 전해진다. 모두가 한결같이 이의 소중함을 빗대어 이르는 선조들의 교훈인 것이다.

명분 없는 용돈에는 아주 인색했던 나의 부친도 이에 관한 한은 한없이 관대하셨다. 따라서 중·고등학교 시절 용돈이 궁할 때면 나는 곧잘 이 핑계를 대고 용돈을 전용했던 기억이 난다. 이제서야 그때 일을 사죄드리지만 당시에 알면서도 모른 척해 주신 아버님의 배려 덕분에 나는 스스로 이의 소중함을 깨달았고 지금까지도 건강한 치아를 유지하고 있다고 자부한다. 특히 이 과정 중에서 치아 건강에 도움이 되는 훈련이 집중적으로 시도되는데 대체적인 방법은 다음과 같다.

첫째, 잠에서 깨어나면 모든 근육과 마찬가지로 잇몸 근육도 풀려 있는 상태인데 누운 그 자리에서 이를 아래위로 소리 나도록 가볍게 부닥쳐 준다(100회 정도 실시).

둘째, 엎드린 자세에서 요 위에 턱을 고이고 힘을 주어 좌우로 100

회 정도 돌려 준다.

셋째, 앉은 자세에서 좌우로 50번 이상 턱을 강하게 움직이는데 이 동작은 등산길에서 높은 산 8부 능선에서 포기하고 싶을 정도로 힘들 때 이 동작을 취하면 새로운 힘이 솟구쳐 정상을 쉽게 오를 수 있는 원동력이 되기도 한다.

넷째, 앉은 자세에 양손으로 눈, 코, 귀 등 전체적인 얼굴을 마사지한다. 이때 입술, 어금니, 턱 아래, 목 좌우 등을 50번 이상 문질러 준다.

다섯째, 아침 샤워나 목욕은 온수로 하며 우측 엄지와 검지로 잇몸과 이를 가볍게 문질러 준다. 위쪽 좌우, 아래쪽 중간 아래위 각 50번 정도씩 300여 회를 하면 치아에 아주 효과적이다.

이러한 방법으로 20번 이상을 하루도 빠짐없이 노력한 보람인지 나는 이순을 바라보는 지금 나이에도 충치 한 개 없이 무엇이든 맛있게 잘 먹는다. 이 또한 이미 기억 저편에 계신 인자하셨던 외할머니와 이제는 연로하신 부모님 덕임을 잊을 수 없는 일이다. 그런데 불출이 같은 나의 치아 자랑을 하다 보니 문득 치미는 이 간절함은 또 무엇인고?

'오늘 밤 단잠 속 거울에서 어느 여인의 덧니 보는 꿈이나 꾸었으면 좋겠다!'

정병철

부석사의 현판들

　우리나라 사찰 중에서 국보급 문화재를 가장 많이 소장하고 있는 사찰이 영주의 부석사다. 그래서 부석사는 국보 사찰이라는 화려한 명성과 함께 그에 걸맞게 높은 학식과 덕망을 두루 갖춘 대덕 고승들이 역대로 주지의 소임을 맡아서 1급 문화재 사찰을 관리해 오는 것이 관례로 되어 있다.
　천 년 고찰 부석사는 신라 문무왕 16년에 왕명으로 의상대사가 창건했다(『삼국사기』). 창건 연대가 비교적 명확한 부석사는 전래적 역사가 투명하게 기록되어 있는 사찰이다.
　해발 819미터의 봉황산 중턱 비탈에 자리 잡은 천혜의 요충지에 장엄하게 버티고 앉아 있는 무량수전 전각은 고려 건축의 백미로 꼽히는 부석사 도량 중심 전각이며 국보 제18호이다. 무량수전 현판은 고려 공민왕의 친필 글씨로 공민왕이 황건적의 난을 피해 안동 땅에 머물고 있을 당시 썼다고 전해 오는데, 안진경서체로 쓰여진 활달한 필체의 현판이다.

　그리고 마당 중앙에 외롭게 서 있는 석등 또한 국보 제17호이다. 석등 앞에 서서 저 멀리 끝없이 펼쳐진 소백산맥의 크고 작은 산봉들이 구름 물결에 쌓여 가물거리는 산갈피들을 바라보고 있노라면 잿빛 바다 파도 물결인 양 가만히 귀 기울여 보면 해조음마저도 들리는 듯도 하다.

　석등 앞마당 끝에 봉황의 날갯짓 모습의 단아하고 날렵한 안양루 누각 밑으로 층층석계를 밟아 아래로 내려오면 오른편에 작지만 아담하고 탄탄해 보이는 전각 건물 한 채가 중후해 보이는데 오색단청으로 정갈하게 꾸며진 처마 상단 중심부에 장경각 현판이 모양 좋게 걸려 있다. 이 장경각에는 보물 제735호로 지정된 6백여 개의 장경판 중 일부가 소장돼 있는데, 합천 해인사 장경판보다 60~70년이 앞선 판각본이다. 보관 상태가 양호하고 판각 기술이 뛰어나서 국보급 문화재로 승격을 위해 지금 품신돼 있다고 한다.

　영주 부석사 사찰 경내에는 이번에 집필한 '설법전說法殿' 현판을 포함해서 '장경각', '봉황선원', '화엄선원' 등 필자가 집필한 현판들이 4개 있는데, 한국 제일의 국보 사찰에 욕심이 지나친 감도 없지는 않다. 부석사 스님들께서는 필자의 글씨가 멋스러움은 없어도 어딘지 모자란 듯 어리숙하면서 소박한 품새가 무던하다고 여겨 주셨는지, 경내에 전각을 신축할 때면 잊지 않고 챙겨 주시는 어른 스님들과 주지 큰스님께 항시 고맙다는 생각뿐이다.

　이번 '설법전' 현판은 주지스님 근일선사의 인품처럼 똑 닮은 근엄하면서 부드럽고 온화하고 설득력 있는 그런 형체로 표현해 보리라 하여 많은 연구와 노력을 시도해 봤지만 집필자의 욕심일 뿐 생각처럼 쉽지가 않았다.

우리 학서자學書者들이 학습의 모본으로 삼아 즐겨 쓰고 있는 왕희지의 『난정서蘭亭序』나 안진경의 『제질문고祭姪文稿』를 집서하다 보면 은연중에 흥취와 슬픔이 느껴지듯, 붓끝으로 이뤄 낸 심연의 내면세계를 읽어낼 줄 아는 안목이라면 능히 가벼운 휘필만으로도 자유자재하는 구사력을 지녀야 마땅한 일인데, 60년도 훌쩍 넘는 서예 필연이 별무신통이라서 남들이 행여 알까 하여 슬며시 부끄러움에 나 홀로 얼굴 붉힐 때가 많다. 그리고 장경각 현판 집필은 7년쯤 전에 주지스님(근일선사)으로부터 청탁을 받고 집필했던 현판인데, 처음 집필을 시도할 때나 현판이 장경각에 걸리고 나서도 지금까지 항상 마음속에는 젊은 시절 한번 읽어서 마음속에 각인되어 있던 '대장경 표박서호漂泊西湖' 표류에 관한 이야기가 문득문득 생각나곤 했는데, 이번엔 장경각에 대한 글을 쓰다 보니 또 생각나서 간단히 아래에 옮겨 적는다.

　　조선 인조仁祖 15년 정축년丁丑年에 난데없이 배 한 척이 서해안 바닷가에 표박한 것이 갯마을 사람들에 의해 발견되었다. 임자 없는 배가 멎어 있는 것을 보고 사람들이 배에 올라가 보니 배에는 오직 불경만이 담긴 책 상자만 덩그렇게 놓여 있었다. 상자 위에는 중원개원사개간中原開原寺開刊이란 일곱 자만 쓰여 있었다. 사람들은 이를 관가에 알렸고, 관가는 다시 이 사실을 왕에게 알렸다. 보고를 받은 인조는 "사람이 끌고 온 바도 없이 배가 절로 이렇게 왔으니 이 또한 보통 일이 아니로다." 했다.

여기서 잠시 독자들에게 도움을 드리는 차원에서 대장경판大藏經板에 대한 설명을 언급해 본다.
　대장경大藏經이란 경經, 율律, 논論의 3장을 이르는 것으로, 석가모니

부처님께서 돌아가신 뒤에 그 제자들이 부처님의 설說과 법法을 결집하여 경經과 율律의 양부兩部로 유별類別하여 모아 폈다. 또한 역대 조사祖師들의 논소論疏를 논장論藏이라 하는데, 이 셋을 모아 3장이라 한다. 불법을 홍포弘布함에 따라 이 장경도 또한 세계적으로 전승, 번역하여 혹은 사본寫本, 또는 판본板本으로 보존되고 있다. 세계적으로 가장 완비된 대장경은 8종인데, 그 6종은 한문으로, 나머지는 파리어·범어로 되어 있다. 부석사 대장경판도 한문판에 속하는 것이다.

왕은 이 장경이 중국의 개원사에서 이곳까지 온 것은 필시 무슨 뜻이 있을 것이니 이왕이면 우리나라에도 개원사라는 똑같은 이름을 가진 사찰에 보관함이 좋겠다 하고 전국에 명하여 개원사라는 절을 찾게 하였다. 왕의 명을 받고 알아본 결과 경기도 광주군 남한산성 동문 안의 작은 암자의 이름이 바로 개원사였다. 왕명에 의해 표박된 대장경을 그곳에 보내어 봉안케 하였다. 그 뒤 현종顯宗 7년 병오년丙午年에 장경을 보관해 둔 불당에 불이 나서 크게 걱정하였는데, 금시에 바람의 방향이 바뀌어 그 장경은 화재를 면하였다고 한다. 그 후 숙종 20년 갑술년에 다시 화재가 발생하여 5칸 누각이 화재로 탔으나 갑자기 큰 비가 내려 그 대장경만은 불길을 면했다 한다.

그 장경이 지금까지 전하는지 여부는 조사 부족으로 알 길이 없지만 부처님의 경전은 화마火魔도 가히 넘볼 수 없다는 교훈을 우리들에게 시사하는 바 크다. 그래서 필자는 부석사에 장경각 현판 집필이 우연한 청탁만으로 이루어진 것이 아니라 부처님의 가피가 있어서 그렇게 된 것이리라 굳게 믿고 있다.

천 년 대찰 부석사 경내에 장경각 현판 글씨 집필은 불연이 없이는 이루기가 어려운 일이다. 장경각 현판 글씨 집필 당시에는 필자가 건강이 좋지 못한 상태였으므로 집필하기가 힘에 겨웠던 때였는데, 근일선사께서 부석사 가람 외각을 외호外護하는 동쪽에 봉황선원(강원)과 서쪽에 화엄선원(강원)은 이미 필자가 집필한 현판이 부착되어 있으므로 이번에는 정중앙인 장경각 현판을 휘호한다면 부석사 경내에 삼각 중심을 이루는 형세라서 건강이 치료되고 백세토록 장수하게 될 것이라고 격려해 주시는 말씀에 힘을 얻어 즐거운 마음으로 집필을 했던 것인데, 보는 사람들이 현판 체운필 리듬이 경쾌해 보이더라 하는 말을 들을 때면 나도 덩달아 마음이 경쾌해지기도 한다.

  서예는 시각예술이다. 보는 사람들의 시각적 감각에 따라 평가도 다양하다. 그래서 때로는 집필자와의 애증후박愛憎厚薄의 상관에 따른 편견적 평가가 되기도 한다. 어찌했거나 세인들의 구구한 평가에 관심은 없지만 칭찬의 말보다는 건물 위용에 합당하게 작필이 됐다 하는 말이 듣기도 좋고 부담도 없어서 마음이 편안해서 좋다.

  사실은 그렇게 쓰기가 쉽지만은 않지만, 그런데 요즘에는 쌓이는 세월의 연륜이 심신을 자꾸만 게을러지게 해서 집필의 의욕마저 멀리하게 한다.

정성채

사부곡思父曲

계절의 변화는 참으로 신비스럽다.

산과 들이 죽은 듯이 침묵 속에 겨우내 고요히 묻혀 있는 듯했는데 요즈음은 땅속에서 두런두런 소리가 나는 듯하다.

앙상했던 가지에서는 꽃망울이 삐져나오고 얼었던 계곡물도 녹아서 졸졸 흐르고 있다.

들에서는 각종 나물과 풀들이 뾰족이 얼굴을 내밀고 햇빛을 향해 미소를 짓는 몸짓을 하고 있다.

나는 이렇게 계절이 바뀔 때마다 아버지에 대한 그리움으로 또한 몸살을 앓는다. 죽은 듯한 고목과 풀들도 이렇게 봄만 되면 새로운 생명이 움트는데 왜 인생은 한번 가면 다시는 돌아올 수 없는 것일까? 만물의 영장이라더니 한낱 풀잎만도 못한 것이 인간인가!

아버지는 나를 이 세상에 태어나게 한 혈육의 아버지이면서 스승님이셨다. 그 옛날 아들딸 구별이 심했던 시절이었는데도 차별 없이 동등한 인격체로 지극한 사랑을 주셨다.

　나는 어려서부터 체질이 약해서 잔병치레를 많이 했다. 죽을 고비도 여러 번 넘기었다. 그때마다 부모님 특히 아버지의 지극한 사랑과 현명한 판단으로 생명을 연장할 수 있었다. 초등학교 2학년 때 다 죽게 된 나를 살리기 위해 아버지는 신약을 찾아 왕복 100리 길을 걸어서 다녀오셨다. 면소재지에 있는 병원에서는 그 약을 구할 수 없으며 그 약이 있어야 살릴 수 있다는 의사의 말을 듣고 그 약이 있는 읍소재지 약국을 찾아다니셨다. 공직에 계신 아버지는 퇴근길에 의사로부터 그 얘기를 들으시고 너무 늦어 막차(버스, 기차)가 끊긴 시간이라 걸어서 갈 수밖에 없는 처지이었다. 내일 새벽 첫차로 다녀오시라는 주위의 만류를 뿌리치고 그 밤에 그 약을 구하러 걸어서 떠나셨다.

　그 약을 한밤중에 구해 갖고 오신 아버지, 추운 날씨인데도 온몸이 땀으로 범벅이 되셨다. 약을 갖고 들어오셔서 땀으로 젖은 양말을 벗으실 때 보니 발가락과 뒤꿈치가 구두에 쓸려 벗겨져서 피범벅이 되어 있었다.

　그걸 닦으실 생각도 않으시고 어머니께 빨리 약을 먹이게 물과 그릇을 가져오라고 하셨다.

　어머니가 가져오신 양은 대접을 보시고 양은은 약을 변질시킬 염려가 있으니 사기그릇을 가져오라고 하셔서 의아해했다. 그 경황 중에도 그렇게 현명하셨다. 내가 알약을 넘길 힘조차 없을뿐더러 한 알의 1/4을 갈아 녹여서 먹어야(너무 쇠약해서) 한다고 하셨다. 손을 닦으시고 하얀 알약 하나를 쪼개고 또 쪼개서 사기그릇에 넣고 빻아서 물에 타서 내 입에 조심스럽게 떠 넣어주셨다. 기도하듯 정성스럽게 그 알약을 엄숙한 표정으로 자르던 아버지의 그 모습과 손가락이 지금도 내 눈에는 선하다.

그 알약을 먹고 나는 3일 밤낮을 혼수 상태에서 온몸에서 물이 흐르듯 땀을 흘리며 잠만 잤다고 한다. 그걸 본 가족들은 아버지가 고생하신 보람도 없이 영영 저세상으로 가나 보다 하고 내놓은 자식이 되었었다고 한다. 아버지께서는 퇴근하고 오시면 밤샘을 하며 내 몸의 흐르는 땀을 닦아 주고 뜨거운 물수건으로 온몸을 마사지해 주며 끌어안고 계셨다고 한다. 3일이 지난 후 비로소 눈을 뜨고 사방을 두리번거리는 나를 보고 아버지께서는 이제 우리 딸이 살아났다고 벽력같이 큰소리를 치셨다고 한다. 얼마나 혼신의 힘을 쏟으셨는지 그 후 아버지께서도 무섭게 몸살을 앓으셨다고 한다.

나는 자라면서 유독 아버지를 따랐다. 여러 형제들 중에서도 특히 나를 더 사랑하시는 것 같았다. 아버지께서 퇴근하실 무렵이 되면 나는 아버지 마중을 나가는 것을 무척 좋아했다. 아버지 오시는 길에 나가 아버지 도시락을 받아들고 아버지의 뒤를 졸졸 따라왔다. 아버지 발걸음은 폭이 너무 넓어서 나는 졸랑졸랑 뛰면서 따라오면 도시락 속에 있는 젓가락이 도시락에 부딪혀서 짤랑짤랑 소리를 내었다. 아버지는 그 소리가 좋으신지 빙그레 웃으시면서 내 손을 꼭 잡고 한 손에 가방을 들고 걸으셨다. 그때 그 손의 따뜻한 느낌이 지금도 이 손바닥에 그대로 남아 있는 것 같다. 그러나 지금은 뵈올 수도 없고 들을 수도 없는 아버지의 모습과 그 인자하신 목소리…. 생각할수록 가슴이 미어지는 것 같다.

여름날 우리 가족은 저녁 식사 후 초저녁에 부모님과 함께 둘러앉아 얘기꽃을 피운다. 그러면 동네 아이들도 우리 집으로 모여든다. 아버지께서는 마치 훈장님처럼 우리들에게 우리나라와 세계적인 역사 이야기, 영웅호걸들의 무용담, 훌륭한 학자들, 과학자, 문학가 등 때로는 영어 기초 등 무궁무진한 얘기들을 해주셨다. 그 이야기를 들으며 어린 소년, 소녀들은 나름대로 상상의 나래를 펴며 자기들의 꿈을 키우고 있었다. 나 역시 그랬다. 우리가 자랄 때는 남존여비 사상이 강해서 될 수 있는 대로 남자는 상급 학교에 보내지만 여자는 많이 가르치려 하지 않았다. 그런데도 아버지께서는 남자나 여자나 될 수 있는 대로 많이 배워야 한다고 강조하셨다. 박봉의 공무원 생활 속에서도 딸을 최고 학부에 보내는 열성을 가지셨다. 면 단위 소재지에서 여자를 대학에 보내는 집안은 면장님 댁 이외는 극히 드물었다.

  아버지께서는 직장에서 직원들과 어쩌다 회식을 하고 약주를 들고 오시는 날은 시조를 읊으셨다. 주로 애송하시는 시조는 황진이의 "청산리 벽계수야 수이 감을 자랑 마라…."와 정몽주의 "이 몸이 죽고 죽어 일백 번 고쳐 죽어…." 성삼문의 "이 몸이 죽어 가서 무엇이 될꼬 하니…." 등 사랑과 충절에 대한 시조들을 즐겨 읊으셨다. 목소리도 그렇게 청아하셔서 듣기에도 감미로웠고 그 뜻 또한 좋은 시조들이었다. 그러면서도 우리들을 위해 맹모삼천지교를 실천해야겠다고 다짐하셨다.

  서울대학에 진학 후 숙식으로 고생하는 우리들을 위해 아버지는 서울로 전근을 하셨다. 자취 생활을 접고 부모님과 함께하는 생활은 정말로 행복했다. 또 아버지의 훌륭한 교훈을 자주 접하게 되어 마음이 든든했다. 아버지는 우리들에게 말하기보다 듣는 일에 열중해야 실수가 적다고 가르치셨다. 그러시면서 구화지문口禍之門(입은 재앙의 문)을 가르쳐 주셨다. 그리고 나 자신을 낮추고 노마지지老馬之智(배울 점이 있으면 누구에게서나 서로 배워야 함)의 마음으로 겸손하게 살아야 한다고 말씀해 주셨다. 평상시 예사롭게 하시는 말씀 속에는 값진 교훈이 늘 들어 있었다. 그리고 광풍제월光風霽月(심성이 맑고 깨끗한 사람)의 자세로 살아야 사람답게 사는 것이라고 말씀하셨다. 주옥같은 평상시의 그 많은 말씀들을 몸소 실천하며 사시던 그 모습이 내 뇌리와 가슴에 지금도 그대로 살아 숨 쉬고 있다.

내가 더 자라면 부모님께 많은 효를 하고 싶었다. 그런데 아버지께서는 너무나 일찍 우리 곁을 떠나셨다. 그게 한스러워 세월이 갈수록 계절의 변화가 올 적마다 새록새록 사무친 그리움이 이 가슴을 저미고 있다. 자식을 위해 오직 희생만 하시고 아버지 자신을 위해서는 아무것도 해보지 못하신 우리 아버지!

아버지 산소에 벌초나 성묘하러 가면 아버지 비석 앞에서 나는 많은 대화를 나눈다. 그리고 맺혀 있던 멍울들을 풀어 간다. 마치 친정집에 가서 뵙는 것같이…. 지금이라도 아버지께서 하시고자 했던 일을 이루어 드리는 것이 무엇일까 고민해 본다.

"어버이 살아실 제 섬길 일란 다하여라. 지나간 후면 애달파 어찌하리. 평생에 고쳐 못할 일이 이뿐인가 하노라."(송강 정철) 이 시조의 의미를 되새기며 아버지의 그 깊은 마음을 헤아려 보려고 애쓴다. 아버지의 부끄럽지 않은 딸이 되고자 지금도 사부곡을 읊으며 그리워합니다.

아버지! 부디 주님 품 안에서 영원한 안식과 평화를 누리소서!

정영휘

마마보이와 후레자식
—고슴도치도 제 새끼를 무조건 사랑하지 않는다

 옛말에 제 마누라와 자식을 자랑하는 사람은 '팔불출八不出'이라 했다. 이 속담은 역설적으로 제 자식을 남 앞에 내놓고 싶은 마음이 많다는 것을 드러내고 있다. 요즘 나이 든 여인네들 모임에서 손자 자랑을 하려면 돈을 내놓고 한다는 새 시대 풍속까지 생겼다고 하니, 가히 자본주의 세태를 살아가는 현대판 할머니다운 처세 방식이라 할 것이다.
 내 피와 살을 물려준 피붙이, 죽은 다음에도 대대로 이어 갈 혈육, 자신의 정체성을 확인시켜 주는 연속성의 원리를 생각하면 '내리사랑'은 당연하고 자연스러운 현상이다.
 또 내리사랑은 남 앞에서의 자랑만으로 그치지 않는다. 아이들이 원하는 것은 다 들어주고 싶은 게 어른의 마음이다. 더구나 집집마다 아이가 한둘 밖에 없는 핵가족 구조에 있어서랴.
 그러나 요구하면 다 해결해 주고 사 달라면 모두 사 주는 어른들의 처사는 아이들의 자생력을 저해하고 돈의 가치를 알지 못하게 하는 부정적 요인으로 작용하고 있다. 언젠가는 독립된 개체로 살아가야 하는데 이때에 맞닥뜨릴 문제들을 엄마나 아빠가 따라다니며 해결해줄 수는 없는 노릇이 아닌가.

 우리의 자식 사랑 방식에 잘못이 많다는 것을 알면서도 나아지는 기색이 보이지 않는다. 이기적이고, 어른을 공경할 줄 모르고, 어려움을 이겨 내지 못하고, 타협과 조화를 모르고, 덩치는 컸어도 언제까지나 아이로 남아 있는 청소년들의 모습을 걱정하면서도 정작 고치려는 용기와 의지는 찾아볼 수 없다.
 그런 아이들을 만든 건 어른이다. 하나뿐인 아이가 귀여워서, 밖에 나가 기 죽지 않게 하기 위해서, 아직 어려서 보호를 받아야 하니까, 장차 철이 들면 나아질 테니까…. 적절한 핑곗거리까지 마음속에 준비해 가며 우리 어버이들은 아이를 '반푼이'로 만드는 데 열심이다.
 고슴도치도 제 새끼를 무조건 사랑하지는 않는다. 사자는 어린놈이 웬만큼 자라면 스스로 사냥을 하도록 생존 훈련을 시키고, 부엉이도 새끼가 날 때가 되면 먹이를 날라다 주지 않는다. 이것이 우주의 생명 법칙이요, 자연에 순응하는 길이다.
 한 가정에서 자식을 제대로 기르려면 부성원리父性原理와 모성원리母性原理가 알맞게 균형을 이루었을 때 가능하다. 이제 부성원리는 자취를 감추고 모성원리만 판을 치는 세상이 되었다. 잘못해도 꾸짖는 사람이 없고, 내 새끼는 무조건 잘났고 귀엽다는 애정 과잉 증세에 병들어 있다. 사랑도 지나치면 눈이 멀고 병이 된다는 이치를 어른들이 깨쳐야 한다.
 가족심리학의 권위자 리스 박사는 가정에 아버지가 없는 현상이 자녀 교육에 끼치는 나쁜 영향을 극소화하려면 가정에 또 하나의 아버지인 '환상幻想 부친父親'을 모셔 두어야 한다고 강조한다. 이를테면 아이가 뭔가를 사 달라고 칭얼대면 "아빠에게 물어봐서 허락하시면…." 한다든가, "아빠에게 말해서 혼내줄 테다."라는 등 가공의 아버지를 설정해서 부성원리를 대행시킨다는 것이다.

우리나라 가정 교육 지침인 『내훈內訓』에서도 집안에는 누군가 무서운 사람 하나를 꼭 만들어 두어야 한다고 가르치고 있다.

내가 어렸을 때는 '후레자식'이란 말을 여기저기서 들을 수 있었다. 배운 데 없이 제풀로 자라 인사도 안 하고 버릇없이 구는 아이를 가리켜 어른들이 하는 욕설이요, 꾸지람이었다. 이 낱말의 이면에는 '아비 없이 자란 후레자식'이란 감춰진 뜻이 담겨 있다. 요즈음은 '마마보이'가 '후레자식'의 자리를 대물림받은 형국이다.

한 달이 지나도록 부모에게 전화 한 통 없는 자식, 늙은 부모가 병이 들어도 제대로 돌보지 않는 아들, 생일이나 어버이날이 돌아와도 나 몰라라 하는 딸…, 모두가 신종 후레자식의 족보에 넣어야 할 후세들이다.

여권 신장과 더불어 무력화된 아빠의 자리를 찾아주는 것은 엄마의 몫이다.

그리고 부모 된 자는 공부 잘하고 돈 잘 버는 자식을 만들기 전에, 사람다운 아들딸을 만드는 일에 심혈을 기울여야 한다.

그래야 이 세상이 사람 사는 마을이 된다.

정원자

택배로 보낸 음식

　이 시간쯤이면 택배 도착이 되었겠지 하는 마음에 아기 출산을 해 아직 한 달도 채 안 된 며느리에게 전화를 했다. "아가, 택배 받았냐?" "아니요, 어머니! 그렇잖아도 택배 올까 봐 문밖을 나갔다 들어왔어요. 근데 전화 소식도 없네요." 하는 대답이다. 저녁이 되어야 들어가려나…. 오늘이 지나면 보낸 음식들이 모두 상할 텐데. 왜 아직 소식이 없을까! 저녁은 어둠을 만들어 밤이 되는데 안 되겠다 싶어 택배 영수증을 찾아 보낸 회사에 전화를 했다.
　한참 후에 대답이 왔다. 오늘 오전에 배달을 했는데 늘 비어 있는 집이라고 전화도 없이 문 앞에다 놓고 갔다고 한다. 일이 이렇게 되니 아들 며느리와 전화를 연달아 하게 되었다. 대답은 이튿날 사흘까지 못 받았다는 대답이다.
　얼마나 애를 써 만든 음식인데 어디로 사라졌단 말인가!
　작은 며늘아기가 두 번째 출산을 해 아들 손자를 보았는데, 시어미인 내가 서울까지 가서 해복 시중을 해줄 수도 없는 형편이라 나로서는 큰마음 먹고 소족을 사서 밤잠을 설치며 곰국을 고왔다. 그리고 그 국물을 진하게 달여서 냉동실에 얼려서 포장을 하고 얼음을 채우고 그 틈새에 전복도 몇 마리 함께 넣고 여러 가지 참기름이며 마늘이며 건강식품과 김치도 새로 만들어 스티로폼으로 된 상자를 두 개를 보냈는데 그 물건이 흔적이 없다니 기가 막혔다.

요즘 세상에 택배 배달이 잘되어 어느 누구 집 없이 오가는 택배 통신을 칭송을 하면서 이용을 하는데, 이런 일이 있을 줄이야 생각이나 했겠는가! 택배 회사에서는 배달한 기사님과 서로 전화 통화하시라고 하며, 미안하다고 몇 번이나 사과를 하는데, 좁은 지역 사회에서 모르는 사람도 아니고 해서 악담도 못하고 "그래요, 어쩌겠냐고요." 하면서 전화를 끊고, 며느리에게 전화를 하니 순진한 며느리는 나보다 더 마음이 여려서 "어머니, 배달 기사도 이 동네 자주 오는 기산데요, 억세게 나무라지도 못하겠네요." 하고 말한다. 금액으로 계산해도 우리 형편으로는 적잖은 액수이지만 시어미인 나나 며느리도 똑같은 마음이니 "그래, 우리가 재수가 없었나 보다. 그쪽에서 인사한다 하니 어디 두고 보자꾸나." 하고 전화 연락은 이제 조금 뜸해졌다. 그래도 마음은 오늘도 기다림의 하루였다. 사흘이 되어 밤이 되었다. 음식은 상하여 맛이 갔겠지만 그 물건 상자라도 배달이 되려나 하는 조바심으로 오늘이 지나갔다. 자정이 다 되었는데도 소식은 무소식이다. 잠자리에서도 화가 나 잠이 오지 않는다.

하지만 마음 한편으로는 얼마나 빈곤한 사람이면 남의 집 앞에 배달된 택배 음식을 가지고 갔을까. 꽤 무거운 박스인데 그것도 두 상자를 어떻게 가져갔을까!

행여나 끼니도 못해 먹을 정도로 가난한 이라면 차라리 좋겠다. 아니 배가 고파 허기진 사람이라면 먼저 상자를 열면 찹쌀로 만든 떡을 먼저 먹어볼 것 같다. 그리고 아직 덜 녹은 얼음 속에서 싱싱한 전복도 한 점 맛보았겠지. 그리고 국물이 뽀얀 곰국을 끓여서 밥을 말아 먹겠지. 아무튼 내가 애써 만든 그 음식 버리지 않고 맛있게 먹어 주었으면 좋을 듯싶다. 그렇게 우리 음식을 먹고 고픈 배를 채우고 참회하는 마음으로 열심히 세상을 살아가는 사람이면 더욱 좋겠다.

    그런데 그 마음이 어찌 한구석이 걸쩍지근하게 허전하다.

정현주

축복

"늙는다는 것은 축복"이라는 말이 있다. 정말 나이 들어 가는 것이 축복일까. 바쁜 일상에 허둥대며 살아가던 어느 날, 거울 속에 비친 자신의 모습을 발견하게 될 것이다. 펑퍼짐한 몸매와 여기저기 비집고 올라오는 흰 머리카락을 보고 축복이라고 생각하기보다는, 화살처럼 지나간 세월에 대한 아쉬움과 허무감이 밀려들지나 않을까. 주름진 얼굴과 은발의 머리카락을 영광의 면류관으로 여긴 사람은 과연 몇이나 될까.

얼마 전 해외여행을 다녀오면서 새삼 나이에 대해 생각하게 되었다. 작년까지만 해도 그렇지 않았는데 우연이었을까. 터키 일주 패키지여행 상품에 합류한 여행객들 중에서 우리 부부의 나이가 최상층에 속해 있었다. 충격이었다. 물론 이번 여행은 비행시간만도 열두어 시간 가까이 되는데다가 현지에 도착해서도 내내 버스 투어의 고된 일정이었으니, 어느 정도의 체력을 요하긴 했으리라. 아무리 그렇더라도 일면식도 없던 사람들로부터 좌장으로 극진한 대우를 받으면서, 지금까지 한 번도 느껴 보지 못한 이상야릇한 감정에 빠져들었다.

늙는다는 것은 무엇일까. 나이를 한 살 한 살 보탠다는 것은 단순하게 나이테만 늘려 가는 것은 아닐 것이다. 마냥 젊을 것만 같았던 인생도 사십이 지나고 오십을 넘기면 해가 지고 달이 기울듯 기울어 간다. "인생 마흔이 넘으면 늙음에 대한 준비가 있어야 한다."는 말이 있다. 이 말은 늙지 않겠다고 발버둥치기보다는 담담한 마음으로 노후를 맞을 준비를 하라는 뜻일 게다.

봄에 여린 새싹으로 돋아난 연둣빛 잎사귀가 푸르고 싱싱함을 자랑하다가, 가을이 되면 단풍이 들어 낙엽으로 스러진다. 우리 인생도 마찬가지다. 자신이 원하든 원치 않든 나이를 먹으며 늙어 간다. 나뭇잎들이 전부 고운 빛깔로만 단풍이 들지 않듯이 사람들의 늙어 가는 모습도 가지각색이다. 단풍나무나 은행나무처럼 곱고 옹골차게 노년을 맞이하는 사람이 있는가 하면, 길거리에서 온갖 오염을 뒤집어쓰고 퇴색되어 가는 플라타너스처럼 탁하게 늙어 가는 사람도 있을 것이다.

태어나고 자라고 늙어 가는 것은 자연의 이치다. 그런데도 흘러간 세월의 흔적인 주름살은 그 누구도 원치 않을 것이다. 마흔이 넘으면 자신의 얼굴에 책임을 져야 한다는 말이 있다. 품위 있게 늙어 간다는 것은 모든 이들의 희망 사항이지만, 보람차게 인생의 결실을 맺는다는 것이 결코 말처럼 그리 쉬운 일은 아니지 않은가. 지혜롭고 현명한 사람은 지나간 세월을 탓하지 않고 나이 듦을 자연스럽게 받아들이며, 늙었다는 생각이 드는 그 순간부터 인생을 더 진지하게 설계한다고 한다. 젊고 생기 있는 아름다움 이상으로 나이에 걸맞은 완숙미 또한 중요하리라.

  우리는 살아 있다는 사실이 얼마나 큰 축복인지 잊고 지낼 때가 많다. 비록 주름진 얼굴에 화장이 겉돌고 일을 조금만 해도 허리 통증에 시달리지만, 늙어 보지도 못하고 세상을 떠난 사람들에 비하면 살아 있다는 것 하나만으로도 분명 축복받은 인생임에 틀림없다. 더 중요한 것은 어찌 나이 들지 않고서야 새순처럼 보드라운 손자 손녀를 안아볼 수 있겠는가.

  인생의 뒤편으로 밀려나던 나에게 손자라는 새 친구가 생겼다. 간간이 만나는 손자는 새로운 모습으로 변해 간다. 오학년이 되니 키도 훌쩍 크고 제법 의젓하다. 나이가 들면 사소한 것도 감동으로 와 닿는 모양이다. 아이가 무럭무럭 자라나는 것을 지켜보면서 행복 하나, 희망 하나가 내 마음속에 자라고 있다. 눈빛만 쳐다봐도 마음이 통하는 손자가 있어 회색빛으로 퇴색되어 가는 인생을 잊고 살 수 있으니, 이 또한 축복 아니겠는가.

  손자는 에너지의 원천이다. 녀석이 집에 오는 날은 온 집안에 활기가 넘친다. 겸연쩍은 모습으로 할미를 따라 개다리춤을 추던 때가 엊그제 같은데, 어느새 고난도 텀블링으로 분위기를 압도한다. 할미를 서로 차지하려고 가끔씩 제 누이와 다툴 때도 있지만, 아이들은 싸우면서 자라는 것이라고 예전부터 어른들이 내리내리 말하지 않았던가. 어느새 나도 그 말을 앵무새처럼 되뇌고 있다. 할머니가 손자에게 주는 사랑은 주어도 주어도 마르지 않는 샘물 같은 것이리라. 무상의 사랑을 쏟을 수 있는 손자는 내 인생의 마지막 연인이다.

  한 생명으로 태어나서 늙어 간다는 것이야말로 축복받아 마땅하다. 그러니 나이 먹어 가는 것에 대해 그렇게 마음 쓸 일도 아닌 것 같다. 사실 나이가 듦으로써 이기적이고 타산적인 욕망에서 해탈하여 느긋하게 인생을 관조할 수 있는 마음을 갖게 된다면, 늙는 것을 무조건 싫어하거나 서러워할 일도 아닌 것 같다. 인생 백세 시대에 일흔 살이라 해도 아직 많은 세월이 남아 있지 않은가. 이 세상에 존재하는 생명체 중에서 오직 인간만이 의식의 변화를 통해 행복을 창출해낼 수 있는 능력을 갖추고 있다. 이것 또한 축복이 아닐 수 없다. 나이 들어감을 축복받은 일로 만들어 가려면 창의성을 잃지 않고 자기만의 독특한 삶을 위해 부단한 노력을 아끼지 말아야 할 것이다.

젊은 날, 우리는 나이 들어 가면서 좋아지는 구석을 알지 못했다. 정신없이 달려온 인생길의 속도를 한 박자 늦추면서 지나간 날을 반추해 보고, 나머지 인생의 의미를 찾는다면 늙음도 젊음 못지않게 축복일 수 있으리라. 어느새 내 나이 가을의 문턱을 넘어서고 있다. 결실의 계절인 이 가을에 내 인생에서 무엇을 어떻게 추수할 것인지 고민해 봐야겠다. 늙어 가면서도 허망하지만은 않은 것은 내 가슴에 쌓여 가는 삶에 대한 여유 때문이리라.

조병서

어떤 선택

　사람이 살아가는 데 어디 왕도가 따로 있는가. 하지만 지름길은 있다고 생각한다. 자신보다 앞서서 치밀하게 자신의 내면을 갈고 닦으면서 살아온 사람들, 비슷비슷한 문제로 씨름하고 있는 주위 사람들의 이야기에서 시행착오를 피할 수 있는 방법 즉, 좀 더 현명하게 해결할 수 있는 방법은 얼마든지 찾을 수 있을 것이다.
　과거에 대한 후회와 미래에 대한 기대가 현실보다 많은 비중을 차지할 때 우리는 많은 에너지와 삶의 의욕을 상실하게 되며 우리의 경험 또한 미래를 먹여 살리는 양분으로 전락해 버린다. 이로 인해 현실은 굶주림에 시달리고 소중한 시간을 놓치게 되는 것이다. 우리네 인생은 생생하게 살아 숨 쉬는 순간들로 이루어졌다. 이 순간들은 바로 이 시각에도 펼쳐지고 있다. 그러니까 당신의 인생은 바로 지금 이 순간 펼쳐지고 있는 것이다. 어제도 아니고 내일도 아닌 바로 지금 이때일 것이다. 그러니까 현재를 꽉 찬 상태로 살아가야 되는 것이다.

　우리는 각자 나름대로 오늘 이 순간을 꾸려 나가는 멋진 방법을 알고 있을 것이다. 다만 실천을 하지 않을 뿐이다. 자신이 우선 해야 할 일과 하지 말아야 할 일이 있다. 일할 줄 모르면서 그리고 능력도 없으면서 이것저것 많은 것을 하려고 욕심을 내기도 한다. 한 가지 일에도 힘이 달리는데 여러 가지 일을 하려고 하니까 한 가지도 못하는 것이다. 우리 즉, 내가 최고가 되기 위해서는 먼저 하지 말아야 할 것을 정하고 꼭 해야 할 일에 자기가 가진 모든 역량을 쏟아부어야 한다. 그러면 누구라도 그 방면에 최고가 될 수가 있다.

　부자에게나 빈자에게나 일년 삼백육십오 일 하루 이십사 시간은 똑같이 주어지는 것이다. 다만 그 시간을 어떻게 활용하느냐는 전적으로 자신이 선택하고 책임져야 된다. 어느 곳에서 태어날지 어떤 부모를 만나게 될지 어떤 시대에 태어날지 이 모든 것들은 우리가 어떻게 해볼 도리가 없는 것이다. 그러나 자신의 내면 속에 무엇을 채워 갈지는 전적으로 본인의 의지에 달려 있다.

　인간의 미래는 항상 가능성으로 열려 있지만 동시에 불확실성으로 가득 차 있기도 하다. 그런 미래를 대상으로 어떤 길을 선택하고 그 선택에 따라 책임지며 살아가야 한다. 모든 길을 다 가볼 수는 없다. 일단 자신의 가치관에 따라 선택하고 책임을 지면 되는 것이다. 물론 어느 길을 가든 아쉬움과 후회는 남게 마련이다.

　늘 남보다 뛰어나고 싶었던 의지가 내 삶의 방향을 잡아 주었을 것이다. 그 선택이 자신의 어려운 처지를 극복하는 데 큰 도움이 되었을 것이다. 앞으로 어떻게 살아갈 것인가는 결국 자신이 선택할 문제이지만 나만의 독특한 스토리, 그 어떤 스토리를 만들 것인가는 절대적으로 자신의 선택인 것이다.

지나치게 뒤를 돌아볼 필요는 없지만 이따금 자신이 걸어온 길을 회상하며 어떤 것이 멋진 선택이고 어떤 것이 잘못된 선택이었는지를 생각해 보는 일이야말로 앞으로 살아가는 데 큰 도움이 될 것이다. 돈을 좇는다고 돈이 벌리는 것은 아니다. 명성을 좇는다고 명성이 얻어지는 것은 더욱 아니다. 대신 자신이 하고 있는 분야에 전부를 걸고 매진하다 보면 돈도 벌고 명예도 얻는 날이 반드시 찾아올 것이다.

조상현

봄날은 간다

내가 사는 춘천의 봄소식은 소걸음처럼 더디다.

춘천은 원래 '봄내[春川]'니까 그 이름만 들어도 늘 봄일 것만 같은데, 워낙 북녘이다 보니 저 아래 섬진강 매화꽃 소식이 TV 화면을 화사하게 장식하고서도 보름은 실히 지나야 그제서 온다.

소양강이 굽이도는 봉의산 절벽에 참꽃이 필 무렵이면 종다리가 찾아오고, 뒷두루에 벚꽃이 피었다 지고 살구꽃이 필 무렵이면 쏙독새가 와서 운다. 그리고 오동나무꽃이 피기 시작하면 소쩍새가 와서 우는데 그도 잠시 잠깐, 하얀 찔레꽃잎이 흩날리기 시작하면 훌쩍 이내 봄날은 간다.

반가운 철새 소리를 들으며 봄을 맞는다는 것은 여간 운치 있는 일이 아니다. 그런데 어찌하여 봄은 이리 휑하니 오는 듯 가고 마는 걸까? 남도의 봄보다 늦게 왔으니 좀 더 오래 머물러 주기를 바라지만, 무에 그리 바쁜지 봄은 남의 집 들러 가듯 서둘러 떠나고 마니 이 아니 서운한가?

　나에겐 봄이면 불현듯 생각나는 노래 하나가 있다. 누구나 잘 아는 손로원이 가사를 짓고, 박시춘이 곡을 부친 '봄날은 간다'가 바로 그것이다. 겨우 대중가요냐고 할는지 모르지만 나에겐 그럴만한 사연이 있다.

　나는 6·25 때 국민방위군에 근무한 일이 있다.

　중학교 3학년 때다. 1·4 후퇴 때 대구로 피난을 내려갔다 마침 아는 사람을 만나 그 방위군 사령부에 들어가 숙식을 해결했다. 나이가 어려 정식 대원은 못 되고 의무실에서 예하 각 교육대에 공급하는 의약품 출납 일을 거들면서 세끼 밥을 얻어먹었으니, 목숨 하나 부지하기도 어렵던 그 난리 통에 얼마나 다행한 일이었는지 모른다.

　그 무렵 중부 전선 '백마고지'와 '철의 삼각지대'에서는 중공군의 춘계 대공세가 시작되어 피아간의 치열한 공방전이 벌어지고 있는 가운데, 판문점에서는 지루하게 끌어오던 정전 회담이 조인을 앞두고 있었다.

　그런데 나는 그해 봄 생각지도 않았던 상 하나를 탔다. 새해를 맞아 정훈부에서 장병들의 사기 앙양을 위해 각 부처 실과별 대항 가요 콩쿠르 대회를 개최했는데, 우리 의무실에서는 모두들 나가지 않겠다고 꽁무니를 빼는 바람에 내가 강제로 떠밀려 나가 바로 그 '봄날은 간다'를 불러 상을 탔던 것이다. 나이가 어리다고 나에게 특별상이 주어졌다.

　늘 약 창고 안에 틀어 놓고 듣던 라디오에서 그때 한창 유행하던 그 노래가 나올 때마다 무심코 따라 부르며 흥얼거렸던 게 고작인데. 나는 그날 심사를 맡았던 군악대장의 호명을 받고 나가 상을 받으면서 고향의 가족들 얼굴이 떠올라 울컥 눈시울을 적셨던 기억이

난다. 어쨌거나 이런 일로 해서 이 노래는 그날 이후 나의 십팔번이 되었고, 그 노래와 그렇게 가까이 지내 온 것이 어느덧 반백 년이 넘었다.

'봄날은 간다'는 원로 가수 백설희의 대표곡이다. 그 백설희가 엊그제 노환으로 노래 인생을 마감하고 떠났다. 나는 신문을 뒤적이다 그녀의 부음을 접하고 문득 그 어렵던 대구 피난 시절이 떠올라 이 글을 쓴다.

'봄날은 간다'는 6·25 전쟁 중에 대구에서 유성기 음반으로 나온 것이 하루아침에 유행이 되어, 반세기가 넘도록 국민 애창곡이 된 노래다.

원래 화사하고 싱그러움은 봄노래의 정형이다. 그래, 언뜻 이 노래의 제목만 보면 봄날에 꼭 어울리는 봄노래다. 그러나 그 노랫말과 가락의 애절한 분위기가 너무도 여리고 애상적이어서 오히려 그 처연한 봄날의 역설이 전쟁에 시달리던 국민들의 지친 가슴을 달래 주고도 남았으니, 얼마나 많은 사람들이 이 노래를 부르며 위안을 받았던가.

더구나 백설희의 그 낭랑하면서도 뭔가 체념한 듯한 가녀린 목소리로 부른 "꽃이 피면 같이 웃고, 꽃이 지면 따라 울던 알뜰한 그 맹서"가 실없는 기약이 되어, 두고두고 슬픔에 젖은 여심을 울렸다.

그래서 그랬던지 몇 년 전 어느 시 전문 잡지가 '시인들이 가장 좋아하는 노랫말'을 조사하면서 시인 100명에게 애창곡을 물었더니, 뜻밖에도 그 '봄날은 간다'를 가장 많이 꼽았더라고 한다. 놀라운 일이다. 오래되고 빛바랜, 그 한물간 대중가요가 우리 시인들의 애송시 대접을 받은 셈이니 말이다.

아닌 게 아니라 '봄날은 간다'라는 제목으로 시를 쓴 시인들이 많다. 고은은 봄날의 허무 속에서 퇴폐와 탐미를 찾았고, 안도현은 아무도 모르게 봄날은 간다고 봄을 탄식했다. 박영배는 비바람 불면 꿈도 함께 시든다고 가는 봄을 안타까워했다.

그리고 '봄날은 간다'를 패러디한 시도 많다. 그 제목의 책도 나왔다. 같은 이름의 영화와 연극이 수많은 관객을 동원했다. 얼마 전 어떤 가야금 연주가는 이 노래를 주제로 연주회를 열어 큰 호평을 받았다. 요즘도 그 제목의 글과 시집은 계속 나오고 있다. 참 모를 일이다. 인터넷 신세대의 지성과 예술이 대중화, 통속화의 트렌드로 방향을 틀었음인가?

그동안 이 노래는 이미자도 불렀고 배호, 나훈아, 조용필, 장사익 등 내로라하는 가수들이 특이한 제각각의 음색으로 불러 숱한 사람들의 시린 가슴을 다독여 주었다. 어디 이 노래를 좋아한 게 가수들뿐이며 시인들뿐이랴. 앞으로도 많은 사람들은 또 그렇게 봄날을 끌어안고, 또 그렇게 봄을 절규할 것이다.

봄날이 저물고 있다.

그 봄을 부여안고 몸부림치던 백설희도 갔다. 내년에도 봄은 또 온다지만 그 봄은 같은 봄이 아니다. 괜스레 서글퍼진다. 어찌 슬프지 않으랴. 풋풋하던 시절은 가고 어느새 나도 노을 지는 소양강 치잣빛 석양 앞에 우두커니 뒷짐을 지고 서 있으니 말이다.

하얀 찔레꽃잎이 한 잎, 두 잎 강물 위에 눈꽃처럼 지고 있다.

속절없다.

봄날은 간다.

조옥순

빈 밤을 여는 소리

비가 내린다. 사방은 자욱한 안개 속이다. 오늘 아침 남편은 조카 결혼식 참석차 서울행 비행기를 타고 떠났다. 혼자되어 보내는 밤은 점점 잠을 밀쳐내고 있다.

오늘 밤 나는 긴 밤을, 남편은 짧은 밤을 보낼 것이다. 남편은 서울에서의 오늘 밤이 오랜만에 만난 친지들로 만감이 교차할 것이고, 나는 텅 빈 집에서 외로운 밤을 만나고 있으니까! 쉴 새 없이 뒤척이는 밤이 너무 길어서 어서 날이 밝기를 기다린다.

지난봄에 뭍에 사는 글벗 K씨로부터 전화가 왔다. 시도 쓰면서 여행사를 운영하는 편안한 인상의 좋은 젊은 친구다. 뭍에서 만난 문인들이 제주 나들이를 할 때 전화가 오면 특히 반갑다. 그래서 만나고 차를 마시고 식사를 하면서 정을 나눈다. 만남의 인사를 주고받는 풍경은 누가 되었던 아름다운 그림이 된다.

그런데 그 친구가 계획 없이 혼자서 탐라국을 찾아왔다. 동행자도 없이 하루해를 보내고 차를 몰고 한라산 횡단의 밤길을 달려온다. 뜻밖의 전화에 당황하지 않을 수 없었다. 마침 문학 행사를 준비하는 전체 회의를 하고 있어서 조금 후면 서귀포에 도착한다 하니 마음이 급해진다. 뜻밖의 손님이지만 기다리게 할 것 같아 미안한 마음에 자꾸만 길을 서두른다.

생각처럼 기다림의 시간을 보내야 서로는 만날 수 있었다. 때를 놓친 늦은 시간이라 저녁 식사 대접을 하려고 온 시내를 돌아다녀도 마땅한 곳을 만날 수 없었다. 할 수 없이 아쉽지만 토스트로 식사를 대신하고 이야기를 밥 삼아, 차를 안주 삼아, 우주를 탐험하고, 인생을 논하며, 책장을 넘기듯 시간을 즐겼다.

자정이 다 될 무렵에야 헤어져 돌아서는 그의 뒷모습이 외롭고 쓸쓸했다. 마주 앉아 이야기를 나눌 때 밝고 자신에 찬 여유로운 앞모습은 보이지 않는다. 이태 전에 부인과의 이별로 아픔을 가슴에 품고 살아가서인 것 같다. 마치 가을 하늘을 날아가는 짝 잃은 외기러기 모습을 닮아 보였다. 좋은 짝을 만나 아픔을 달래며 살면, 숨죽였던 힘이 되살아날 터인데…. 헤어지면서 짝을 만나면 둘이서 같이 꼭 찾아오라 두 번 세 번 말했다.

그런데 오늘 초저녁에 그에게서 전화가 왔다. 신혼여행을 다녀가는 길이란다. 너무도 뜻밖의 소식이라 기쁜 소식을 듣는 마음이 황당하고 조금은 섭섭했다. 제주를 떠나면서 알려 주어 내가 만나서 축하해 줄 시간이 허락되지 않음이다.

연락을 하고 싶었지만 부담을 줄 것 같은 생각 때문에 그냥 있었다고 한다. 그런데 막상 그냥 돌아가려니 마음이 켕기고 도무지 마음이 불편해서 비행기 탑승 전에 전화를 하고 있었다. 진심으로 이해를 청하는 그가 조금은 섭섭했지만 아쉬운 마음 접으면서, 아직 만나지 못한 그이 짝에게도 진심으로 결혼을 축하하는 마음을 핸드폰으로 전하였다.

"며칠 비가 와서 여행길이 불편했겠지만, 촉촉이 젖은 땅에 푸른 새싹이 움트듯, 두 분에게 희망과 기쁨이 샘솟는 행복한 가정을 키워 줄 축비가 내리고 있답니다. 몸도 마음도 건강하시고 부자 되어 행복하게 사십시오. 진심으로 결혼 축하합니다. 꼭 한번 같이 놀러 오세요." 하고!

아마도 봄에 왔을 때 그는 이미 지금의 짝을 만나 사귀면서 결혼을 고민하고 있었던 것 같다. 오늘 시인 손님은 비가 되어 새로 맺은 한 쌍과 함께 나를 기억해서 그의 새로운 삶이 시작된 기쁜 소식을 전해 주었다.

그들에게 행복의 집 마음 텃밭에 사랑, 믿음, 이해, 용서, 배려, 기쁨의 꽃들이 예쁘고 푸르게 잘 자라도록 기도해 줘야겠다.

초저녁 그들의 결혼과 신혼여행 소식을 전해 들은 혼자 지내는 빈 밤이 외롭지 않다. 남편이라는 존재의 소중함을 일깨우는 귀한 시간과 함께해서다.

조은하

어느 한 권의 책

해방 직후 우리는 책을 읽고 싶어도 책이 귀했다. 여학교 때 어쩌다 책 한 권이 나타나면 너도나도 빌려 보려고 법석을 떨었다.

6·25 전쟁이 나기 1년 반쯤 전부터 나는 인천에서 살면서 서울로 기차 통학을 하고 있었는데 그때의 경인 철로 변은 야트막한 구릉과 끝없이 이어지는 논밭으로 아름다운 전원 풍경을 이루고 있었다. 소사(지금의 부천)는 봄이면 그 일대의 언덕 위며 아래며 만발한 복숭아꽃으로 꽃동산을 이루었다. 백로가 노닐고 있는 한가로운 논밭 사이로 기차는 바람을 날리며 상쾌하게 달리고 있었다. 주안역이 가까워지면서 펼쳐지는 염전鹽田 또한 얼마나 넓었던지 하얀 소금산이 피라미드처럼 군데군데 솟아 있었고 노을 진 석양을 받으며 홀로 높이 올라서서 물레를 돌리고 있는 사람의 모습은 애조 띤 광경이었다. 염전은 늘 물기가 있어서 어른어른 하늘이 비치기도 하였다. 어둠이 찾아드는 저녁 무렵의 텅 빈 염전에는 석양의 노을처럼 슬픈 아름다

움이 흐르고 있었다. 인천역에 도착할 쯤이면 하늘은 더 넓게 트이기 시작하고 어딘가 갯바람이 부는 것 같은 느낌을 준다. 우리 집은 만국공원(지금의 자유공원)을 뒤로한 조금 올라가는 언덕에 있었다. 언덕길에 접어들면 바다가 저 아래로 보였다. 호수같이 잔잔한 만조의 바다는 연한 옥색 빛을 띠우면서 햇빛에 반짝이고 있었고 파아란 하늘에는 노을이 황금빛으로 잦아들고 있었다. 나는 순간 숨을 들이쉰다. 그리고 망연히 서서 바라본다. 언덕 위의 집은 예쁜 양옥이었고 우리는 그 이 층에서 살았다. 창을 열면 거리가 한눈에 들어온다. 한쪽 옆으로 베란다가 있었고 베란다에서는 동회(동사무소) 건물의 지붕과 마당이 내려다보였다. 동회 아래로는 넓은 차도가 옆으로 길게 뻗어 있었다.

어느 날 밤새껏 우르릉우르릉 요란하게 지축을 울리며 인민군 탱크가 이 길로 들어왔다. 이어 무더운 여름도 닥쳐왔다. 갑자기 뒤바뀐 세상 속에서 무섭고 숨 막히는 생활은 계속되었다. 공포와 더위에 질려 버렸는지 거리에는 사람이 별로 보이지 않았다. 찌는 듯한 더위 속에 내리쬐이는 햇빛만이 지붕에 반사하여 눈이 부셨다. 동회에 걸려 있는 멋없이 기다랗고 우중충한 인공기도 더위에 축 늘어졌다. 그날도 나는 베란다에 나가 턱을 받치고 엎드려 무료히 거리를 내려다보고 있었다. 멀리 거리 복판에 일자로 된 빨간 벽돌 건물 한 채가 눈에 들어왔다. 건물 앞에 있는 넓은 운동장 같은 공터에도 햇빛이 뜨겁게 쏟아지고 있었다. 한참을 정적 속에 있던 그 건물 왼쪽에서 한 사나이가 탁 튀어나왔다. 사나이는 필사적으로 건물 앞을 달려갔다. 곧이어 또 한 사나이가 튀어나왔다. 그도 필사적으로 앞에 달려가는 사나이를 쫓고 있었다. 앞의 사나이는 건물 오른쪽을 돌아 뒤로 사라졌고 뒤의 사나이도 따라 들어갔다. 그리고는 탕 단발의 총성이 들렸다. 거리는 여전히 침묵 속에 있다.

밤이 깊어지면 동회 앞은 자동차 소리가 요란하다. 트럭에 가득 포승에 묶인 사람들을 싣고 와서는 금방 또 어디론가 싣고 가곤 했다. 해가 아직 하늘에 뉘엿이 걸려 있는 느지막한 어느 날 오후 길에는 포승줄에 묶인 사람들이 길게 줄지어 가고 있었다. 그 뒤로 한 열 살 쯤 되어 보이는 사내아이가 달려가고 있었다. "우리 아버지는 죄 없어요. 죄 없어요." 목이 빠지게 울부짖으면서….

하루는 이른 새벽 동회 마당에서 웅성거리는 소리가 들리면서 동네 골목이 술렁거렸다. 또 무슨 일인가 베란다에 나가 내려다보니 뜻밖에도 한동네에 사는 남학생이 꿇어앉아 와들와들 떨고 있지 않은가. 그의 얼굴은 백지장 같았다. 그날 이후 나는 그를 다시는 보지 못했다. 그는 학생 신분으로 무슨 그리 큰 죄를 지었겠는가. 세상이 온통 광기로 가득 차 있었다.

무더운 그해 여름은 어찌 그리 길던지 우리는 모두 버려진 아이처럼 구원의 손길을 애타게 기다리고 있었다. 그러던 어느 날 맑고 푸른 하늘에 비행기 한 대가 날아왔다. 비행기는 아득히 높은 고공을 유유히 날더니 사라졌다. 그 후로 비행기는 매일 날아왔고 뒤의 산 꼭대기에 있는 기상대氣象臺에서는 뒤늦게야 경계 사이렌이 앵-앵 그것도 손으로 돌리는 사이렌인지 힘겨운 소리로 겨우겨우 이어지며 계속 울려 왔다. 비행기 오는 횟수는 점점 잦아졌고 대공포는 맞지도 않을 포를 쏘아 댔다. 사람들은 코웃음을 쳤다. 그렇게 며칠이 지나더니 이번에는 수십 대의 비행기가 일시에 날아왔다. 편대를 이룬 비행기는 가차 없이 맹폭을 감행하기 시작했다. 유류 탱크가 폭파하여 불기둥이 솟아오르고 시커먼 연기는 구름처럼 하늘을 뒤덮었다. 해는 완전히 가려졌고 삽시간에 천지가 암흑으로 변했다. 어디서 날아왔는지 새 떼들이 방향을 잃고 캄캄한 하늘 아래 미친 듯이 날고 기상대에서는 숨 가쁘게 사이렌이 울리면서 따따따따 고사포가 불을 뿜어 댔다. 비행기는 기총소사를 난사하고 지나간다. 사람들은 모두 지하실로 대피했다. 아래층 언니와 나도 신 나게 구경하다가 지하실로 급히 뛰어 들어갔다. 순간 우리들 등 뒤에서 뺑 하는 총소리가 귀청을 때렸다. 나중에 보니 우리가 들어온 문기둥에서 불과 두 뼘도 안 되는 옆의 벽을 총알이 뚫고 지나간 것이다. 실로 두 뼘도 안 되는 거리가 사람의 생사를 결정지은 운명의 순간이었다.

작렬하는 폭음과 진동하며 무너지는 굉음, 우리를 향해 돌진해 오는 것 같은 비행기 소리, 간단없이 퍼붓는 폭격에 우리는 진땀이 났다.

폭격이 있은 지 보름쯤(?) 지났을까? 인천에는 그해 9월 16일 있을 상륙 작전을 예고하는 전단이 뿌려졌다. 우리가 피난 간 김포 들녘은 곡식이 풍요롭게 익어 가고 있었다. 드디어 인천 상륙 작전은 시작되었고 함포 사격의 거대한 포성은 김포에서도 들렸다. 쿵―쿵― 멀리서 들려오는 둔중한 포砲 소리에 우리는 잠을 설쳤다. 인천쪽 하늘에서 솟아오르는 연기는 낮에도 보였고 밤이면 그쪽 하늘 전체가 불빛으로 환했다. 창공을 향해 번쩍번쩍 날카로운 섬광이 쉴 새 없이 번득였다. 별이 반짝이는 밤하늘에 타오르는 불빛과 섬광들 그리고 은은히 들려오는 포성은 웅장한 그러나 잔인한 전쟁의 비극적 광경이었다. 그것은 전쟁하는 나라의 처참한 모습들이 숨 가쁘게 돌아가는 순간이었다.

인천은 그때 불타고 있었다.

나는 전투기 편대가 멀리 어떤 산과 산 사이의 골짜기를 내리꽂으며 폭격하고는 동체를 뒤집으며 제비처럼 사뿐히 날아오르는 것을 처연한 마음으로 넋 놓고 바라보기도 했다.

국군과 UN군은 북으로 북으로 진격해 갔다. 신문은 매일매일 승전고를 울리고 우리는 승리감에 들떴다. 그러던 것이 겨울이 깊어지면서 미적미적하더니 끝내 밀리기 시작했다. 또다시 길에는 피난의 행렬이 줄을 이었다. 우리는 배로 가기로 하고 우선 인천역 근처에 있는 고향 분의 집으로 옮겼다. 주인이 떠나간 집은 썰렁했다. 벽에는 의용군인가 뭔가로 나간 그 집 외아들의 옷이 그대로 걸려 있었고 방 윗목에는 아들의 낡은 책상이 덩그러니 놓여 있었다. 전에 두어 번 본 일이 있는 그 집 아들은 어딘가 활달하지 못하고 우울해 보이는 그러면서도 선한 모습의 청년이었다. 나는 호기심 어린 눈으로 그의 책상에 다가갔다. 책상에는 주인 잃은 책들이 몇 권 엉성하게 꽂혀 있었다. 그중에서 한 권을 뽑았다. 일본책 『쿠니키다 독보집[國本田獨步集]』이었다.

소설가이며 시인인 그의 빼어난 문장에 나는 그만 매료되고 말았다. 책 주인에게 미안함을 금치 못하면서 그 책을 내 책가방 속에 집어넣었다. 눈발마저 휘날리는 부두는 인산인해였고 미국 수송선인 듯한 큰 배는 사람으로 뒤덮였다. 그때 듣기로는 승선 인원이 천오백 명이 넘는다고 했다. 우리는 선상에 자리 잡고 이불을 뒤집어썼다. 이불 속에서 정신없이 읽은 그 책의 문장은 말할 수 없는 애수를 느끼게 했고 책에 나오는 바다며 모래언덕은 꼭 북에 두고 온 우리 고향을 닮았다. 나는 책 속에서 고향을 보았다. 그리운 고향, 점점 멀어져만 가는 고향, 격동하는 시대에 나는 그만 말을 잃었다.

닥쳐오는 긴박한 상황과 책이 주는 감동이 뒤범벅이 되어 내 가슴속에서는 뜨거운 격정이 치솟아 올랐다. 바닷바람에 내 머리카락은 사정없이 날리고 추위는 살을 에는 듯하건만 나는 아랑곳하지 않았다. 배 난간에 기대어 서서 혹한의 밤바다를 바라보며 한없는 상념에 젖어 있었다. 전함 한 척이 흰 파도를 일으키며 북으로 항진하고 있었다.

1951년 1월의 서해에는 전운戰雲이 짙게 드리워져 있었다. 배는 여수항에 잠깐 기항하고는 곧바로 부산으로 향했다. 바다에는 겨울임에도 새싹이 돋은 듯한 푸른 섬들이 꿈꾸는 듯 떠 있었다. 전화戰禍 속에서도 섬들은 그지없이 평화로워 보인다. 아! 아름다운 우리의 산하여! 나는 눈물이 핑 돌았다.

새벽의 부산항은 안개가 자욱했고 항구에는 뱃고동을 길게 울리며 각양각색의 함정들이 정박하고 있었다. 내게 부산은 머나먼 이국땅처럼 느껴졌다. 해가 훨씬 솟은 아침나절에야 우리들의 하선은 시작되었다. 배 측면에 그물이 내려졌고 우리는 상륙 작전하는 해병처럼 그물을 타고 작은 배에 옮겨 탔다.

부산에서 1년쯤 지났을 무렵 살아서 상봉하게 된 외숙부님께 나는 너무나 기뻐서 아끼고 아끼던 그 책을 드렸다. 수복하여 서울에서 다시 만났을 때 그 책은 어찌 된 일인지 보이지 않았다.

수복 직후 서울의 청계천과 동대문 쪽에는 책방이 많았고 책방마다 헌책들이 산더미처럼 쌓여 있었다. 어떤 책들은 가마니에 그대로 담겨져 있기도 했다. 어쩌다 동대문시장에 가게 되면 고古서점부터 들러서 찾아보았지만 안타깝게도 쿠니키다의 책은 좀처럼 눈에 띄지 않았다. 그 후 몇 년이 지난 그해도 다 저물어 가는 초겨울 어느 날 나는 광화문에 있는 일본 서적만을 취급하는 서점에서 고단샤[講談社] 간행의 『쿠니키다 작품집』을 만날 수 있었다. 우아한 장정과 좋은 지질, 정감 어린 작가의 사진들을 보면서 얼마나 반가웠던지 그때 그 기분은 지금도 잊혀지지 않는다.

세상에는 꼭 읽어야 할 훌륭한 책들이 많다. 인생의 지표가 되는 귀중한 책들도 많이 있다. 그러나 일생 사랑하는 책은 그리 흔치가 않다. 마치 사랑할 수 있는 사람이 드문 것처럼 말이다.

　작가 쿠니키다는 일본 문단에 있어 낭만주의에서 자연주의로 전환하는 과도기에 중요한 역할을 한 신진 작가로 그의 작 〈무사시노[武藏野]〉에서는 아름다운 자연 속에서의 삶을 구가한다. 그 구도자적 자세가 내게는 숭고한 철학자를 연상케 했다. 시인이기도 한 그의 작품은 아름답고 슬프다.

　나는 지금도 그의 작품을 읽으면 그때 그 소녀, 정갈한 그 문학소녀로 돌아간다. 그리고 그 어떤 문학적 영감에 가슴이 뜨거워진다. 때로 삶이 몹시 서글퍼질 때 또 못 견디게 고향에 가고 싶어지면 나는 이 책을 읽으며 향수를 달랜다. 그리운 사람이 생각날 때도 이 책은 나에게 위안이 된다.

　6·25 전란! 실로 무서운 역사 시대였다. 악랄한 전쟁, 어디로 끌려갔을지 모를 그 젊은 청년이 남기고 간 한 권의 책이 이렇게 내 생에 깊은 영향을 줄 줄은 몰랐다. 이 하늘 아래 어딘가에 살고 있을지 모를 그 청년(지금은 노경에 이르렀겠지만)의 행운을 빌 뿐이다.

차석규

휴전선 철책을 붙들고

우리 겨레는 전통적으로 평화를 사랑하는 민족이다. 남의 나라를 능동적으로 침략한 사실이 없다. 임진왜란이나 병자호란도 외침의 침략을 받아 국난 극복을 위해 항전에 나섰던 전쟁이었다. 그러한 전통을 지닌 우리 민족이건만 20세기 중엽인 1950년에 참으로 이상하고 기묘한 전쟁에 휘말렸다. 북한 공산 집단의 적화 통일 야욕과 민주 대한의 자유 수호 의지가 맞붙었던 6·25 한국전쟁이 그것이다. 이런 전쟁을 이상하다고 함은 동족끼리 살육을 서슴지 않았기 때문이다. 또한 기묘하다고 함은 여러 외국 군대까지 참전함으로써 내전과 국제전 양태로 전개되었음을 뜻하겠다.

그로부터 약 반세기가 지났다. 요즘 남북 정상회담 이후 우리 사회 일각에서는 통일의 꿈에 휘말려 있다. 남북이 피 흘리지 않고 서로 손잡고 평화를 누리며 다시 일어서는 그날이 올 것인가, 우리 민족 누구나 꿈꾸는 소망이다.

해마다 6월이면 국방부 군종부에서 후방에 있는 기독교 지도자급 인사들을 초청하여 최전방 부대에 근무하는 장병들에게 선교를 위한 행사를 한다.

금년에 나도 여기 한 일원으로 동참하게 되었다. 6월 20일 아침 6시 30분 대구에서 출발한 버스는 군목 중령 김기현의 인솔로 오후 3시 백골사단에 도착하였다. 40년 전 이곳 근처 사단에서 근무하였기에 지금은 어떻게 변하였을까 하는 마음으로 한번쯤 가 보고 싶었던 곳이다. 이번 기회에 소원이 이루어져서 한없이 기뻤다.

우리 일행은 상승백골常勝白骨이란 이름이 새겨진 사단 사령부를 방문하였다. 기밀실에서 사단 창설의 역사와 현황을 슬라이드로 보여주었다. 백골이 되더라도 조국을 수호하겠다는 의미일 것이다. 연병장에는 우리 일행을 환영하는 군악대의 연주가 있은 후 사단장이 인사하였다. 우리는 마련해 간 선풍기 32대를 기증하고 답례로 타월 한 장씩 받았다.

최전방 휴전선을 가 보기로 하였다. 우리를 태운 지프차는 가파른 언덕을 헐떡거리며 숨차게 오르다가 고지 300미터를 남겨 두고는 걸어서 올랐다. 높은 고지에 올라 북쪽에 펼쳐지는 산과 강을 보는 순간 저기도 우리의 땅인데 하는 울렁이는 가슴을 억누를 수 없었다. 나는 북녘의 산하를 한 곳이라도 더 보고 싶었다. 북녘의 산하가 우리 앞에 성큼 다가온 느낌이다. 하지만 아직도 북녘 땅은 함부로 디딜 수 없는 남의 땅일 뿐이다.

작년에 저 산 밑에서 북한군과 교전하여 3명을 사살한 곳을 지적하였다. 남방한계선이 휴전선이라 여기서 북으로 2킬로미터 지점에 군사분계선이 그어져 있다. 동서로 38선 대신 155마일이 나라의 허리를 묶어 놓은 통한의 철삿줄같이 그어져 있다. 여기서 2킬로미터 북쪽에 북방한계선이 있는 것이다. 이 4킬로미터 비무장지대를 사이에 두고 지금껏 총부리를 겨누고 있으니 말이다.

　해가 서산에 떨어지자 일행은 하산하여 저녁을 수색중대의 장병과 같이하였다. 중대 막사 옆으로 한탄강이 흐르고 있다. 북쪽에 흐르는 물을 본다. 고기가 떼 지어 논다. 물에 떠내려온 듯한 어린애 운동화 한 짝을 주웠다. 누군가가 그것을 중국제라 하였다. 이 신을 중국에서 수입했을까, 얻어 왔을까! 밑바닥이 다 닳아 구멍이 나도록 신었다. 손자에게 보여주기 위해 짐 속에 챙겼다. 남쪽 200미터 지점에 한탄강을 가로질러 금강산을 향하는 기찻길이 있다. '금강산 90킬로미터 지점'이라고 흰 페인트로 쓰여 있다. 어서 속히 경의선, 경원선이 남북으로 이어져 철마로 북쪽 땅을 밟아 봤으면 하는 생각이 솟구친다. 식사 후 일행은 5명씩 조를 짜서 지프차에 분승하였다. 높은 고지여서 행여나 뒤로 구르지나 않을까 조바심을 하며 GOP에 닿았다. 소대장이 반갑게 맞아 주었다. 소대원들을 모아 위로의 말과 준비해 간 음료수를 선물로 주었다. 외롭거나 어려울 때면 신앙심으로 극복하라는 말도 잊지 않았다. 대구 남산동에 있다는 김노익 병장과 재미있는 이야기도 주고받았다.

　8시가 교대 시간이다. 내일 아침 6시까지 근무를 하는 것이다. 실탄을 지급하고 안전 장치 유무를 점검한 뒤 관등성명을 복창하고 인원 점검을 하며 중대장에게 근무 신고를 한다. 군가도 빠뜨리지 않는다. 합창 소리는 휴전선 비무장지대에 퍼져 나간다.

　경계 근무 수칙은 다음과 같다. ①주의 깊은 관찰 ②3인조 행동 ③도로 통행 ④즉시 보고이다. 위와 같은 수칙 아래 오늘 밤도 경계 근무 장병들은 긴장의 시간을 보내는 것이다. 전방에서 불빛이 보이니 중대 본부에 보고하라는 중대장의 지시다. 나도 여기 초소 근무에 동참하였다.

　휴전선 철조망을 만지며 한 시간쯤 근무에 들어갔다. 만감이 떠오르며 나도 모르게 눈물이 쏟아졌다. 155마일 철책이 이 나라 심장부를 얽어매어 제대로 숨도 못 쉬게 하는구나! 언제 이 철조망이 걷혀지고 마음대로 남북이 오갈 수 있는 날이 올 것인가. 한 시간 근무를 마치고 산을 내려오면서 '통일이여 어서 오라'고 속으로 외쳐 보았다.

　일일 병영 체험은 내 평생에 잊혀지지 않으리라.

채수황

종로 느티나무 숲 거리

　산도 들도 마음도 엄동의 긴 잠에서 깨어나 기지개를 켜는 아침이다. 을씨년스런 나목들도 부스스 눈을 비비고 일어섰다. 멀리 달아났던 잿빛 겨울 하늘도 어느새 연푸르름으로 다가섰다.
　우중충했던 북악산도 산뜻한 연녹색으로 껑충 이마를 내미는 듯이 가까워졌다. 그렇게 심술을 부리던 꽃샘추위는 흔적도 없이 사라졌고, 어느덧 훈훈한 마파람이 사람들의 겨울옷을 벗긴 지 오래다.
　공해에 시달렸던 개천이나 하수구들도 봄비에 씻기어서 물소리가 한결 경쾌하게 흔들린다. 시내버스, 택시, 자가용들도 봄비에 씻기어서 한껏 깨끗하게 보인다. 먼지에 가렸던 아스팔트나, 차도 중앙선 표시 색깔들도 봄비에 씻기어 선명하게 보여서 정신이 맑아진다.
　자칫하면, 계절의 변화를 모른 채 살기 쉬운 서울 생활인데도, 이번 봄비 탓인지 가로수들의 푸르름이 눈에 띈다. 아무래도 서울의 계절의 변화는 가로수들로부터 압도당하고 있는 것 같다.

나는 서울 종각 대각선 건너편에 있는 제일은행 본점 정문 앞뜰에 서 있는 느티나무를 몹시 사랑한다. 이 근방을 자주 다니기도 하지만, 특별히 느티나무가 보고 싶어서 느리고 번잡스럽지만 이 숲 거리를 찾아다닌다. 내가 며칠 전에 보았던 이 느티나무는 뾰족이 내민 봉오리가 마치 여린 뿔처럼 톡 솟아오른 새싹이었다. 며칠이 지나는 사이에 짙푸르게 우거졌다.

아침에 집에서 나오면서부터 벌써 마음은 종로 네거리 느티나무 숲 거리에 가 있다. 그 여린 새싹이 어찌 그리도 사랑스러운지 벅찬 가슴으로 나날을 보내고 있다. 내가 느티나무를 바라보면, 벌써 새싹들은 어미 제비라도 바라본 듯이, 일제히 일어서서 노란 부리들로 아우성을 치는 듯이 보였다.

이 느티나무 숲 거리에는 벌써 기타를 치는 거리의 가수, 악사가 등장하여서 젊은 남녀들이 둘, 셋씩 짝지어 앉아 있다. 이 느티나무들은 종로 거리를 한층 아름답게 꾸며 주는 작은 휴식 공간이 되기도 한다.

내가 며칠 동안 지방에 내려갔다가 돌아와 보니, 이 느티나무 숲들은 이제 활짝 피어난 푸른 잎들로 숲 바다를 이루고 있었다. 몇 그루 안 되는 느티나무 숲 거리이지만, 종로를 숨 쉬게 하는 아름다운 이상적인 작은 거리다.

나는 이 작은 숲길을 자주 찾아다닌다. 이 숲길은 작은 녹색 터널을 이루고 있다. 나는 이 숲 터널을 지날 때마다 복잡한 서울의 공해를 잊고 지난다. 나는 이 숲 터널을 빠져나갈 때처럼 기분 좋은 때가 별로 없다.

4·19 데모대가 지나갔던 거리, 경찰대의 발포로 민주화의 투쟁에 노도처럼 일어났던 젊은 학생들이 피 흘려 쓰러졌던 이 거리가, 지금

은 녹색 가로수들의 물결로 아름다운 거리로 되어 있다.

이 느티나무 숲 거리는, 서울 종로 한복판에 있으면서, 교통 지옥 같은 서울의 도심을 시원한 푸르름으로 살찌게 해주고 있다. 이 지대 부근의 가로수들은, 느티나무와 은행나무, 플라타너스로 어우러져 있다.

이 느티나무 숲 거리에는 청동비둘기 떼가 노닐고 있어서 한결 운치를 자아내고 있어서 좋다. 이 느티나무 숲 거리에는 콘크리트 앉음대가 놓여 있어서 더욱 좋다. 이 앉음대에는 바쁜 서울 사람들이 조용히 한가롭게 앉아서 책을 보는 사람, 사색을 하는 사람, 비둘기에게 모이를 주고 있는 사람들로 아름다움을 더해 주고 있는 곳이다. 모두가 젊은 남녀들로서 보기에도 아름답게 보인다.

달밤이면 이 숲 거리는 한창 즐거워진다. 오후 6시가 넘은 퇴근길에는 거리의 악사들로 흥미를 돋우고 있다. 임시 스피커를 가설해 놓고, 기타를 튕기면서 마이크에 노래를 부르고 있다. 이때쯤이면, 길 가던 행인들이 모여서 열심히 노래를 듣고 있다. 이러한 아름다운 분위기는 답답한 거리를 흥겹게 하며, 마음에도 여유를 갖게 한다. 나는 이따금 이 숲 거리에서 가수와 청중과 함께 시간 가는 줄도 모르고 기쁨에 빠져들기도 한다.

가로등이 환하게 밝혀진 거리, 차도에는 차량의 불빛이 강물로 흐르는 거리, 이곳 숲 거리에는 가수가 뜨겁게 노래를 부르고 있어서 더욱 운치가 있는 곳이다. 종로 느티나무 숲 거리에는 낮보다도 밤이 더욱 아름답다. 보름달이 뜨는 숲 거리는 더욱 탐미주의에 빠지기 쉽다.

느티나무 숲 터널에 달빛이 쏟아지면, 달빛에 나뭇잎 그림자가 아른거리고, 마치 강물에 은어 떼가 오르고 있는 것처럼 절경이 아닐 수 없다. 달빛에 취한 가수의 노랫소리는 더욱 열기가 돋고, 청중들의 가슴에는 여울 물소리로 흔들리게 된다. 이때쯤이면, 차량의 소음도 수심에 가라앉아서 도심 속의 호수로 뒤바뀌게 된다.

　나는 문득 이 종로 느티나무 숲 거리를 깊이 생각하게 된다. 이 거리의 느티나무가 몇 년이나 자라면서, 몇 년이나 성장해 줄는지 적이 걱정이 되기도 한다. 이 숲 거리가 한 50년이나 100년쯤 후에 어떻게 될 것인가를 생각해 본다. 두 아름드리, 세 아름드리로 큰 고목나무로 되었을 때, 얼마나 아름다울 것인가를 생각해 본다.

　상상만 해도 황홀한 느낌이 든다. 이때를 생각해서, 이 종로 느티나무 숲 거리를 시민이 사랑하는 느티나무로, 행정적으로 보호해 나가는 느티나무로 가꿔 나가야 할 것 같다.

　나는 그래서 종로 느티나무 숲 거리를 사랑하고 있다.

최광호

소통의 길

　산의 정상에 오르는 길은 여러 갈래가 있을 것이다. 이런 산의 정상에 이르기 위해 오르는 길은 출발하는 지점에 따라 달라지게 마련이다. 험한 길도 만나게 되고 쉬운 길도 있을 것은 사실이지만 정상에서 만나게 될 것만은 분명하다.
　그러나 정상을 오르기 위해 꼭 외길만을 고집하려는 사람이 있다. 그 사람은 그 길밖에 모르기 때문에 다른 길이 있다는 것조차도 인정하려고 하지 않고 소통하지 않는다. 엘리트 의식을 가진 사람들 속에 이런 부류의 생각을 가진 사람이 더 많이 끼어 있는 것 같다.
　소통은 인간 삶에 있어 중요한 가치일 것이다. 사회 생활과 생존을 위해 그리고 인간 삶의 양상을 발전시키기 위해서도 소통은 필수적이다. 오늘날은 과거와는 달리 인간의 문화를 발전시키고 전수하기 위해서, 민주주의를 실천하기 위해서, 국가와 정부를 유지하기 위해서도 사회의 구성원 사이의 소통은 필수불가결한 요소가 되었다.

소통할 수 없는 사람을 만나게 되면 불행하게 느껴진다. 어쩌면 저렇게도 소통이 불가능한 사유를 갖게 되었나 싶어서다. 문학을 한다는 문인 중에서도 그런 소통이 불가능한 독단에 빠질 우려가 있는 사람을 가끔 만나게 된다.

　휴머니즘을 추구하려 고뇌하고 인간의 존엄성을 사수하려 저항하는 사상으로 작품을 쓰는 사람이 작가인데, 소통할 수 없는 정신세계에서 어찌 감동이 되는 작품을 창작한다는 것인가? 작가는 정치, 경제, 문화, 종교 등 인간 삶의 제반에 대해 소통할 수 있는 지성인이 되어야 한다.

　세상에 모든 것이 비판의 대상이 될 수 있지만 그중에서도 작가의 문학 작품이야말로 끊임없이 비판을 받아야 한다. 문학평론가의 비평을 일체 거부하고 안일한 자기 만족만을 추구한다면 독자에게 감동을 줄 수 있는 새로운 문학으로서의 성장을 추구할 수 있겠는가.

　자기만의 확신이 고집이 되어서는 안 된다. 나의 작품이 우수하다고 믿으면 남의 것에도 그만한 가치가 있으리라는 것쯤 이해하고 넘어가는 것이 지각 있는 지식인의 도리가 아니겠는가.

　한 길만을 고집한다면 우리의 현실은 단절을 면치 못하게 될 것이다. 내 의견이 중요하면 남의 의견도 중요한 줄을 아는 것이 상식일 텐데…. 개인의 아집이, 집단의 이기주의가 상식의 통용을 불허하는 것 같아 안타깝다.

　자기 것을 남에게 줄 줄도 모르고 남의 사정을 이해하려는 생각이 없는 그런 작가에게서 무슨 좋은 작품을 기대할 수 있을 것인가. 자기 것을 남에게 배려할 줄도 모르고 남과 소통하려는 노력도 전혀 하지 않는 그런 사람에게서 무슨 지성인으로서의 역할을 기대할 수 있을 것인가.

산정에 오르는 길은 여러 갈래이기에 각각의 풍치가 있어 좋고, 각자 오르는 길도 달라 사람마다 다른 감동을 주니 그 또한 아름답지 않으랴.

최무순

재생再生 기념일

　세상에는 이런저런 기념일이 수없이 많다. 국가적으로도 광복절을 비롯한 국경일이 여럿 있는가 하면 국제적 기념일마저 적지 않다. 뿐만 아니라 가정에서도 생일, 결혼, 기제사 등 기념일이 한두 가지가 아니다. 또한 개인적으로도 평생을 살아가는 동안 추억이나 기념이 될 법한 일들이 수시로 생겨나기도 한다.
　나는 지난 2007년 2월 25일 수락산 등산길에서 급성심근경색으로 세상을 하직할 뻔했던 위급한 상황을 겪은 바 있다.
　죽을 고비를 넘기고 운 좋게 살아났으니 이보다 더 큰 일이 어디에 또 있겠는가. 그러니 나로서는 일생일대 가장 잊을 수 없는 재생 기념일이 아닐 수 없다.
　매년 그날이 올 때마다 몇 주년이 되었다는 생각을 하며 섬뜩했던 악몽의 순간을 남몰래 혼자만의 기념일로 삼아 덤으로 사는 인생, 보람되게 지내려 노력하고 있다.

하지만 무병장수하며 건강하게 살고 있는 사람들과는 달리 죽음 직전까지 경험했기에 불안한 심정은 늘 마음속 깊이 도사리고 있으니 덤의 인생살이가 매양 즐겁거나 기분 좋은 일상만은 아닌 게 솔직한 속마음이다.

더욱이 심근경색 환자의 수명을 다뤘던 특집 방송이나 신문 기사를 보노라면 나의 처지인 양 착잡하기 이를 데 없으며 그저 인명재천人命在天으로 여기면서 마음 편히 소일하고자 애를 쓰지만 끔찍했던 변고의 그날만큼은 뇌리를 떠날 줄 모르고 있으니 어쩌면 좋으랴.

세월이 흐르고 흘러도 기억에 생생한 기사근생饑死僅生의 추억을 돌이켜 보며 인생 종말의 산 교훈으로 삼고자 한다.

계절을 불문하고 매월 네 번째 휴일에는 재경 동창들이 한데 어우러져 등산 모임을 갖는데, 5년 전 그날도 수락산역에서 십여 명의 친구들이 만나 산행에 들어갔다. 매서운 칼바람 탓에 움츠러진 몸으로 산길을 들어서자마자 가슴이 답답하고 어지러워지며 심기가 불편해서 중도에 포기할까 하는 생각마저 들었다.

그럼에도 지난날 행사 때마다 앞장서서 호연지기浩然之氣를 누리며 등산 경륜을 과시했던 나였기에 결코 멈출 수 없었음은 지나친 오기傲氣가 아니었던가 싶다.

예전 같으면 한두 번 쉬어 가는 정도로 정상에 거뜬히 올랐으나 그날은 그렇지 못했다. 몇몇 친구들도 위험한 빙설 길에 무리한 등정을 그만두고 하산하자는 의견들이었으니 그리 좋은 일진日辰은 아니었던 모양이다.

결국 하산길에 오른 우리 일행은 양지바른 쉼터에 자리를 잡고 도시락으로 허기를 채우며 정담을 나누려는 순간 나의 몸은 걷잡을 수 없는 위기로 치닫고 말았다.

간식 먹을 겨를도 없이 불길한 예감이 뇌리를 스치며 순식간에 비탈진 곳으로 쓰러지고 만 것이다.

긴박했던 순간에 친구들의 대처는 아주 치밀하고 적절했으니 서대문병원 약제부장 출신의 산악회장이 상비약을 투약해 주어 잠시나마 정신을 되찾게 되었으며 또 다른 친구는 비장의 약을 혀 밑에 넣어 주는 등 응급 처방 역시 완벽했던 것 같다.

그렇듯 위급한 상태임을 감지한 친구들의 부축으로 하산이 시작되었으나 얼마 내려오지도 못하고 다시 주저앉고 말았다.

친구들이 이미 119 구조대에 도움을 요청해 놓은 상황이었으므로 재빨리 도착한 구조대의 들것에 실려 산 밑 도로에 내려오기까지 노원소방서 대원들과 동창, 그리고 이름도 성도 모르는 젊은 등산객의 헌신적인 노력 봉사로 신속히 구급차에 탑승 조치될 수 있었다.

수락산에서 가장 가까운 상계 백병원 응급실에 실려 온 나는 급성 심근경색이라는 운명 직전의 상태임이 확인되면서 휴일이었음에도 저명한 의료진의 검진과 응급조치는 순조롭게 이뤄졌다.

아들이 지정, 선택한 심장내과 주치의의 시술은 성공적으로 마무리되고 중환자실로 옮겨져 며칠이 지난 후 일반 병실에서 퇴원할 때까지 담당의사와 간호사의 배려는 환자의 마음을 아주 편안하게 해 주었다.

심근경색 환자에게는 시간이 곧 생명이라 적정 시간 이내로 즉시 병원을 찾아 막힌 관상동맥을 뚫어 멎은 심장을 되살려야 한다.

병원도 최첨단 의료장비를 갖추고 있는 대형 병원이라야 더욱 안전하다.

막상 죽을 고비를 넘기고 나니 죽게 된 사람을 살려 준 은혜로운 분들에게 고맙고 송구하며 부담스러워 어찌할 바를 모를 지경이었다.

나를 치료했던 상계 백병원의 담당의사가 그 후 강남 세브란스병원으로 자리를 옮겼기에 나도 함께 병원을 옮겨 지금껏 정기적인 검진을 받고 있으나 검진 때마다 건강관리를 잘했다는 격려의 말씀에 마냥 흐뭇할 따름이다.

하지만 죽음의 문턱에서 5년이 지난 오늘날에 이르기까지 하루도 거르지 않고 약을 복용하며 끊임없는 운동과 소식금주小食禁酒로 생활 습관을 완전히 바꿔 놓은 집념의 결과라 하겠다.

더군다나 건강 회복을 위해 딸이 살고 있는 용인의 아파트로 이사까지 해서 마을 뒷산인 소실봉을 오르내리며 3년 이상을 운동으로 지낸 후 다시 방배동 집으로 돌아왔으니 건강관리는 제대로 한 셈이 아니던가.

사실 내가 겪은 심근경색의 가장 큰 원인은 수락산 등산 때문이 아니라 좋은 직장에서 장기근속하며 허구한 날 공空술을 여한 없이 마셨기 때문이라 여겨진다.

콜레스테롤 함유량이 많은 고기 안주에 독한 술만을 즐겨 마셨던 탓에 체중이 늘어나고 혈압이 높아지며 혈관이 막혀서 생긴 질환이라 전적으로 내 잘못인 것을 누구를 원망할 일이겠는가.

결국 공짜 술이 아니라 값비싼 대가를 치른 셈이 되고 말았다.

말이 안 될 얘기지만 어찌 보면 노령의 우환 중에 가장 좋은 질환은 급성심근경색이라 해도 무방할 것 같다. 왜냐하면 별 고통 없이 졸지에 세상을 뜰 수 있기 때문이다. 치매나 중환으로 장기 요양하는 환자들을 보면 "긴 병에 효자 없다."고 했듯이 자식들의 고충이 이만저만이 아니기에 하는 말이다.

황혼의 나이에 죽음이 두렵거나 무서워서가 아니라 갑자기 생을 마감한다면 가족들에게 큰 충격과 후유증을 안겨 주게 된다. 누구나 죽음을 예측할 수 없는 일이긴 하지만 그래도 고령이 되면 죽음을 대비한 기본적인 준비는 필요하리라고 본다.

많지 않은 재산일망정 유산 문제도 적절히 배분해 둘 일이며, 유택 역시 스스로 마련해 두면 자식들의 고민을 덜어줄 수 있지 않겠는가.

평생을 오로지 혜택만 받고 살아온 나였으니 남은 인생 빚을 갚는 심정으로 베풀며 살아갈 것을 다짐하며 재생 5주년의 의미를 되새겨 두고자 한다.

최영종

희한한 뉴스

　제목부터 뭐하다. 요즘의 새로운 사건으로 뭔가 다르기에 뉴스임이 틀림없다. 시쳇말로 "개가 사람을 물으면 소식이나 사람이 개를 물었다면 뉴스감이라고 한다."는 말도 생각난다.
　얼마 전 구구 팔팔치 않은 노장老壯들의 모임에 나갔다. 만나는 얼굴마다 나이테에 낙조의 그림자가 어른거렸다. 이 모임에 늘 주도권을 잡는 W형이 희한한 뉴스라고 전해 준다.
　"글쎄, 우리 동네에 사는 A박사는 지난달 ○○호텔에서 아들의 결혼식을 가졌는데 어찌도 하객이 많은지 접대하기도 힘들었대. 줄이어 달라붙은 화환 못지않게 길게 늘어선 하객들이 혼주 만나 얼굴 선보이기에도 1시간 가까이 걸렸다고 신문들이 떠들었고 식장 한가운데 놓인 아이스 커빙만도 높이가 3미터 넘었다더군…." 하며 굉장히 뻔적거리는 호화판 결혼식 소식을 늘어놓는다.
　혼주 A박사라면 한때 정부의 막후 실세로 한두 번 자리를 같이한

적이 있다. 그는 여의도 돔집에 장기근속하면서 나라 경제를 조각조각 쪼개어 논평하던 일요일 아침 M 방송 8시 손님이었고 그 아들 역시 서구 쪽으로 나가 공부한 박사 펀드 매니저로 그 회사의 CEO라니 그 결혼식 규모도 짐작되고도 남는다.

"2만 달러를 넘은 우리나라 형편으로 이 정도의 결혼식이야 우리들이 초대 안 받아서 그렇지 매일 있을 거야. 이런 것 가지고 뉴스라고 하는 거야?" 하고 몇이 핀잔을 주었다.

"이것은 초장初章이고 더 들어보게나. 시집온 지 석 달 남짓, 금배지 단 며느리가 몸이 불편, 거동이 힘든 시아버지의 발을 씻겨 주어 팬들 사이에 댓글로 화제라는 거야. 듣기 힘든 뉴스거리이잖나!" 하고 말한다.

그 시아버지나 그 남편 못지않게 그녀 역시 방송매체에 자주 오르내리는 여의도의 스피커(?)라는 거다. 간병인 시켜도 될 시아버지의 발을 씻겼다는 세족효도洗足孝道는 오늘의 세태 속에서는 분명 뉴스감이다.

본래 효도란 부모를 잘 섬기는 도리이기에 사람의 자식 된 자라면 반드시 지켜야 할 길이었다. 옛날엔 때로는 어른의 세족쯤은 지켜야 할 도리로 알았다. 이런 도리가 첨단 문화의 덕(?)으로 사라져 살부殺父에 폭행이나 유기하는 등 삼강오륜이 없어진 현세에 이런 효행은 기대하기 어려운 현실이다. 세족은 요즘 보기 드문 별다른 뉴스이나 필자가 전문傳聞한 상변지효嘗便之孝도 있다. 한마디로 시아버지의 변(똥)을 맛보았다는 며느리의 효도다.

저 남쪽 ○○땅 모악산 연봉 끝자락에 몰린 골짜기 마을의 동산에는 효행비가 길가에 세워져 어쩌다 임자(?)를 만나면 천자 가까운 한글비문(동래 정인승 박사가 글을 짓고 강암 송석용 서예가가 쓴)이

읽혀지고 있다. 여기 새겨진 글자들이 더러 부실부실 떨어져 나가 세워진 지 오래됨을 말해 준다. 비문 모두를 알릴 것 없이 간추려 보면 비석 주인공인 며느리, 그녀는 명문세도를 자랑하던 진사 집 규수로 자라다가 성년이 되어 백여 리 떨어진 관찰사 집으로 시집와서 시부모 섬기기와 가장 받들기, 일가친척 대하기, 자녀의 훈육에 법도가 남달라 그 효성과 부덕이 인근에 자자하였다. 우연히 시아버지의 병환이 깊어져 백약이 효과 없자 후원에 단을 쌓고 새벽마다 정화수를 떠 놓고 천 배씩 절함으로써 하늘께 기도할 때 실수할까 하여 천 개의 팥으로써 수를 헤어 틀림이 없도록 조심하였다. 한편 때때로 시아버지의 변도 맛보아 증후를 살폈다고 한다. 이러기를 백 일에 이르자 한 노인이 꿈속에 나타나 "너의 정성이 지극하니 시부의 병이 나으리라." 하였고 후에 차츰 병환이 호전되어 마침내 시아버지의 병환이 나아 회춘하여 이후 백수를 누렸다고 하며 이 효행 소식이 근동으로 퍼져 한양의 유림계에서는 효부로 추앙, 기림을 받고 이 비가 세워졌다고 한다. 100년도 훨씬 옛일로서 색다른 효도가 아닐 수 없다.

    사성四聖의 하나인 공자가 그의 제자 증자에게 설說해준 것을 증자의 제자들이 기록한 책 『효경孝敬』에는 "사람의 자식으로서 부모를 섬김이 효孝이고 이 마음이 나라에는 충忠이 되고 친구 사이에는 신信이 되니 효를 바탕으로 한 충과 신을 실천하는 사람은 자연 그 개인도 위대한 공을 이룩하여 입신양명하게 된다."고 적고 있다. 줄여 말해 효孝라는 것은 어버이를 섬기는 데서 시작하여 다음으로 나라를 섬기게 되고 주변으로부터 인정을 받게 되며 끝으로는 입신양명을 하게 된다는 것이다.

    함에도 인륜 도덕이 깡그리 망가져 자식이 장성하여 부모의 은혜에 보답하는 효도인 반포지효反哺之孝를 기대하기는커녕 자식 눈치

안 보고 살겠다는 작금의 세상이 되어 안타까울 뿐이다.
 그저 세족지효나 상변지효 같은 뉴스보다 더 희한한 제2, 제3의 뉴스는 들을 수 없을까 하고 이 세상 뭇 자녀들에게 묻고 싶다.

최현희

빨래를 하며

맑게 개인 하늘은 푸르고 높아졌다. 하얀 솜틀구름이 두둥실 하늘 높이 떠 있다. 천고마비天高馬肥란 말이 실감 나듯 가을을 알리는 신호처럼 산들바람까지 기분 좋게 불어오고 있다. 장마로 인해 눅눅해진 온 집안을 통풍이 되게 오랜만에 앞뒤 창을 활짝 열어 놓았다. 시끄럽게 울어 대는 매미들의 합창 소리는 마치 마지막 가을을 재촉하듯 애처롭게 들려온다. 어정어정 칠월은 지나가 버렸고, 동동거리는 사이에 팔월도 훌쩍 가고 말았다. 새 학기는 다가오는데, 무엇 하나 제대로 해놓은 것도 없이 허송세월을 보내고 말았다.

정신을 차려 커튼을 빨려고 마음먹고 창문에 있는 것부터 떼어서 우선 욕조에 물을 받아 놓고 세제를 풀었다. 그 속에 담가 놓고 외출에서 돌아와 보니 땟국이 까맣게 울어나 있다. 양말을 벗고 욕조 안에 들어가 밟기 시작했다. 가끔씩 TV에서 이불 빠는 것을 보았지 나로서는 처음 체험하는 것이다. 혼자서 밟기에는 버거울 것 같은 생각이 들었다.

"여보, 이리 와서 도와줘요. 당신 운동도 되고, 커튼도 빨고 둘이서 밟는 것이 훨씬 잘 빨아지니까, 일거양득이 아니요."

"음, 그래? 알았어."

양말을 신은 채로 들어와서 양말도 빨아지고 미끄럽지도 않다고 한다. 둘이서 붙잡고 한참을 북적북적 소리까지 내며 골고루 밟았다. 한편으로는 미안한 마음이 들었다. 이제 다 되었으니 그만 밟고 나가라고 했다.

"어허, 어머니가 이런 광경을 보셨으면 당신 혼이 났을 텐데. 이제 내가 별걸 다 하고 있네그려."

하면서도 열심히 도와주고 있다. 우리 부부는 이제 결혼한 지 50년이 다 되어서야 단둘이만 남았다. 거창한 저택도, 호화스런 전원주택도 아닌, 닭장 같은 아파트에 살고 있다. 일거리는 3분의 1도 되지 않았고, 며칠씩 여행을 할 적에는 집을 비워 두고 다녀와도 걱정이 없고 편리하기는 하다.

구정물을 빼내고 다시 새 물을 받아 넣고 몇 번을 우려내어 세탁기 속에 넣고 세제와 옥시크린을 듬뿍 쏟아부었다. 몇 차례 되돌려서 반복했다가 마지막에 피죤을 넣고 다시 돌렸다. 드디어 뚜껑을 열어 보니 새하얀 것이 참으로 너무나 깨끗하고 향기까지 풍기어 내 마음속까지 행복해진다. 처음엔 세탁소에 맡길까, 파출부를 부를까 생각했지만 이제 자신이 생겼다.

거실 것도, 옷 방과 컴퓨터 방 것까지 차례로 빨아서 걸고 나니, 외출했다 돌아오면 온 집안에서 상큼한 향내가 내 품으로 다가온다.

더욱이 내 손으로 커튼을 몽땅 빨았다는 사실에 더욱 내가 대견스럽다.

6·25 사변 때, 시골에서 피난 시절 어렵게 살았을 무렵에는 빨랫비누 구하기가 여간 귀할 때다. 짚을 땐 재를 떡시루 같은 그릇에 물을 부어 잿물을 받는다. 조금 고급으로는 콩깍지를 땐 잿물로 빨래를 하면 더욱 땟국이 잘 빠진다고 했다. 그 잿물에 삶은 빨래를 커다란 자배기에 가득 담아 머리에 이고 냇가로 간다. 한겨울에도 방망이로 얼음을 깨고 빨래를 펑펑 두들기면 모든 스트레스도 다 물에 떠내려가 버린다. 시원하게 헹궈 꼭 짜서 훌훌 털어 자배기에 담는다. 머리에 이고 와서 길게 매어 놓은 새끼줄에 활활 털어 널어 놓고 기다란 장대로 중간쯤에다 받쳐 올린다. 추운 겨울에는 금방 꽁꽁 얼어 뻣뻣해지면서도 빨래는 마른다. 봄이 되면 빨래는 더 많아지지만 콸콸 내려가는 냇물에 깨끗하게 빨아 훌훌 털어서 따스한 햇볕과 살랑살랑 불어오는 봄바람에 더욱 빨래는 잘 마른다.

그 후 검정비누가 나와서 조금은 편리해졌다. 그 비누로 머리를 감으면 머릿결이 매끈거려 반지르르한 까만 머리를 쓰다듬어 주시면서 "파리가 앉으면 낙상할 것 같다."고 하시던 할머니 생각도 난다.

나는 다행인지 불행인지, 결혼 초에 잠깐 동안 빨래를 해보고 이 나이 되도록 빨래를 도맡아 할 기회가 없었다. 생각하면 우리 어머님이 그 많은 가족들을 진두지휘하면서도 며느리에게는 절대로 빨래를 시키지 않으셨다.

"제 새끼 젖도 제대로 못 먹이면서 빨래까지 할 사이가 어디 있느냐."고 하시며, "너는 밖에서 아범을 돕는 일이 더 중요하다."고 하신다. 어머님이 돌아가시고 고모님과 12년을 함께 사는 동안에도 빨래는 한 번도 하지 않았다. 고모님이 가신 후부터는 빨래는 내 차지가 되었다. 이 주일에 한 번꼴로 양말은 손세탁으로 하고, 잠옷과 와이셔츠 등등을 모았다가 세탁기에 빨래를 하고 나면 마음속까지 헹

귀진 듯이 상쾌했다.

　어머님이 생존해 계실 때 들었던 이야기다. 고조 부모님 삼 형제분과 며느리 외에도 한집에 기거한 식솔들이 몇십 명이었다고 한다. 무명 속옷부터 명주, 비단 겉옷까지 어른들 옷만 해도 빨래가 얼마나 많았는지, 며칠씩 걸려서 날을 잡아 할 정도였다. 평소에 며느리들에게 먹을 것을 넉넉지 못하게 주셨단다. 왜냐하면 배부르면 게을러지고 일을 많이 할 수 없다고 항상 시누이들에게 감시하게 했었다. 시종들까지 식솔들이 워낙 대가족이다 보니 빨래 또한 많았을 게다. 누에 쳐서 비단 짜는 일, 목화 심고 솜 따다가 실 만들어 베 짜는 일까지 며느리들은 항상 바쁘고 쫓기면서 살았었다고 한다.

　커다란 가마솥에 집 잿물을 담고, 빨래를 넣고, 통풍이 잘 드는 오열베로 만든 자루에 쌀을 넣어 빨래 솥에 찔러 넣고 푹 삶아 낸다.

　자배기에 빨래를 건질 때, 탱탱해진 쌀자루도 같이 담아 가져간다. 밥이 된 자루를 콸콸 내려가는 냇물에 큰 돌로 눌러 잿물이 빠지도록 해놓고, 빨래를 하면서 밥이 된 쌀자루에 잿물이 얼른 빠지기를 기다리며 빨랫방망이 소리를 힘차게 두들겨 댄다.

　"형님들, 제 덕분에 오늘 배불리 잡수시니 좋으시지요?"

　"응, 지금은 배불러 좋지만 시어머님께 들키는 날에는 우리 삼 동서가 다 쫓겨나면 어떻게 하려나? 자네는 겁도 없이 이런 짓을 다 하는구먼."

　다 끝낸 빨래를 꼭 짜서 자배기에 담아 놓고 신 나게 한 줌씩 배불리 먹으니 그날만은 생일날보다도 흐뭇한 날이라고 하였다는 이야기가 되어 대대로 전해 내려왔다.

　빨래를 하려면, 그 옛날의 역사 속으로 사라져 간 추억이 새삼스레 생각이 나곤 한다. 지금 같으면 있을 수도, 있어서도 안 되는 말이지만 몇백여 년 전에 있었던 시집살이가 그토록 극심했다는 것과, 귀한 며느리들 길들이기를 먹이는 것까지 세심하게 생각하는 시어머니들의 행위가 믿어지지 않지만, 틀림없는 사실로 대대로 전해 오는 이야기다.

믿거나 말거나 우리 집 시제 때만 되면 그분 자손들이 이구동성으로 말씀하신다. 오늘도 빨래를 하면서 또다시 어렴풋이 기억을 더듬어 본다.

지금이야 편리하게 빨래를 해주고 거기에다 아주 말려서까지 나온다. 이렇게 편리한 세상에 살고 있어 요즘 주부들은 일거리가 많이도 줄었다. 그 나머지 시간을 활용하여 평생 교육이나 사회에 많은 진출을 하고 있다. 현명한 여성들은 창업을 해서 가정에도 한층 더 윤택한 생활을 하고 있지 않은가!

어느덧 빨래가 다 빨아진 것 같아 훌훌 털어 옷걸이에 꾀여 하나하나 널고 있노라면 향긋한 내음이 코끝에 스며든다. 베란다의 빨랫거리에는 따스한 햇빛이 비친다. 시원한 바람도 함께 불어오고 있다. 눈 부신 태양이 내리쪼일 때, 하얀 빨래를 널고 있는 주부의 행복이 만들어지는 순간이 아닐까!

하양희

우물

　회나무 숲 사이로 잘게 부서져 빛나던 햇살, 우물 옆 노인의 집을 둘러싸고 있던 긴 돌담의 그 많은 돌들은 다 어디로 간 것일까. 호박잎이 하늘을 향해 짙푸르게 뻗치며 세력을 확장해 가던 담장 사이 작은 틈새에 아이들이 끼워 놓은 사금파리가 윤슬처럼 빛나던 곳, 서늘한 그늘과 청량한 물소리가 우물 속으로 나를 빠뜨린다.
　학교를 다녀온 아이들은 마을 우물이 있는 회나무 아래로 모여들곤 했다. 해가 '뉘엿뉘엿' 질 때까지 놀다가 자신의 이름이 불리우면 하나둘 집으로 돌아갔다. 우물은 어른 허리만큼 낮은 턱으로 짙은 그늘에 싸여 언제나 서늘했다. 끊임없이 퍼 올리는 두레박 소리와 동네 사람들의 왁자한 웃음소리로 언제나 활기가 넘쳤다. 어른들은 여름이면 나무 아래 평상을 내다 놓고, 더위를 식히며 바빠서 미뤄 두었던 고장 난 연장들을 가지고 나와 고치거나 담소를 하며 곁눈질로 장난기 많은 아이들을 지켜보기도 했다. 푸석거리던 마당에는 아이들이 종이로 접어 만든 딱지치기와 고무줄놀이에 열심이었다. 어른들은 간혹 우물물을 퍼 올려 힘껏 마당에 흩뿌리기도 했으나 오랜 건기에 마당은 푸스스 소리를 내며 땅속으로 스며들었다. 훅! 하고 올라오는 열기는 잠시 아이들의 놀이를 멈추게 했다. 어른들이 몇 번이고 물을 흩뿌린 다음에야 맨발로 질퍽이며 다시 놀이에 빠지곤 했다.

동네에는 늘 전설 같은 소문이 떠다녔다. 우물의 정령인 뱀은 노인의 눈에만 보인다 했다. 그래서인지 늦은 밤 가끔 노인이 우물 앞에 정화수를 떠 놓고 간절히 비는 것을 본 사람들이 나타났다. 동네 사람들은 노인이 무엇을 위해 기원을 하는지 궁금, 그 기원이 비를 불러왔다는 것을 마을 사람들이 알게 된 것은 극심한 가뭄이 끝나고 나서였다. 어디선가 흘러들어 와 의지할 곳 없는 노인은 동네 사람들의 따뜻한 이웃이 되길 원했다. 어느 날은 지네를 잡아 말린 것을 가져다가 앓아누운 이웃에게 나누어 주기도 했으며, 한밤중에 경기로 아픈 아이의 집을 방문해서 지니고 있던 민간요법으로 침을 놔 주기도 했다. 노인은 말이 없는 편이라 차고 냉정해 보였지만 속내는 따뜻했다. 오랜 세월을 더불어 살다 보니 노인의 진심은 동네 사람들에게 전달되었고, 그것은 신뢰로 이어져 사람들은 그의 기도에 마음을 실어 보내곤 했다.

사십여 년 만에 찾아간 그곳에는 회나무와 우물은 그대로였으나 노인의 집은 사라져 추수가 끝난 들녘처럼 텅 비어 있었다. 작은 키에 얼굴에 마맛자국이 나 있는 얼굴, 낙타처럼 등이 굽은 노인이 살고 있던 집이었다. 자식을 낳지 못해 소박맞은 노인은 끼니때마다 물을 길어 나르는 것 말고는 밤에만 외출을 하여 우리는 박쥐 할머니라고 불렀다. 노인은 굽은 등을 보이면서 당신의 몸무게보다 더 나갈 것 같은 사구를 들고 물을 긷기 위해서만 집 밖을 나왔다. 밥을 해 먹일 그 누구도 없었건만 끼니때마다 정갈하게 물을 길어 날랐다. 우물 곁에 선 노인은 고개를 숙인 채 무표정으로 두레박을 던지다시피 내려놓곤 했다. 텅! 하는 파열음에 나무 그늘이 산산이 흩어지는 것을 지켜보았다.

 노인의 집은 간혹 먼 친척뻘 되는 사람이나 나이 든 동네 사람들이 왕래를 할 뿐 그 집을 드나드는 사람은 그다지 많지 않았다. 더러 어머니 심부름으로 음식을 가지고 가면 컴컴한 부엌 앞에 나를 세워 두고선 빈 그릇을 내어 주곤 했다. 어두운 집 분위기에 무언지 모를 무서움을 느끼며 나는 소돔과 고모라에 나오는 롯의 아내처럼 소금 기둥이 될 것만 같아 정신없이 그 집을 나오곤 했다.

하창식

호모 스마트포니엔스

과히 스마트폰 열풍이다. 지하철 안의 새 풍속도이다. 젊은이들의 모습이 한결같다. 귀에다 이어폰을 꽂은 채 스마트폰 화면을 뚫어지게 쳐다보고 있다. 무표정한 모습이 대부분이지만, 개중에는 혼자서 히히덕거리기도 하고 심각한 표정을 짓기도 한다. 앞자리에 앉은 사람은 물론이고 옆자리에 누가 앉았는지 관심도 없다. 스마트폰이 아니면 휴대전화를 손에 쥔 채, 누군가에게 문자나 전화를 하거나, 아니면 누군가에게서 걸려 올 전화나 문자를 하릴없이 기다리는 모습들을 하고 있다.

휴대전화, 더 나아가 스마트폰이 우리 생활 깊숙이 자리하면서 언제부터인가 우리 모두가 휴대전화는 물론이고 특히 스마트폰의 노예가 되어 가고 있는 것은 아닐까 하는 생각이 든다. '인간은 생각하는 동물'이라는 철학적 명제하에, 호모 사피엔스(Homo sapiens)라고 불리는 인간이다. 오늘날 우리 주위에서 흔히 볼 수 있는 스마트폰 편집증들을 보면, 언젠가는 호모 스마트포니엔스(Homo smart-phoniens)라는 신조어가 등장할 것 같다.

여기저기서 들려오는 휴대전화 벨 소리, 전화 소리에 아직도 채 적응하지 못하고 있는 와중에, 오랫동안 사용하던 구식 휴대전화기가 고장 나 버렸다. 새 휴대전화기를 구입할까 하다가 시대 조류를 따라야 한다는 주위 사람들의 권유에 못 이겨, 3세대 스마트폰을 마련하였다. 두 달 전의 이야기다. 아직도 그 많은 기능에 어리둥절하다. 하지만, 어느새 나도 모르게 장난감처럼, 보물처럼, 내 곁에 다가온 스마트폰, 이 녀석이 없으면 하루도 살 수 없는 처지가 된 나 자신을 보고 소스라치게 놀라고 있다.

둘째가라면 서러울 정도로 길치癡인 나에게 운전할 때마다 길 도우미, 즉 내비게이션 역할을 똑 부러지게 해주는 스마트폰이다. 그뿐인가, 언제 어디서나 새로 수신된 전자우편물들을 읽을 수 있고 따끈따끈한 최신 뉴스들을 접할 수 있다. 휴대용이라고는 하지만 그래도 무거운 소형 PC 컴퓨터에 의존할 필요가 없어 무척 편리하고 고맙다.

그렇지만 나도 모르게, 시도 때도 없이 스마트폰에 열중하는 나 자신의 모습을 볼 때마다, 이래서는 안 되는데… 하는 생각이 먼저 든다. 심지어 동료들과의 대화 중에도 스마트폰으로 전자우편물이나 문자 메시지 수신 여부를 확인하게 된다. 과히 스마트폰 중독이라고 할 수 있을 정도로 스마트폰을 손에서 떼어 놓지를 못한다. TV 시청 중에도, 독서 중에도, 심지어 식사 중에도 알게 모르게, 스마트폰에 빠져드는 나 자신, 스마트폰 세상이 만들고 있는 새 인류, 즉 호모 스마트포니엔스 족의 일원임에 틀림없다.

스마트폰의 등장과 함께, 나를 유혹하고 있는 것이 또 하나 있다.

전자책, 다시 말해 e-book이다. 아직은 아날로그 세대이기에 전자책을 읽는 데는 퍽이나 거부감을 가지고 있다. 활자화된 책을 읽어야 독서의 제맛을 느낄 수 있다. 수필을 쓸 때도, 논문을 읽을 때도, 컴퓨터 모니터 상에서는 많은 불편을 느낀다. 양의 많고 적음을 떠나서 꼭 출력된 유인물을 읽어야 글의 내용이 머릿속에 들어오는 편이다. 어떤 경우엔 수십 혹은 수백 쪽 되는 출력물을 가방에 무겁게 넣고 다닌다. 이런 나의 모습에 젊은이들이 측은해한다. e-book 리더, 이른바 아이패드(i-Pad) 같은 기기는 백과사전 분량의 정보들도 가볍게 담아낼 수 있어 무거운 출력물을 소지하고 다닐 필요가 없을 텐데 하며 안타까워한다. 그러거나 말거나 아직은 전자책의 유혹엔 끄떡없이 견디고 있는 편이다. 그런데도 축소판 e-book의 기능도 지니고 있는 스마트폰의 유혹엔 쉽게 거부할 수가 없다. 요즈음 내 모습이다.

 나는 그렇다 치더라도, 오늘날 많은 사람들, 특히 젊은 친구들의 대부분은 스마트폰과 함께 일어나고 잠들며, 스마트폰과 대화하고 스마트폰이 안내하는 대로 세상을 살고 있음은 틀림없는 사실인 것 같다. 스마트폰에 저장된 알람 소리로 아침을 열고, 스마트폰에 탑재된 디지털미디어방송(DMB) 기능으로 TV를 보거나 음악을 들으며 잠이 든다. 공부를 할 때도, 밥을 먹을 때도, 길을 걸을 때도, 지하철 안에서도, 스마트폰을 잠시도 손에서 놓지 못한다.

 그러니, 친구들과의 대화도 스마트폰을 통해서 이루어진다. 심지어 옆자리에 앉은 친구들과도 말로 하는 대화 대신 스마트폰으로 대화를 나누는 것을 직접 본 적도 있다. 충격적이었다. 조지 오웰의 소설 『1984년』에 빅 브라더(big brother)가 등장한다. 소설 속의 빅 브라더는 텔레스크린을 통해 사회 곳곳을 끊임없이 감시하며 개인의 사생활을 침해한다. 스마트폰이 2000년대 후반 이 지구 상에서 새로운 빅 브라더가 되고 있음에 안타까움을 금할 수 없다. 특히 한국 사회가 더욱 그런 것 같다.

최근에 '쿵푸 팬더' 영화를 재미있게 본 적이 있다. 용의 전사 팬더 포가 무적의 5인방과 함께 시푸 사부와 쿵후 수련에 매진하면서 평화의 계곡을 지킨다는 애니메이션 영화이다. 그 영화를 보면서 느낀 바이다. 우아하긴 하지만 악랄한 악당 셴 선생과 그의 일당에 대적하며 평화의 계곡을 지키는 포처럼, 우선 나부터, 편리하고 유익하긴 하지만 교묘하게 인간을 노예화하고 있는 스마트폰과의 싸움에서 이겨야겠다는 생각이 들었다. 호모 스마트포니엔스로부터 다시 호모 사피엔스로 돌아가기 위해 수련을 거듭해야겠다. 꼭 필요할 때만 스마트폰 끄집어내어 보기, 다른 사람들과 대화 중에는 스마트폰 보지 않기, 지하철에서는 스마트폰 대신 책 읽기, 하루에 스마트폰 보는 횟수 제한하기, 스마트폰으로 인터넷 보지 않기 등등. 수련해야 할 게 한두 가지가 아닌 것 같다.

그러면 뭣하러 스마트폰을 마련하였냐고? 그게, 나도 모르게 호모 스마트포니엔스가 된 비극의 진행형 결말이자 머리와 가슴이 따로 노는, 내 얄팍한 지성의 패러독스(paradox) 또는 아이러니(irony)가 아닐는지!

한명희

시간으로부터 자유를 꿈꾸며

시간의 끝은 어디쯤일까? 끝은 과연 있는 것인가? 내가 존재하지 않는 시간도 의미가 있는 것일까? 삶과 시간의 문제는 동전의 앞뒤와 같아서 서로 떼어 놓기가 쉽지 않다. 다만 삶과 시간이라는 앞뒤 면이 서로의 위치에서 적절히 조화를 이루어낼 때 우리는 행복한 삶을 살아갈 수 있을 것이다.

사실 우리의 삶은 찰나나 다름없다. 찰나같이 짧은 삶에서 시간으로부터 좀 더 자유로워지고 싶은 것은 우리 모두의 소망일 것이다. 그러나 그 일이 말과 같이 쉽지 않기 때문에 시간에 얽매어 사는 것을 당연한 것으로 받아들이고 있다.

우리는 가끔 시간으로부터 자유를 얻기 위해 일탈을 시도해 보지만 시간은 그림자같이 우리 곁에 달라붙어 떠날 줄 모른다. 할 수 없이 그림자처럼 따라붙는 시간을 어떤 때는 부둥켜안아 달래도 보고, 어떤 때는 아예 무시하고 멀리 떨쳐 내려고 안간힘을 써 보기도 한다.

사물이 있은 후에 그 사물의 형체를 닮은 그림자가 생겨나는 것처럼 내가 있은 후에 시간이 생겨나고, 나에 의해 시간들이 그 의미를 부여받게 된다. 사람이 주인이라면 시간은 그림자에 불과한 것이다. 그런데 아이러니하게도 그림자가 그림자를 만들어 낸 주인을 구속하고 지배하는 현상이 일어나고 있다. 꼭 우리 인간이 안락하게 살자고 만들어 낸 문화로부터 도리어 지배를 당하는 현상과 흡사하다.

시간으로부터 인간이 구속받는 사례 중 하나가 이 세상에 태어난 시각에 의해 우리의 운명이 결정된다는 주장이다. 우리에게는 누구나 태어난 연年, 월月, 일日, 시時가 있다. 이를 사주四柱라고 하는데, 이 사주에 의해 사는 동안 길흉화복은 물론 죽는 시간까지 결정되어진다 하니 인간이 시간으로부터 자유로워지겠다는 것은 무모한 욕심인지도 모른다.

찰나같이 짧은 삶을, 시간이란 것에 포박당하여 고통과 번뇌 속에서 살아간다면 너무 억울하지 않은가. 시간으로부터의 자유, 얼마나 유쾌한 일인가.

1930년대 한국 문단에 혜성처럼 나타났던 천재 작가 김유정은 스물아홉의 젊은 나이에 반짝 빛을 발하고 떠나갔다. 그리고 한국의 대표적 서정시인 서정주는 여든다섯의 수壽를 누리고 몇 해 전 타계하였다. 서정주는 김유정보다 일곱 살 아래이고 김유정이 세상을 떠날 때는 스물두 살의 청년이었다.

이 두 사람이 살다간 이십구 년과 팔십오 년간에는 현실적으로 많은 시간차가 존재한다. 그러나 영겁의 세월에 비유하면 그 차이가 별다른 의미를 갖지 못할 것이다. 서정주 시인이 팔십오 년이라는 상대적으로 긴 시간을 살았지만, 만일 시간으로부터 자유롭지 못한 삶을 살았다면 자유를 누린 시간, 자기 삶의 시간은 김유정의 이십구 년과 크게 다르지 않을 수도 있는 것이다. 실제로 미당도 말년에 친일과 독재 협력 논쟁에 휩싸이면서 겪은 시간들, 그 시간으로부터의 자유를 간절히 희구했을지도 모른다.

나도 늦은 감이 있기는 하지만 이제부터 그림자처럼 달라붙는 시간으로부터 자유로워지기 위한 싸움을 시작해 볼 생각이다. 이루고 못 이루고, 그 결과는 차치하고 노력하는 모습만은 보일 생각이다.

장자莊子는 "옛날에 자기 그림자를 두려워하고 미워해 그것을 피해 달아나는 사람이 있었다. 그는 자기 그림자를 피하려고 더 빨리 뛰었지만, 그림자가 같은 속도로 따라올 것은 자명한 일이다. 그 사람은 뛰고 또 뛰다가 결국 기운이 다하여 죽었다."고 당시 중국인들이 시간에 쫓기어 바삐 살아가는 모습을 빗대어 이야기했다.

장자가 갈파했듯이 우리가 시간이라는 그림자를 두려워하고 맹목적으로 피하려고만 한다면 우리의 삶은 고단할 수밖에 없을 것이다.

그림자를 떼어 내기 위해서는 그늘에 가서 쉬거나 그림자를 만들어 내는 빛을 차단해야 한다. 이와 같이 우리도 시간의 구속으로부터 자유로워지기 위해서는 다른 일에 몰두하여 시간을 잊고 살아가거나 시간으로부터 의도적인 일탈을 감행하는 길밖에 없다.

시간으로부터의 해방은 미래에 대한 황홀한 꿈이나 두려움에서 벗어나 오늘에 충실할 때 가능할 것이다. 새날이라든가 내일은 마음에만 있을 뿐 존재하지 않는 시간이다. 재깍재깍 움직이는 초침이 잠시 멈추어선 자리, 그 순간에 최선을 다하자. 존재하지도 않는 새날이나 미래에 대한 지나친 집착은 버리자.

그리고 조물주는 다행스럽게도 우리에게 망각의 지혜를 주었다. 이 망각의 지혜를 빌어 지나간 시간에 있었던 일은 즐거운 것만 기억하고, 괴롭고 고통스러웠던 것은 모두 잊어버리자. 그리하면 재깍재깍 돌아가는 초침 소리가 인생 찬가로 바뀔 수도 있을 것이다.

   나는 하루는 길고, 일 년은 짧고, 일생은 찰나와 같다는 비유를 할 때가 있다. 시간은 느낌으로 오고 가기 때문이다.

   무더운 여름날 하루는 참으로 지루하다. 그래서 하루는 길다. 영화 같은 것을 보면 일 분도 안 되는 시간에 꽃이 피고, 보리가 익고, 억새가 물결치고, 함박눈이 내리면 한 해가 단숨에 지나간다. 그래서 일 년은 짧다. 또 아기가 아장아장 걸음마를 떼고, 씩씩한 청년이 힘차게 달리고, 초로의 신사가 강가를 거닐며 사색하는 모습이 오버랩(overlap) 되면, 순식간에 한살이가 끝이 난다. 그래서 인생은 찰나와 같다.

   이제, 시간이 어떻게 존재하는가? 시간에도 길고 짧음이 있는 것인가? 시간의 끝이 있기는 한 것인가? 내가 정말 시간의 주인인가? 시간으로부터 정말 자유로워질 수 있을까 등등, 골치 아픈 질문은 나에게도, 다른 사람에게도 하지 말자.

   잠 못 이루는 밤에, 시간으로부터 자유를 꿈꾸며….

한판암

서당

아주 어릴 때 낭랑한 목소리로 글을 읽거나 중요한 글귀를 제대로 암송하려 몸부림치던 학동의 모습을 멀찍이서 넌지시 건너다보던 기억이 생생하다. 칭찬을 듣는 경우보다 해찰이나 잔꾀를 부리다가 발각되어 호된 질책이나 불호령과 함께 사정없이 종아리를 내리치던 꼬장꼬장한 훈장의 회초리가 두렵고 야속해 눈물을 찔끔거리던 학동들의 일그러진 표정은 묘한 분위기를 연출해 냈다. 서당과 전혀 상관없이 주위를 맴돌던 나까지 잔뜩 주눅 들기에 충분했다. 직접 경험이 없는 나이지만 서당에서 『천자문』을 강독하거나 『동몽선습』을 독송하며 쩔쩔매던 학동들의 모습은 지금 회상해도 입가에 웃음이 실실 번진다. 조선 시대 사교육의 핵심이었던 서당에 다가가서 그 참모습과 친견하고 싶다.

서당에 대한 유래와 역사와 조우이다. 조선 전기에 학동의 기초 교육은 기본적으로 가정에서 이루어졌다. 어린 학동들은 가정에서 초보적인 한문 공부를 한 뒤에 사설 교육기구인 서재류書齋類나 관학인 향교나 사학을 비롯하여 성균관에 진학해서 본격적인 교육을 받았다. 그런데 조선 후기에 학동의 기본 교육기구였던 서당의 뿌리는 서재書齋였다. 원래 서재의 주된 기능은 과거시험 준비에 두었다. 하지만 학동들의 기초 교육의 기능도 겸했다는 견해가 지배적이다.

16세기 후반에는 서재의 맥을 이어받은 서원書院이 탄생하면서 중간(중등) 교육의 기능을 담당했다. 그리고 서재에서 맡아 왔던 기초 교육은 서당에서 분담하는 쪽으로 교육과정이 갈래지어 분화되었다. 그리고 초기에는 서원의 부속 형태로 서당이 운영되었다. 그런데 17세기에 이르러 서원과 전혀 관계없이 독자적 형태의 교육기구로 자리 잡았다. 이후 서당이 빠르게 증가하다가 일제 강점기에 이르러 근대적 학교가 설립되면서 일제의 직·간접적인 탄압으로 급격하게 감소했다. 그러다가 해방을 맞으며 대한민국 정부가 수립되면서 새로운 교육법에 따라 서당의 역할이 학교 교육으로 넘겨지며 자연스럽게 소멸했다.

서당의 설립 배경을 짚어 본다. 임진왜란이라는 질곡의 역사를 겪으며 몰락한 양반의 증가가 뚜렷해지고 부유한 농민층이 급속히 늘어나면서 서당 설립이 활발해졌다. 그렇게 변화의 물결이 거세지면서 상대적으로 부를 많이 축적한 평민층의 교육 욕구가 부쩍 늘어났다. 이러한 사조는 사대부 특권층에 초점이 맞춰진 제도권 교육이 자연스럽게 점점 다양한 계층을 겨냥하는 방향으로 진화되었다.

서당은 개설 이유나 주체에 따라 다양한 유형으로 나뉜다. 먼저 경제적으로 풍족한 가정에서 서당을 세우고 훈장을 고용했던 독서당 혹은 사숙私塾 형태이다. 그리고 양반이나 문중에서 계를 조직해 서당을 개설했던 동계서당 혹은 문중서당이다. 아울러 훈장이 스스로

서당을 열고 학동을 모아 교육하는 자영서당이 있다. 이는 조선 후기에 몰락한 양반이나 가난한 지식인이 생계 수단으로 개설된 유형이다. 그 외에도 신분이나 경제력을 비롯한 지체가 엇비슷한 마을이나 문중이 연합해 서당을 개설하고 학문이나 지식이 출중한 훈장을 모셔 왔던 연립서당으로 동계서당이 진일보한 형태이다. 마지막으로 일정한 지역(마을이나 몇 개의 작은 지역)의 모든 주민(평민)이 투자해 서당을 설립한 일종의 조합서당이 있었다.

서당의 구성은 크게 훈장, 접장, 학동으로 이뤄진다. 먼저 훈장은 오늘날 선생님으로, 모든 예우는 설립 주체가 도맡았다. 일반 서당의 경우는 학동의 부모가 봄과 가을에 정해진 만큼 모곡募穀해서 전달하는 것으로 마무리 지었다. 다음으로 접장의 역할은 이즈음 대학에서 조교와 유사하다. 대규모 서당에서 훈장을 도와 학동의 통솔이나 교육을 보조했는데, 성적이 우수하고 품행이 바른 학동을 골라 훈장이 임명했다. 그런데 '접接'은 '단체'를 의미하고, 같은 서당에서 함께 공부하는 사이를 '동접同接'이라고 했다. 아울러 '접'의 우두머리가 '접장'이다. 마지막으로 학동은 주로 청소년(8~15세)이었으나, 성년의 관자冠者나 그보다 나이 많은 축도 끼어 있었다.

서당의 학동은 불과 몇 명인 경우부터 몇십 명인 경우까지 다양했다. 그런데 같은 시기에 서당에 입문한 학동인데도 『천자문』을 제대로 깨우치지 못해 쩔쩔매는 경우가 있는가 하면 사서삼경도 줄줄이 풀어 가는 학동까지 학력 수준에 따라 더 없이 맞춤한 책으로 수학하기 때문에 천차만별이었다.

서당에서는 강독講讀, 제술製述, 습자習字 등 세 영역의 교육을 했다. 여기서 강독은 '글을 읽으며 그 뜻을 익히는 기본적인 학습 과정'이다. 서당에서 주된 교육 방법은 '강講'이다. 이는 '이미 배운 내용을 소리 내 읽으며 암송하면서 훈장과 학동이 마주 앉아 대면(face to face)하고 질의응답하는 전통적인 교수 방법'이다. 그런데 '강'을 하는데도 '일정한 절차나 규칙을 준수' 해야 하는데 이를 '강의講儀'라고 했다. 학동이 완벽하게 이해하지 못하거나 암기하지 못할 경우 동일한 내용을 무한정 되풀이하는 완전 학습 형태를 추구했기 때문에 개인차에 따라 학습 진도가 판이했다. 대부분 학동은 서당 교육을 통해 실력을 기른 뒤에 고급 교육 기관인 향교나 사학을 비롯해 성균관에 진학해 사서나 오경 등을 공부하며 과거를 준비했다.

'문장을 짓는 방법'에 대한 교육인 '제술'은 문자를 해독하는 기초 실력을 충분히 쌓은 학동을 대상으로 했다. 이 제술 교육은 문학적 소양이나 훈장의 자질에 영향을 많이 받는 관계로 서당에 따라 생략하기도 했다. 또한 원칙적인 측면에서 '습자' 교육은 '글자 쓰기'이다. 하지만 글자를 쓰는 것은 정신 수양이나 예술적 경지까지 망라한다고 믿었기 때문에 공을 많이 들였다.

현대교육에 비해 생경한 서당의 고유한 면모를 살며시 들여다보기로 한다. 먼저 오늘날 학교 교육처럼 법정 방학이나 휴업(휴강)은 없었다. 하지만 농번기나 민속 명절, 석전제, 공자 탄신일 등은 특별한 사유가 없는 한 휴업했다.

서당은 계절별로 학습 방법과 내용을 달리했다. 봄이나 가을에는 사기나 고문을 읽혀 학동이 뜻을 세우는 데 도움이 되도록 배려했다. 한편, 이 계절은 밤이 짧기 때문에 밤에는 글을 독송하는 대신에 짧은 시를 짓도록 권장했다. 그리고 여름에는 시를 읽거나 지으면서 학동의 흥미를 집중시킬 수 있는 창조적 분야에 몰두하여 정진하도록 이끌었다. 끝으로 겨울에는 경전이나 역사같이 난해한 분야에 집중하도록 유도했다. 그런가 하면 매일 오후가 되면 졸음이나 게으름을 막는다는 의도에서 습자나 제술 과제를 부여해 학습 효과를 제고토록 했다.

매일 행하던 '강' 자체가 수시 시험을 치르는 제도였음에도 불구하고 정해진 학습 과정이 종료되면 평가를 실시했다. 이 같은 '강'에 대한 평가 결과는 능통能通의 정도에 따라 순純, 통通, 약略, 조粗, 불不의 5단계 평가를 하거나 순을 제외한 4단계 평가를 했다. 여기서 마지막 단계인 불은 낙제를 의미하여 오늘날 대학의 '낙제 등급(F)'에 해당한다. 그 외에도 '책거리'나 '책씻이' 등으로 호칭되는 '괘책례掛冊禮'나 '장원례壯元禮'라는 특별한 형태의 시험이 있었다. 여기서 괘책례는 책 한 권을 전부 배운 학동이 나올 때마다, 그 책을 높이 걸어두고 그 내용의 일부를 암송하면서 훈장과 질의응답을 통해 완전히 배웠다는 공인을 받는 공개 시험이었다. 이때 해당 학동 부모는 떡과 간단한 음식을 장만해 나눠 먹으며 축하했다. 또한 장원례는 훈장이 '강'을 하며 가장 우수한 학동을 선정해 격려하고 종이나 붓을 비롯한 먹 등을 상품으로 수여함으로써 학습 의욕을 고취시키기도 했다.

서당은 조선 시대 교육의 출발점이 분명했다. 그런 연유로 서당에 갓 입문하는 학동은 『천자문』이라는 첫 관문을 뚫고 나가기 위해 강독, 제술, 습자 과정의 교육을 반복했다. 이 과정을 마친 뒤에 강독의 내용은 주로 『소학』, 『명심보감』, 『동몽선습』, 『격몽요결』이었다. 이들 단계를 지나면 사서와 삼경까지 강독했다. 이제는 청학동이나 전국의 몇 군데 특수한 서당을 제외하면 엔간해서는 명맥마저도 찾을 길이 묘연한 문화의 숨결을 어디에서 느끼며 호흡해볼 수 있을까.

홍애자

뒷모습의 대화들

그곳은 파도가 이는 바다처럼 거대하였다. 오랜만에 명동 거리에 선 나는 사람들 틈에 끼어 서서히 밀리며 전혀 내 뜻과는 상관없이 행렬의 일원이 되었다. 주말 초저녁, 로댕 갤러리로 가는 길에 시간이 남아 들어선 명동은 그야말로 인간 축제 한마당이었다. 어찌 이곳엘 들어섰는지 후회막급이었으나 다시 돌아 나오는 길은 더 힘들어서 그냥 묻혀 가기로 했다. 중앙로를 지나 옛 태극당 쪽으로 나오니 행렬이 조금은 헐렁해졌다. 나는 도망치듯 신세계 쪽으로 방향을 잡고 그 대열에서 빠져나왔다.

행렬에 끼어 걸으며 보았던 사람들의 뒷모습이 지워지지 않는다. 등판이 넓고 시원한 뒷모습엔 활달한 성품이 엿보였지만, 어쩐지 외로움도 스며 있어 보였다. 등이 굽어 어깨가 앞으로 휜 등에는 불안과 초조함이 깃들어 있었다. 뒷모습의 대화는 가지각색이었다. 너나 없이 갈급한 마음을 지닌 젊은이들의 고민과 이 시대 각박함에 몸부림치는 가슴앓이 소리, 밀려오는 문명의 이기와 시대의 변화에 체계적 논리를 추구하는 번민이 들려오는 것 같았기 때문이다.

 2년 전 타계하신 아버지가 아침마다 공원으로 출타하실 때면 나는 언제나 아버지의 뒷모습을 한참이나 바라보곤 했다. 인생의 허허로움이 얹혀 있는 두 어깨, 작은 등에 배어 있는 고적함을 보고 있었던 것이다. 한 마디의 불평도 하소연도 없으셨지만 아버지의 뒷모습은 언제나 내게 여러 말을 해주시는 듯이 보였다.

 마음속에 숨어 있는 이야기들, 생각은 있으나 드러내지 못하는 진심을 가늠할 수 있는 것은 오직 말이나 행위밖에 없을 듯싶지만, 뒷모습은 그것을 거짓 없이 말해 준다. 뒷모습에는 자신도 모르는 그만의 진실이 얹혀 있다. 아무에게도 말할 수 없는 이야기들로 가득하다. 저녁나절 집 근처 공원에 앉아 지는 해를 바라보는 쓸쓸한 마음처럼 어쩐지 뒷모습에는 그 고독이 배어 있는 것이다.

 어느 책에선가 "진실은 겉으로 나타나려 하지 않는 특성이 있다. 진실은 안개에 가려 있는 이름 없는 들꽃처럼." 나는 이 구절을 항상 마음에 넣고 다닌다. 밝히고자 하여 급히 밝혀지는 것이 아니라 언젠가는 그 모습이 자연스럽게 드러나는 진실, 이런 진실을 갖고 싶기 때문이다.

 뒷모습의 대화들, 차마 말로는 할 수 없는 애달픈 하소연과 가슴에 묻어 두고 말할 수 없는 사랑 이야기, 일몰을 바라보는 노년의 가슴속 이야기들, 떠오르는 태양을 바라보며 갖는 벅찬 바람들. 누구에겐가 고백해야 할 절실함이 뒷모습에는 한 무리 안개꽃으로 피어 있다.

 몇 년 전 크루즈 여행을 갔을 때 스위스 여행객들과의 만남을 내가 소중히 간직하고 있는 것은 그들의 밝고 맑은 모습뿐만 아니라 그들의 마음가짐 때문이었다. 그들은 한결같이 퇴직을 명예롭게 여기며 열심히 살아온 지난 세월에 대한 자축을 했다. 이제부터는 자신과 아내를 위해서 남은 시간을 보람 있게 가꾸어 가는 것이 나머지 삶의 목표라고 하며 서로 감싸 안는 모습이 아름다웠다.

나는 그들의 여유 만만하고 자신감이 넘치는 모습을 부러운 마음으로 바라보면서 문득 우리의 가장들을 떠올렸다. 나이가 들면서 허리는 구부정해지고 어깨조차 작아진 우리들의 가장, 차마 가족에게는 아무런 표현도 하지 못하는 가장의 어깨에는 고뇌와 갈등의 돌덩이가 짓누르고 있지 않던가.

차츰 마음의 문을 닫아거는 가장의 속내를 헤아리지 못하는 가족이 어찌 뒷모습의 이야기에 귀 기울일 수 있으랴. 퇴직을 하고 나면 인생의 끝이라 여기어 쓸쓸해하고 소외감을 느끼는 우리네의 가장들, 그러나 가족이 모여 퇴직을 축하하며 몇십 년의 노고를 치하하고 위로와 감사를 보내는 것만이 처진 어깨에 힘을 실어 주는 일이 되련만.

명동을 벗어나기는 했으나 구름 떼처럼 밀려 오가던 젊은이들의 뒷모습이 눈에 아른거린다. 아직은 이 시대가 결코 암울하지만은 않다. 공허하지만도 않다. 이들의 고뇌가 헛되지 않을 것이므로.

황종찬

다듬이 소리

아주 오래된 이야기다. 6·25가 나고 피난 갔던 동네 사람들도 마을로 다시 돌아와 지난날의 상흔도 다 잊은 듯 농사를 다시 짓던 어느 해 가을밤이었다. 우리 집은 큰 신장로 길에서 골목길로 두어 집 건너 들어가 남향으로 향해 있는 기와집이었는데 갱변 쪽을 향하고 있었으므로 외딴집이나 다를 배 없었다. 갱변하면 강변江邊을 뜻하게 되지만 평소는 물이 흐르지 아니하는 마른 내였다. 다시 말하면 갱변을 따라 쭉 거슬러 올라가면 산속 여러 골짝에서 냇물로 쏟아져 내리흐르다가 곧 하늘이 개이면 어느새 이 계곡물은 지하로 스며들어 가고 강변에는 물은 없고 돌들만 남은 마른 내였다. 그래서 갱변은 물 없는 돌바닥이었다. 우리 마을은 집을 지을 때도 가까운 곳에 이런 돌이 많이 있었으므로 담을 쌓을 때는 이 갱변에서 날라 온 돌로 돌담을 쌓은 집이 많았다. 우리 집은 큰길에서 좁은 골목으로 들어가 두어 집 지나면 윗집 남씨南氏 어르신네와 칠출七出네 집까지 세

집만이 남향 문을 하고 있었다. 나는 읍내 나가 학교에 다니고 있었으므로 주말에야 돌아왔다가 건넛방인 내 방에서 하룻밤을 묵고 일요일 오후가 되면 다시 서둘러 짐을 챙겨 읍내로 돌아갔었으므로 동네 친구들과는 별로 어울릴 여가가 없었다. 그런데 이날 밤은 유난히 벌레 소리도 처량하고 밖에 나와 잠깐 머리를 식히다 들어갈 요량으로 마당의 정원을 거닐고 있었는데 어디서 '다듬이' 소리가 온 동네를 집어삼키듯 울려 퍼지고 있었다. 그리 멀지 않은 아주 가까운 곳에서 들리는 소리였다. 옛날 어머니가 이른 밤이면 밤늦도록 두들기시던 그 다듬이 소리를 들은 터라 그날 밤 따라 생각이 간절했는지 모를 일이었다. 가만히 혼자 대문을 나섰다.

동네 앞은 갱변이라고는 하나 하천에 물이 흐르지 않았다. 그 대신에 지하수로 흐르기 때문인지 집집마다 우물이 없는 집이 없었다. 그래서 물맛이 좋기로 소문이 인근 동네에도 나 있었다. 그리고 또 하나 여느 마을과는 달리 집집마다 감나무 한두 그루씩 없는 집은 없는 마을이었다. 그러나 유독 우리 집만이 이 집으로 이사 올 때부터 감나무가 없었다. 그러니 여름방학에 집에 와 있을 때는 앞산에 올라가 마을을 어쩌다 내려다보노라면 마을은 보이지 아니하고 온통 검푸른 녹음만으로 뒤덮여 있었다.

윗집 남씨 어른 댁을 지나 칠출네 사립 앞을 거쳐 작은 골목을 빠져나가면 큰길이 나오는데 이 집이 신작로 쪽으로 향해 대문이 나 있는 큰길가 첫 집이 된다. 그래서 골목길을 빙 한 바퀴 돌아들어 오자면 첫째 집이 만수萬壽네 집이고 오른쪽 대문 집은 뒷집이 되는 윤 구장區長네 집이다. 우리 집 뒤울안 돌담에서 고개만 내 빼면 윤 구장네 마루가 보이는 터라 그래서 뒷담을 가린다고 담을 사이에 두고는 감나무가 네댓 그루나 심어져 있다.

대문을 나선 나는 발길을 뛰어 놓는데 칠출네 집에서 큰길 쪽으로 막 돌담을 끼고 좁은 골목을 들어서려는 참에, 내 머리 위에 돌담 안에서 넘어온 감나무 가지가 골목길 위에 드리워져 있었다. 달빛 그늘에서 얼른 봐도 내 주먹만 한 감이 먹음직하게 보였다. 손만 내밀어 이 가지만 휘어잡아 당기면 감을 딸 수가 있을 것 같았다. 이것을 보자 갑자기 나는 장난기 어린 도심盜心이 발동하여 께끼한 발을 돌담 구멍에 꼽고, 또 한 발은 담 위로 디디고 올라서면 감은 손에 잡힐 듯싶었다. 사방을 둘러봐도 동네 사람 누구 하나 보는 사람도 없는 것 같았다. 그래서 손을 뻗어 감나무 가지를 휘어잡고 힘껏 끌어당기려는 찰나 감나무 가지는 "버석" 하는 요란한 소리를 내며 제자리로 돌아가는 반사 동작을 일으키는 바람에 나는 훌쩍 이 집 울안 마당 안으로 들어가는 꼴이 되었다.

다듬이 소리를 내는 진원지는 바로 이 집이었다. 낭패였다. 행여나 이 소리로 금방이라도 알아채고 누구라도 뛰쳐나온다면 꼼짝없이 잡힐 판이다. 그러니 간이 콩알만 해졌다. 허나 다리를 담 위로 디디자니 발이 디뎌지지 않고 그대로 나무를 틀어 안고 아래를 보니 그곳은 이 집 뒤울안 우물이 있는 옆이었다. 이때야 내 입에서 '하나님 부디 이 순간을 모면케 해주십시오.' 라고 기도드리는 심정이 되었다. 그러나 나에게는 이 순간 모면의 기회가 주어지지 않는 것인지 갑자기 다듬이 소리가 뚝 끝나더니 사창紗窓문 여닫는 소리가 나고는 점점 여인네의 발자국 소리가 가까이 울안 쪽으로 오고 있음을 느낄 수 있었다. 간이 콩알만 해졌다. 이때까지만 해도 '행여 목이 말라 물을 찾는 것일까?' 이런 위안이 들었다. 그러나 반대로 당장에라도 감나무에서 뛰어내려 도망이라도 쳐야만 하는데 그런 여유도 없어 진퇴양난의 길에 처했다. 내려오지도 못하고 그대로 나무만 꽉 틀어

앉고만 있었다. 한마디로 폭풍이 지나가기만을 기다리는 심정이라고나 할까. 그러면서 우물에서 목이라도 축이고 그대로 돌아가 주었으면 하는 생각뿐이었다. 허나 우물 옆까지 와서도 달리 한동안 그대로 달 밝은 하늘만 올려다보고 있는 듯 아무 기척이 없었다. 달빛 속에서도 무성한 감나무 잎새 그늘에 가린 터라 물체를 식별하기가 곤란한 것 같았다. 그러나 소복素服을 했다 싶은 젊은 이 아낙네는 그대로 있다가 결심이라도 한 것인가 가만히 그림자를 보았는지 팔을 들어 내 발목을 슬그머니 잡는 것이 아닌가…. 위에서 행여나 하고 무사히 이 고비가 넘어가기만을 바랐으나 그것이 아닌 것이었다. 여인의 손이 내 다리를 더듬어 한쪽 발목을 잡는 찰나였다. 나는 만사휴의萬事休矣 "악!" 하는 외마디 소리를 지르고 지금까지 매달려 있던 감나무에서 그만 손을 놓고 말았다. 그러자 그녀도 기절초풍으로 놀라 그 자리에서 벌렁 뒤로 나자빠지는 것이었다. 그러니 내가 그녀의 몸 위에 떨어진 것과 같은 꼴이었다고 할 수밖에. 한마디로 두 사람이 놀라 외마디 소리를 질렀을 뿐 다음 동작은 얼른 기억나지 않았다는 것이 옳은 표현일 것이다.

 허나 나는 그 다급한 순간에도 정신이 났다. 잡히면 창피를 당한다는 것은 고사하고 도둑이 되어 콩밥을 먹을지 모른다는 절대 위기의 순간이라는 생각에서였다. 어떻게 하더라도 잡혀서는 아니 되고 달아나야만 한다는 생각이 들었기에 벌떡 일어나 바깥쪽으로 나 있는 마당으로 달려나와 사립문을 찾았다. 사립문이 만약 열려 있다면 이 문으로 달아나야만 한다는 생각에서였다. 달이 하도 밝아 집안 마당은 훤히 볼 수가 있었기 때문이다. 허나 그 시각 이 집에서는 한길 쪽으로 나 있는 사립문을 그 시각까지 열어 놓고 있을 리가 만무했다. 얼른 보니 사립문에 벌써 빗장이 가로질러져 있었다. 나는 그녀가 일어나 곧 쫓아와 내 뒷덜미를 잡아끌까 싶어 있는 힘을 다해 마라톤 선수인 양 마당을 몇 바퀴 돌면서 또 다른 개구멍이라도 찾고 있었다. 어떻든 달아나야만 한다는 생각뿐이었다. 이렇게 작은 마당을 몇 바퀴 뛰어 돌고 있는 내 눈에 앞 돌담 한 모퉁이가 무너져 임시로 마른 가시나무 넝쿨로 막아 놓은 것이 눈에 들어왔다. 그러자 순간 나는 마치 높이뛰기 선수인 양 있는 힘을 다하여 막아 놓은 이 가시 넝쿨을 박차고 뛰어넘었다. 천우신조天佑神助라고나 할까. 그 무너진 돌담 개구멍을 용케도 뛰어넘을 수가 있었다.

 이 집 울타리 돌담 밖은 큰길이 있는 신작로 쪽이었다. 달빛 속에 보이는 그 한길은 흡사 광목廣木 배복을 깔아 놓은 듯이 달빛에 하얘 보였다. 그래도 행여나 누가 뒤쫓아 올세라 한참 동안 걸음아 날 살려라고 달리다 숨이 목에 차 뒤돌아보았으나 누구도 뒤쫓는 사람은 없었다. 그제야 뛰는 것을 멈추고 그 자리에 주저앉았다. 비로소 한쪽 발이 아프다는 사실을 알고 발을 내려다보니 한쪽 신발이 벗겨진 채였다. 엉겁결에 달리다 보니 신발 한 짝이 벗겨진 줄도 몰랐던 것이다. 맨발에는 약간 피가 나고 있었다. 가시나무를 타 넘다 찔린 모양이다. 그런 것보다 뒤쫓는 사람이 없자 살았다는 안도감이 되어 일단 안심이 되었다. 그리고는 잃어버린 한 짝 고무신 신발을 찾아야만 하겠기에 다시 달려온 길을 돌아가 찾아보았으나 찾을 수가 없었다. 그 길로 집에 돌아오고 말았다. 그러나 밝은 아침에 가 보면 떨어진 고무신을 행여나 찾을까 하여 신작로 길을 샅샅이 찾아보았으나 떨어져 있지 않았다. 그래서 마지막으로 간밤 사건의 발단이 된 이 집 사립문 앞까지 바짝 다가가 살펴보니 이 문 옆에는 웬 긴 장대에 내 잃어버린 고무신 한 짝이 솟대처럼 코 끼여 걸려 있었다. 어찌해 그녀는 그렇게 장대다 고무신짝을 달아 두었을까. 수십 년이 지나도록 그 사연을 알 길 없는 수수께끼라고 생각하고 있다.

  그 뒤 마을 사람들에게 들은 이야기로는 그녀는 결혼한 지 불과 열흘도 못 되어 신행도 가지 못하고 친정에 눌러앉은 채 남편의 전사 통지를 받은 청상靑孀이란 말을 들은 듯싶다. 이 땅에 6·25가 빚어낸 비극은 그녀로 하여금 그 한을 다듬이로 풀고 있도록 한 것이나 아닐지 하는 생각을 문득문득 해보게 된다. 지금쯤 여전 살아 있다면 이제는 호호백발皓皓白髮 할머니가 될 만한 세월이 아득히 속절없이 흘러갔다. 그래서 이렇게 달빛이라도 고운 가을밤이면 그날 밤 들었던 그 다듬이 소리가 지금도 여전히 내 귀에 들리고 있는 듯싶다.

(사)한국수필가연대 회칙
— (구)한국공간수필가협회

제1장 총칙

제1조 본회는 (사)한국수필가연대라 칭한다.
제2조 본회의 본부는 서울에 두며 지방에 지부를 둘 수 있다.
제3조 본회는 수필문학을 연구 발전시키고 수필가(회원)의 권익을 옹호함을 목적으로 한다.
제4조 본회는 본회의 목적에 찬동하는 수필가들로 구성되며 입회자격은 심의회에서 심의 결정한다.
제5조 본회의 회원은 회칙을 준수하고 회비를 납부할 의무를 지닌다.

제2장 임원과 업무

제6조 본회의 임원은 다음과 같다.
  1) 회장 1인   2) 부회장(약간 명)
  3) 이사(약간 명)   4) 중앙위원(약간 명)
  5) 지회장(각 시도 1명) 6) 심사위원 5~7인
  7) 감사 2인   8) 사무국장 1인
  9) 고문(약간 명)
제7조 ①회장, 부회장은 총회에서 선출한다.
       ②기타 임원은 회장단을 포함한 임시 전형위원회에서 추대한다.
제8조 회장은 본회를 대표하며 모든 회무를 통할한다.
제9조 부회장은 회장을 보좌하며 회장 유고시 그 임무를 대행한다.
제10조 심의회는 회원의 자격과 가입 및 징계 등을 결정한다.
제11조 사무국장은 회장단을 보좌하며 모든 회무와 사업추진 집행을 지도 감독한다.
제12조 감사는 사무국에서 행하는 제반업무와 사업상의 경리에 대한 감사권을 가진다.

제13조 고문은 회장단의 요청으로 회무에 대한 자문에 응한다.
제14조 임원에 대한 임기는 2년으로 한다.

제3장 회의와 의결

제15조 본회의 의결기관은 총회와 이사회, 회장단(지회장 포함) 회의로 한다.
제16조 정기총회는 매년 5월 중 회장이 소집한다.
회칙 개정, 임원 개선, 예결산 심의, 기타 중요 사항을 의결한다.
제17조 임시총회는 소집한 당일 회원의 동의나 이사회의 요청이 있을 때 회장이 소집한다.
제18조 이사회, 회장단 회의는 연 1회 이상 개최하고 제반사업에 대한 사항을 토의 의결한다.
제19조 총회의 회칙 개정과 심의회의 결의는 과반수의 찬성으로 하고 그 외의 모든 결의사항은 다수결로 한다.

제4장 사업 및 재정

제20조 본회는 본회의 목적에 의한 다음과 같은 사업을 한다.
①기관지 회보 등 발행
②문학강연 및 세미나 등 개최
③기타 필요한 사업
제21조 본회의 재정은 회비와 사업수익, 찬조금 등으로 충당한다.
제22조 연회비는 총회에서 결정하며 특별회비제도를 둘 수 있다.
제23조 재정 결산은 매년 4월에 한다.

제5장 입회 및 징계

제24조 ①본회에 가입하고자 하는 수필가는 문단 데뷔 1년 이상의 경력으로 본회 소정의 회원 가입 신청서를 사무국에 제출하여야 한다.

제25조 ②가입 인준된 수필가는 본 협회 소정의 입회금을 납부하여야 한다.
제25조 ①회원으로서 본회의 명예와 이익을 명백히 손상시켰을 때는 징계할 수 있으며 장기간 회원의 의무를 이행하지 않을 때는 제명할 수 있다.
②회원에 대한 징계의 종류, 제명 결정은 심의위원회 심의를 거쳐 결의한다.

부칙

제26조 본 회칙에 명확히 규정되지 아니한 사항은 통례에 따르거나 회장단 회의의 결정 등에 따른다.
제27조 이 회칙은 2001년 5월부터 시행된다.

(사)한국수필가연대상 운영에 관한 세칙
— (구)한국공간수필가협회상

1. 시상일시
   본상은 매년 1회, 5월에 시상하는 것을 원칙으로 한다.

2. 심사위원
   ①본상의 심사위원은 5인 이내로 구성한다.
   ②당해 연도의 본 협회 회장단 및 사무국장은 심사위원이 될 수 없다.
   ③심사위원은 회장단과 사무국장의 협의를 거쳐 회장이 위촉하며, 수상자 결정시까지 그 명단은 공개하지 아니한다.

3. 수상 후보자
   ①수상 후보자는 문단 데뷔 10년 이상인 분으로서, 심사 대상 기간 중 창작 수필집을 간행한 분을 대상으로 한다.
   ②본상을 수상했던 분은 다시 수상 후보자가 될 수 없다.

4. 수상자 선정
   ①수상자는 1인으로 한다.
   ②수상자는 심사위원 전원의 합의에 의해 선정함을 원칙으로 하되, 부득이한 사정으로 전원 합의에 이르지 못할 때에는 다수결로 할 수 있다.

5. 시상
   수상자에게는 본 협회 소정의 시상품과 상패를 수여한다.

6. 기타
   본 세칙은 1997년도 시상분부터 시행한다.

(사)한국수필가연대 임원 명단
― (구)한국공간수필가협회

회　　장　조병서

부 회 장　오수열
　　　　　이기종
　　　　　신봉름

감　　사　곽금언

사무국장　박명식

중앙위원　김기준, 안경자

이　　사　정성채, 손수여
　　　　　이무웅, 최현희

고　　문　박근후, 신택환
　　　　　최영종, 황종찬

사색 예찬
思索 禮讚

초판발행/ 2012년 11월 5일
지은이/ (사)한국수필가연대 | 조병서 외
펴낸이/ 김명덕
펴낸곳/ 한강출판사
등록/ 1988년 1월 15일(제8-39호)
주소/ 서울시 종로구 인사동 131번지 파고다빌딩 408호
전화 735-4257, 734-4283 팩스 739-4285
홈페이지 www.mhspace.co.kr

값 18,000원

ISBN 978-89-5794-235-2 03810

※저자와의 협약에 의해 인지는 생략합니다.
※파본은 바꾸어 드립니다.